잘 쓰고 가는 게
인생이다

인생의 답은 어울림이다

우리 시대의 삶을 진단하고 치료해 주는 이 시대의 힐링 철학

잘 쓰고 가는 게 인생이다

인생의 답은 어울림이다

황상규 지음

이 내용은 유튜브 "황상규 철학산책"에서 시청하실 수 있습니다.

신아출판사

머리말

철학적 빈곤의 시대!

지금 우리는 철학적 빈곤 시대에 살고 있습니다. 그 결과 이분법적 사고로 인해 진보와 보수가 첨예하게 대립하고, 나만 잘 살면 된다는 이기적인 생각과 자기중심적인 내로남불 현상이 팽배해 있고, 경쟁이 지나치게 치열하다 보니 승자 독식주의라는 문화가 서서히 뿌리를 내리며 수많은 약자들은 험난한 세상에서 밥이라도 먹고 살려고 발버둥치고 있습니다. 그래서 외로움과 우울증이 사회 전반에 퍼져 있고 자살률은 세계 최고 수준이고 출생률은 세계 최하 수준에 처해 있습니다. 그런데도 정치가들은 허구한 날 밤낮없이 볼썽사나운 싸움질만 하고 있습니다. 참으로 우리들의 대다수의 삶은 불행한 삶을 살고 있다고 생각합니다.

이분법적 사고는 '동지가 아니면 적'이라는 사고로 자기편이 아니면 무조건 적이라고 생각하는 현상입니다. 이런 이분법적 생각은 화합을 깨고 나라를 분열시켜 나라를 산으로 가게 할 뿐 아니라 각자도생이라는 냉엄한 세상에 살게 하는 현상입니다. 특히 윤 정부 들어서서 이런 현상은 극단적으로 가고 있습니다. 윤 정부 들어서면서부터 지금까지도 야당은 협치의 대상이 아니라 검찰의 수사 대상이 되었습니다. 어찌 세상이 동지가 아니면 적이겠습니까? 인간은 사회적 동물이고 입장에 따라 이해관계가 다르기 때문에 생각이 달라도 서로 손을 잡을 땐 잡아야 합니다. 그래야 서로 얽혀 있는 문제를 해결할 수 있습니다. 그런데도 윤 정부는 야당에 협조를 구하기는커녕 야당 대표를 300번이나 압수수색하는 칼바람을 일으키고 있습니다. 그래서 사람들 입에서 '검찰 독재'라는 소리가 공공연히 흘러나오고 있습니다. 이런 극단적 대립은 다원성을 배제하는 완전한 철학적 사고 부재나 빈곤에서 오는 난맥상으로 나라를 혼란에 빠트리고 결국에는 나라가 산으로 가게 하는 어리석고 무능한 행동입니다.

그리고 황금만능주에 빠져 '나만 잘 살면 된다'는 이기주의가 팽배하여 부동산 투기와 사기가 만연해 있습니다. 내로남불 현상도 마찬가지입니다. 자기가 하면 낭만이요 남이 하면 불륜이라고 말하는 것인데, 이 또한 철학적 사유의 빈곤의 결과 중 하나로 볼 수 있습니다. 어찌 나라고 해서 무조건 옳고 잘못을 저지르지 않겠습니까? '나'라는 사람도 허점투성이입니다. 하지만 왜 사람들은 유독 자신이 하면 괜찮고 남이 하면 비난하는 것일까요? 자신에겐 관대하고 남에게는 엄격히 하는 이기적인 이중의 잣대를 가지고 있기 때문입니다. 그렇기 때문에 대다수 사람들은 남을 비판하는 것을 좋아하고 자신이 비판 받는 것을 아주 싫어합니다.

여럿이 모여 한 사람을 병신 만드는 것도 바로 사람들의 이런 잘못된 성향 때문이라고 생각합니다. 그래서 한비자도 "없는 호랑이도 3명이 우기게 되면 있는 것이 된다."고 하였습니다. 특히 요즘 정치가들이 대놓고 내로남불 현상을 보이는 것도 권력욕에 사로잡힌 나머지 상대를 비난하면 자신이 이득이 된다는 천박한 이기적 논리에서 비롯된 것입니다. 정치가들의 이런 극단적인 내로남불 현상은 나라를 혼란에 빠트려 결국 나라를 망하게 하는 근본이 됩니다. 그래서 간디는 "철학이나 원칙이 없는 정치가 나라를 망하게 하는 가장 큰 원인"이라 하였습니다. 더욱이 지금과 같이 나라를 다스리는 통치자에게 통치 철학이 없다면 나라가 망하는 것은 시간문제라고 생각합니다.

왜 이런 현상이 자꾸만 일어날까요? 오늘날의 물신 숭배는 인간의 지혜를 주는 인문학적 성찰과 철학적 성찰을 불필요한 것으로 만들었고, 우리의 정신 수준은 하향평준화하고 있다고 생각합니다. 적어도 '인간다운 인간'이 되고 싶다면 인문학이나 철학적 성찰을 통해 우리의 정신을 다듬이질해야 하지만 사람들은 물질생활에 너무나 친숙한 나머지 우리는 먹고 마시는데 익숙한 욕망의 좀비로 변해가고 있습니다. 생각하고 사유하는 것을 아주 싫어하는 것입니다.

고시공부를 위한 법이나 과학과 같은 지식 위주의 경쟁 교육은 인간성 형성에 거의 기여하지 못한다고 생각합니다. 오히려 루소는 "과학과 학문의 발달이 도덕과 인격을 가로막는다."고 역설하였습니다. 뿐만 아니라 오늘날의 성적 위주의 개념 교육은 인간성을 좀 먹는 원흉이라고 생각합니다. 그런 교육은 경쟁에서 살아남아야만 된다는 승자 독식주의 문화의 산물로 인간의 양심이나 이성, 도덕성을 저해하고 오히려 동물 세계에서도 보기 드문 친구를 괴롭히는 왕따 문화를 일반화시켰습니다. 이 또한 어울려 살아야 행복할 수 있다는 철학적 사고의 부재에서 비롯된 기형적 문화입니다. 그래서 소크라테스는 "성찰이 없는 인생은 일고의 가치가 없다."고 잘라 말하면서 "정신이 바로 서야 비로소 나라가 바로 서고 인생을 바르게 살아갈 수 있다."고 말했습니다.

왜 우리는 나만 잘 살면 되고 승자만이 살 수 있는 세상을 만들고 생각이 다른 사람을 적대시하며 자기 눈의 대들보는 보지 못하면서 남의 눈의 티만 보려는 부조리한 삶을 살아야 합니까? 철학적 성찰을 통해 자신을 냉정하게 반성하고 더 나아가 역지사지하여 남의 입장을 객관적으로 보려고 노력해야 합니다. 그렇지 않고 지금처럼 승자만이 살 수 있고 서로 얼굴 맞대고 삿대질하며 내로남불 한다면 이 사회는 계속해서 혼탁한 세상이 되고 결국 부조리하고 무의미한 삶을 살게 될 것입니다. 우리는 고통스럽지만 밤을 새워서라도 우리의 인생을 성찰하여 공자의 말대로 "자신에게는 엄격하고 남에게는 관대해야 한다."고 생각합니다. 그래야 남과 더불어 어울려 살 수 있어 나름대로의 의미 있는 삶을 살 수 있다고 생각합니다. 괴테도 "번민 많은 괴로움의 밤을 눈물로 지새우지 못한 자는 인생의 참맛을 알지 못한다."고 하였습니다.

　어울림 철학은 성찰을 통해 어떻게 하면 나라가 올바른 길을 가고 우리가 의미 있고 가치 있는 삶을 살 수 있는지를 보여주고자 기획된 철학입니다. 지금까지 동서양의 철학을 나름대로 정리하여 《인생의 절반에서 행복의 길을 묻다》, 《철학아! 내 고민 좀 풀어줘!》라는 저서에서 저의 철학과 생각에 대해 말해 왔습니다. 하지만 한마디로 저의 철학이 무엇인지는 말하지 못했습니다. 그 동안 전체를 꿰뚫어 볼 수 있는 혜안이 보이지 않았기 때문입니다. 마침내 불현듯 떠오르는 것이 있으니 그것이 바로 '어울림'이었습니다. '어울림'의 철학은 '왜 세상이 이렇게도 혼탁할까?'를 생각하면서 우리가 가야할 방향을 제 나름대로 설정한 것입니다. 지금까지 유튜브 강의와 저술을 하면서 얻은 제 나름대로의 철학적 결론이라고 할 수 있습니다. 이런 저의 철학적 결론인 어울림 철학이 나라가 바로 돌아가고 독자들이 살아가는데 있어 좋은 보탬이 되었으면 합니다.

2023. 5. 2.

저자 **황상규**

차례

머리말   4

제1장 어울림 철학이란

나만 잘 살면 되는가   12
진정한 능력은 어울릴 줄 아는 것이다   18
이분법적 사고부터 버려야 한다   25
단순화의 오류를 거부한다   31
소크라테스는 과연 현명하다고만 할 수 있는가   38
긍정의 논리에는 함정이 없는가   48
우리는 편견에서 자유로울 수 있는가   56
인간은 만물의 척도인가   63
노벨상 없는 한국의 공교육 무엇이 문제인가   68
철학의 임무는 언어분석인가   78
왜 철학은 정신 나간 사람들이 한다는 소리를 듣는가   83

제2장 행복은 어떻게 가능한가

자연인은 정말로 행복할까   88
먹방의 시대, 먹어서 죽는다   93
'행복의 정복'은 가능한가   99
행복 속에 불행이 깃들어 있고, 불행 속에 행복이 깃들어 있다   104
절망에 몸부림치는 이들에게 보내는 니체의 충언   108
행복에는 정답이 있는가   115
어어령 교수의 마지막 가르침   120
진정한 행복의 조건은 무엇인가   129
돈의 철학   136
신을 믿는 것이 땡잡은 것인가   143
현재보다 중요한 순간은 없다   149

제3장 어떻게 살 것인가

진정한 청춘이란 무엇인가	156
아내가 죽었을 때 술동이를 두드리며 노래한 장자, 어떻게 보아야 할까	163
왜 자연의 퉁소 소리를 들으려 하지 않는가	169
칸트는 왜 '목적의 왕국'을 건설하고자 했는가	172
공자의 '덕을 훔치는 도둑'과 '생명의 도둑'	181
덕은 사업의 근본이다	187
진정한 성공이란	192
피론의 돼지	199
한비자의 비애	207
때론 여우의 탈을 쓸 줄 알아야	218
어울림의 철학은 포스트모던 윤리이다	224

제4장 어떻게 처신하고 살 것인가

사람을 어떻게 대할까	234
인간관계술의 핵심은 무엇인가	237
사랑은 만병통치약인가	244
누구를 위한 하소연인가	251
결혼, 무엇이 문제인가	255
못생겨도 맛은 좋아	265
상사와의 마찰 어떻게 할 것인가	269
부지런함을 이기는 무기는 없다	277
인내보다 소중한 자산은 없다	282
천천히 서둘러라	288
이미지 시대 어떻게 살 것인가	293
이준석 리스크 무엇을 의미하는가	299
네거티브 캠페인, 득일까 독일까	305

제5장 우리를 어떻게 다스릴 것인가

왜 우리는 '개돼지'라는 소리를 듣는가	312
나관중은 《삼국지연의》에서 무엇을 말하려 했는가	325
탐욕, 아니꼬우면 이직하라고	333
누가 자살하려는 사람에게 돌을 던질 수 있는가	342
허영심, 누구를 위한 것인가	349
조삼모사 (朝三暮四), 진정한 바보는 누구인가	355
누구든 '프로크루스테스'라는 괴물이 될 수 있다	361
분노의 근원은 무엇인가	366
시기와 질투, 어떻게 대처할 것인가	373

제1장

어울림 철학이란

나만 잘 살면 되는가

한때 성남의 대장동 사건은 나라를 떠들썩하게 한 사건이었습니다. 지금도 뜨거운 이슈 중에 하나입니다. 그 당시 시장이었던 이재명 대표가 연루 되었는가 되지 않았는가를 놓고 지금도 여야가 격돌하고 있습니다. 그런데 국민 대다수에게 자괴감을 준 것은 대다수 국민들은 먹고 살기도 힘들어 죽을 지경인데 곽상도 전 의원의 아들이 6년 일하고 퇴직금으로 50억을 받았다는 것입니다. 정말 눈깔 뒤집어지는 사건이 아닐 수 없습니다. 최근에는 무죄 판결까지 나와 더욱 국민들을 열 받게 하고 있습니다. 국회의원 시절 그렇게도 문재인 대통령의 아들 문준용 씨의 활발한 예술 활동을 특혜 의혹으로 사사건건 거론한 곽상도! 그런 사람의 아들이 6년 일하고 퇴직금 50억을 받았다는 것은 무엇이란 말입니까? 완전한 내로남불이며 어떻게든 "나만 잘 살면 된다."는 식입니다. 한마디로 막가는 것이죠. 적어도 나라를 위해 일한다는 국회의원이 국민들이 다 지켜보고 있는 상황에서 뻔뻔하게 그런 짓을 한다는 것 자체가 커다란 충격이 아닐 수 없습니다. 그들 부자가 일을 열심히 하고 아파서 회사가 거액의 돈을 주었다는 변명조차 구차하기만 합니다. 이 얼마나 속 보이는 추악한 일입니까? 우리들 눈에는 법조인이 법을 악용하여 뇌물을 챙기는 비열한 수법으로 보일 뿐입니다.

세상은 언제 아름답다고 생각하십니까? 서로 다른 것끼리 어울릴 때입니다. 세상이 온통 똑같다면 어찌 세상이 아름답겠습니까? 서로 다른 것들이 서로 어우러져야 세상이 아름답습니다. 꽃과 나무도 있고, 돌도 있고, 땅과 강, 산, 바다도 있고, 그리고 이것들이 어우러진 광활한 대지와 드넓은 푸른 하늘과 둥실거리는 구름, 세상을 비추는 빛과 어둠, 그리고 이것들에 의지하여 살아가는 다양한 동식물 등이 있어 아름답습니다. 사막이 아름다운 것도 바로 오아시스가 있기 때문입니다. 무지개가 아름다운 것은 서로 다른 색깔이 멋들어지게 어울리기 때문입니다. 세상의 다양한 이런 요소들이 각기 서로 다른 모습으로 어우러져야 비로소 아름다운 것입니다.

어우러지는 모습도 제각각이어서 세상이 더욱 아름다운 것입니다. 대한민국 강산이 몽골의 푸른 초원보다 아름다운 것은 춥고 황량한 몽골보다 봄, 여름, 가을, 겨울의 사계절이 뚜렷하고 그 계절에 맞게 산천초목이 어우러져 아름다운 자태를 뽐내기 때문입니다. 이처럼 세상은 다양성을 생명으로 합니다. 다양성이 있어야 세상은 살맛나는 곳이 됩니다.

인간 세상도 마찬가지라고 생각합니다. 언뜻 보기에는 같은 인간이라고 해도 겉모습뿐만 아니라 속도 천차만별입니다. 거기에다가 인간은 태생부터가 사회적 동물입니다. 그러니 나 자신의 생존을 위해 한편으론 남들과 경쟁하면서도 다른 한편으론 어울려 살 수밖에 없는 겁니다. 어울리지 않으면 살아가기가 어려울 뿐 아니라 살아남기조차 어렵습니다. 그래서 어울림의 철학은 생존의 기술이자 삶을 아름답게 하는 예술이기도 합니다.

반대로 왜 세상이 추하다고 생각하십니까? '너는 너고 나는 나다'는 식으로 서로 어울리지 못하고 서로 대립하고 싸움만 일삼을 때입니다. 즉 서로가 잘 낫다고 생각하고 상대를 인정하지 않을 때입니다. 물이 무서운 것은 물이 천지를 삼키고 천지를 물바다로 만들 때입니다. 마찬가지로 인간 세상도 어떤 사람이 잘났다고 많은 것을 독차지하려고 할 때입니다. 이처럼 오직 자기만을 생각하고 세상의 다양성이 무시된다면 '너는 너고 나는 나다'라는 각자도생을 위해 세상이 투쟁의 장이 되어 살기가 매우 어려워집니다. 인간이 남극에서 살 수 없는 것도 여름이 거의 없고 추운 겨울만 있기 때문입니다. 사막이 살기가 어려운 것도 물과 나무가 없는 더위와 황량한 사막만 있기 때문입니다. 그러므로 다양성은 세상을 떠받드는 생명수입니다. 다양성이 훼손되어 어울리지 못하고 한쪽으로 치우치면 세상은 불협화음이 일어납니다. 러시아의 푸틴과 같은 독재가 무서운 것도 바로 다양성과 어울림을 파괴하기 때문입니다.

우리가 사는 인간 세상도 마찬가지입니다. 다양성이 아주 중요합니다. 세상은 서로 얼굴도 다르고 생각이 다를 뿐 아니라 능력과 인품도 다른 사람들이 어우러져 사는 곳이죠. 사람들의 능력과 기술도 천차만별입니다. 인품뿐만 아니라 능력과 기술이 다르니 서로 상생하며 살아갈 수밖에 없는 것입니다. 서로 다르기 때문에 서로 모자란 곳을 채울 수밖에 없는 것입니다. 이것이 서로 경쟁을 하면서도 한편으로는 협력과 사랑이 필요한 이유입니다. 협력과 사랑이 언뜻 보면 남을 위한 것으로 보이지만 실은 자신을 위한 길이기도 한 것입니다. 아무리 능력이 뛰어나도 혼자서 살 수 없기 때문입니다. 오로지 자신의 길만 간다는 각자도생의 길은 아주 삭막하고 황량한 길일뿐입니다.

그런데 지금 우리는 어떻습니까? 오로지 경쟁에서 살아남는 자만 살 수 있도록 설계되는 아주 각박한 자본주의 세상에 살고 있는 겁니다. 소유욕에 불탄 자본주의는 점차 승자에게 부와 명예를 몰아주는 승자독식주의로 발전하고 있습니다. 거기에다 빚을 권장하는 탐욕스런 미국식 금융자본주의는 돈을 남발하여 멀쩡한 사람까지도 빚쟁이로 만들기에 패배자는 설 땅을 자꾸만 잃어가고 있습니다. 우리 모두가 생존을 위해서 처절한 '오징어 게임'을 하고 있는 것입니다. 오징어 게임은 '어두운 미래상'이 아니라 지금의 '우리들의 일그러진 자화상'입니다. '신자유주의'를 표방한 지금의 자본주의 세상은 자유 경쟁을 앞세워 거의 동물 세계와도 같은 '오징어 게임'을 하고 있는 겁니다. 먹고 먹히는 먹이 사슬, 인간이 인간이기를 거부하는 참으로 비정한 세상에 살고 있는 것이죠.

이런 사회 구조에서 어떻게 화해와 협력, 그리고 어울림이 이루어지겠습니까? 오로지 죽기 아니면 살기로 경쟁을 할 것이고 어떻게든 승자가 되려고 발버둥칠 것입니다. 패배하면 설 땅이 없기 때문입니다. 자본주의 사회에서 어울림에 필요한 '인격'보다는 '성공'을 강조하는 것도 승자독식주의 시스템에서 살아남기 위한 계책입니다. 자기 계발이라는 것도 이런 오징어 게임에서 살아남기 위한 수단일 뿐입니다. 그러니 이런 각박한 세상에서는 서로 어울릴 줄 모르고 다들 외톨이로 힘들고 외롭게 살아가는 것입니다. 지금 '활동형 외톨이'가 많은 것도 바로 이런 어울리지 못하게 하는 자본주의적 사회 구조 때문이라 생각합니다.

이런 승자만의 살아남을 수 있는 무한 경쟁 속에서는 남이야 어떻든 일단 '나만 잘 살면 된다'는 생각을 할 수밖에 없습니다. 우리가 지금 참으로 불쌍하고 안타까운 세태 속에 살고 있는 것입니다. 왜 이렇게 사람들이 스스로 불행의 늪에 빠졌는지 통탄할 일입니다. 헬 조선은 비단 어제 오늘의 일이 아닙니다. 지금도 계속 진행 중입니다.

어울림은 무엇보다도 행복의 중요한 척도가 됩니다. 세상에서 버려질 때 인간은 가장 불행하다고 생각하니까요. 그런데 지금의 자본주의 문화는 탐욕스런 소유욕에 사로잡혀 서로의 어울림보다는 서로를 배척하는 이기주의 문화를 만들어 왔습니다. 남을 죽여서라도 나만 잘 살면 된다는 식이죠. 부동산 투기가 극성을 부리는 것도 이런 못된 심보에서 발생한 것입니다. 한마디로 삐틀어진 이기적 심리가 어울림을 방해하는 것입니다. 어울림이 있으려면 최소한의 공동체 의식과 책임의식, 그리고 의무의식이 있어야 합니다. 허나 승자 독식주의로 흐르는 자본주의는 자유와 권리, 간악한 이기적 마음만 있지 이미 공동체 개념이나 의무의식이 실종된지 오래입니다. 그래서 자기만 잘 살면 그만이라고 생각하고 있습니다. 비록 가난했지만 인간미가 있던 옛날이 좋다는 푸념 섞인 소리가 여기저기서 나오는 것도 바로 그 때문입니다.

우리의 전통 속에는 잘 사는 것보다 어울림을 최고로 쳤습니다. 어울림이 있어야 모두가 더불어 건강하고 행복하게 살 수 있는 길이 열리니까요. 아무리 가진 것이 많아도 지금같이 각자도생을 위해 오징어 게임에 몰입한다면 이 얼마나 피곤한 사회에 살고 있는 겁니까? 그래서 공자는 "진정으로 강한 사람은 '다툼과 싸움을 좋아하는' 사람이 아니라 '남에게 무례하지 않고 넓은 아량으로 남을 베풀 줄을 아는' 사람"이라고 하였습니다. 그러면서 그는 "진정한 군자는 백성과 어울릴 뿐만 아니라 먼 데서 온 사람까지도 환대하여 그들에게 유익함을 주는 사람"이라고 하였습니다.

우리는 남에게 인색할 것이 아니라 남을 배려하는 마음을 조금이라도 가져야 한다고 생각합니다. 남을 동정하고 배려하는 마음이야말로 어울림의 단서입니다. 사회구조적으로 분배와 복지가 중요한 것도 그것들이 어울림의 기초가 되기 때문입니다. 그래야 경쟁할 수밖에 없는 사회에서 조금이라도 살 맛 나는 세상이 되지 않겠습니까?

자, 우리는 지금부터라도 '나만 잘 되면 된다'는 이기적이고 천박한 생각보다는 '나와 더불어 남도 잘되어야 한다'는 어울림의 철학을 생각해 보셨으면 합니다.

진정한 능력은
어울릴 줄 아는 것이다

알고 보면 세상에 쓸모없는 것은 아무 것도 없는 것처럼 보입니다. 우리가 보기에 아무리 미천하고 보잘 것 없는 것도 크게 쓰일 때가 있습니다. 다윗 왕이 적군에게 포위되어 동굴에 숨어 있을 때 누구 덕에 살게 되었습니까? 적군을 피해 동굴 속에 숨어 있는 와중에 평상시 하찮게 여긴 거미가 거미줄을 치는 바람에 적군이 동굴에 사람이 없는 것으로 생각하여 구사일생으로 살아나게 되었습니다. 그 후 다윗 왕은 거미를 죽이지 못하게 하였다고 합니다.

이 다윗의 이야기는 무엇을 시사한다고 생각하십니까? 하찮다고 생각하여 상대방을 무시하거나 차별하는 것은 그리 현명한 처사가 아니라는 것입니다. 누구도 완전한 인간이 없기 때문에 근본적으로 서로 돕고 의지하며 살아야 합니다.

그런데 우리는 자신은 차별받기를 원하지 않으면서 상대를 무시하고 깔보고, 자신은 잘 살기를 바라면서 남들은 어떻게 되든 상관없다는 식입니다. 누구든 내로남불의 기질을 타고난 것이라고 생각합니다. 지배욕과 소유욕이 강한 탐욕스런 사람일수록 서로 어울리기를 싫어하고 자기만 잘 살면 된다는 생각에 갑질을 일삼으며 약자를 억압하고 지배하려 하여 세상을 혼탁하고 시끄러운 싸움의 장으로 만드는 것입니다. 특히 오만한 권력은 더욱 이런 경향이 강합니다.

인간 세상을 가장 아름답게 하는 어울림을 방해하는 계급이나 귀천이라는 것도 어찌 보면 경쟁만을 삶의 터전으로 생각하고 강한 자들이 약한 자를 지배하기 위해 고안한 것이라 해도 결코 틀린 말이 아닐 것입니다. 결국 힘이 정의가 되는 셈이고, 인간은 교묘하게 약육강식의 논리를 제도화한 하이에나와 같다고 해도 크게 틀린 말이 아닐 것입니다. 그래서 장자는 "도의 관점에서 보면 귀천이 없는데, 사물 쪽에서 보면 자신은 존귀하고 남은 천하게 보인다."고 말하며 인간의 이중 잣대를 꼬집고 있습니다.

분명 차등은 필요합니다. 모든 면에서 차이가 나니까요. 문제는 지나친 차별입니다. 능력이 있다고 남보다 수백 배, 수천 배 가져가는 것은 분명 문제가 있습니다. 남의 생존을 위협하는 것이니까요. 지금의 자본주의와 같은 지나친 차별은 '정당한 불평등'이라고 말하기 어렵습니다. 이것은 힘 있고 능력 있는 자본가의 이기심과 탐욕에서 나온 것이라고 생각합니다. 그래서 처칠은 "자본주의의 악덕은 축복의 불균형한 분배에 있다."고 하였습니다.

우리는 세상이 좁고 사람은 많아 경쟁을 피할 수는 없습니다. 허나 '경쟁'을 핑계로 지금처럼 승자 독식주의에 빠져 '나만 잘 살면 된다'는 야만적인 자본주의와 그 자본주의의 밑거름이 되는 자유민주주의 세상을 한번쯤은 되돌아보아야 한다고 생각합니다. '나만 잘 살면 된다'는 생각은 어울려 살아야 하는 인간 입장에서 볼 때 남의 생존을 위협하는 아주 야만적이고 비양심적 이기적인 생각입니다. 우리나라 투기 세력을 좀 보세요. 비록 부동산 폭락으로 지금은 그 죗값을 톡톡히 치르고 있지만 한때는 저만 잘 살려고 법망을 교묘히 피해가며 온갖 못된 짓을 저지른 사회 기생충 같은 자들입니다.

'나만 잘 살면 된다'는 사람은 전혀 공동체 의식도 없고 도덕적 양심도 선의지도 없는 어울릴 줄 모르는 천박한 사람입니다. '자유'라는 미명 아래 이런 사람들이 활보할 수 있도록 허용하는 것은 세상을 피곤하게 만드는 것입니다. 어울림을 위해서는 자유와 함께 그에 대한 응분의 대가를 물어야 한다고 생각합니다. 자유와 책임은 분리될 수 없습니다. 반드시 자유에는 책임이 따르도록 설계되어야 합니다. 책임이 따르지 않는 자유는 방종일 따름입니다.

인간은 완전한 이성적 동물이 아닙니다. 때론 선의보다도 악의가 판을 치기도 합니다. 그런 사회일수록 탁하고 피곤합니다. 그렇기 때문에 통제나 제재가 약하면 탐욕이 난무하고 세상이 혼탁해 집니다. 홉스의 주장처럼, 탐욕을 억제할 강한 제재가 없다면 '만인에 의한 만인의 투쟁' 상태가 전개되는 것이죠. 이런 상황에서 사회적 약자는 설 땅이 없습니다. 그래서 지금 이 순간에도 미래를 짊어진 젊은이들은 절망에 빠져 자살하고 가난한 노인은 가난과 고독에 시달리다 고독사를 하고 있습니다. 이 얼마나 처절한 삶의 몸부림입니까? 이런 절망적 상황은 인구 감소와 그로 인한 성장 동력 위기로 이어져 우리 모두를 위험에 빠트리고 있습니다.

우리는 하루빨리 모두를 위해서 세상은 서로 서로가 어우러지도록 설계되어야 한다고 생각합니다. 승자 독식주의처럼 나만 잘 살아도 안 되고 인간만 독불장군처럼 잘 살아도 안 됩니다. 너도 잘 살아야 하고 인간 이외의 다른 존재들도 잘 살아야 합니다. 바이러스가 유행하고 점차 우리가 사는 이곳이 아열대로 변해가는 지금의 지구의 위기는 우리들 스스로 자초한 것입니다. 인간의 자유를 어느 정도 통제하여 무제한적 탐욕이 날뛰지 않고 모두가 함께 어우러지도록 다시 세상을 만들어 가야 한다고 생각합니다. 그래야 모두가 발 뻗고 잘 수 있는 편안한 세상이 온다고 생각합니다.

우리는 지나치게 차별하지 않으면 가족처럼 편안하게 지낼 수 있습니다. 작은 나무는 작은 나무대로 큰 나무는 큰 대로 각기 쓰임새가 있습니다. 그러므로 서로 다르다고 차별하기에 앞서 서로를 존중하여 서로가 의지하고 협력하며 서로가 어울릴 수 있는 상생의 길을 모색해야 합니다. 개그콘서트에서 한참 인기 있었던 '일등만 알아주는 더러운 세상!'이 되어서는 안 된다고 생각합니다. 일등도 이등이 있어야 일등을 할 수 있습니다. 게다가 일등과 이등의 차이는 백지 한 장 차이 정도밖에 되지 않습니다. 삼등이라 해서 큰 차이가 나는 것도 결코 아니죠. 허나 그 대가는 하늘과 땅만큼 차이가 나는 것은 아주 잘못된 것이죠. 요즘 농심배 세계바둑대회를 보면 오로지 승자에게만 상금을 주고 패자에게는 국물도 없게 바뀌어졌습니다. 갈수록 이등, 삼등은 아예 설 땅이 없는 아주 냉정한 세상으로 변해가고 있습니다. 이 얼마나 잔혹한 일입니까?

이런 세상은 오로지 이겨야한다는 강박관념 이외에 다른 마음이 있을 수 없습니다. 참으로 인생을 냉엄한 승부사로 살게 하여 사람들로 하여금 배려하고 양보하는 마음을 송두리째 빼앗는 것입니다. 승부만이 인생의 전부가 아닙니다. 행복한 삶을 위해서는 반드시 같이 어울리기도 해야 합니다. 그래서 승자에게 모든 것을 몰아주는 폐단을 철저히 파헤치고 이등, 삼등도 살아갈 수 있는, 서로가 어울릴 수 있는 체제를 만들어 가야 한다고 생각합니다.

능력 있다고 모든 것을 가져가는 것은 결코 정의롭다고 할 수 없습니다. 능력도 혼자서는 발휘할 수 없습니다. 상대가 있어야 합니다. 더욱 성공은 능력만이 아니라 운도 따라야 합니다. 그러므로 능력 있다고 자기 몫을 몽땅 챙기는 것은 그리 올바른 것이 아닙니다. 그것은 엄연한 정글의 법칙이며 자신의 탐욕이 남의 불행을 낳는 착취이자 착복입니다.

니체는 이런 '착복과 착취가 위대함을 건설하기 위해 불가피하다'고 주장하고 있으나 이런 니체의 생각은 인간성과 도덕성을 파괴하는 파렴치한 생각일 뿐입니다. 인류의 위대한 문명들은 백성들의 고혈을 빨아 건설되었습니다. 비록 우리가 불가사의한 업적으로 찬양하지만 알고 보면 전제군주 시절에 이루어진 아주 인간의 추악하고 불행한 역사입니다. 적어도 어느 정도 이성을 가진 동물이라면 이런 불행한 일이 자꾸만 반복되도록 해서는 안 된다고 생각합니다.

인간들이 자칭 자신을 '만물의 영장'이나 '이성적 동물'이라고 하면서 하는 짓을 보면 동물보다 더 악랄하고 탐욕스럽다는 생각이 듭니다. 한마디로 인간은 지능이 높은 짐승입니다. 인간은 높은 지능을 이용하여 법을 이용하거나 악용하여 갈취하는 악명 높은 법 도둑처럼 간악한 제도를 만들어 더 탐욕스럽고 악랄하게 자신의 욕구를 채워가고 있는 것입니다. 그래서 자유와 평등의 조화를 강조하는 민주주의가 성행하고 있음에도 불구하고 빈부격차가 만연한 '일등만 알아주는 더러운 세상'에 살고 있는 것입니다. 평등보다는 자유만을 지나치게 강조하는 미국식 신자유주의 때문입니다. 세상이 지나치게 우크릭된 것입니다. 하버드대 교수 마이클 센델도 이런 현상에 대해 다음과 같이 말하고 있습니다.

> 사회 전반에 걸쳐서도 비슷한 현상이 일어나고 있다. 불평등이 점차로 심화되면서 모든 것이 시장의 지배를 받는 현상은 부유한 사람과 그렇지 못한 사람들의 삶이 점차 분화되고 있다는 의미이다. 우리는 서로 다른 장소에서 살고 일하고 쇼핑한다. 우리 아이들은 서로 다른 학교에 다닌다. 우리는 이러한 현상을 가리켜 스카이박스화 되고 있다고 말할 수 있을지 모르겠다. 이는 민주주의에 좋지 않으며 만족스러운 생활 방식도 아니다.

진정한 능력은 자신이 잘났다고 많이 가져가는 것이 아니라 남을 배려하여 베풀 줄 아는 여유라고 생각합니다. 세상을 살아가는 데는 일하는 능력만이 전부가 아닙니다. 남을 배려할 줄 아는 인격도 있어야 합니다. 진정 능력자라면 능력과 인격이 함께 어우러져야 합니다. 그래야 인간으로서 완성이 될 수 있고 그것이 있음으로서 세상에 행복의 팡파레가 울려 퍼질 수 있습니다. 지금처럼 '나만 잘 살면 된다'는 탐욕스런 자본주의 문화는 우리들의 일그러진 자화상입니다. 있는 자는 탐욕 때문에 배고파하고 없는 자는 없어서 배고파합니다. 그러니 있건 없건 어울리지 못하면 모두가 행복한 사람이 되기가 어렵습니다. 사람들이 남남되어 분자화되고 파편화되어 외롭게 살아가는 것이죠.

우리는 남이라는 이유로 어울림을 거부하고 자기만 잘 살고자 불협화음 속에 살려고 한다면 모두가 불행해진다는 사실을 깨닫고 '처자식의 화목함이 금슬이 어울리는 화음 같다'는 《시경》의 말을 음미하며 서로가 어울릴 수 있도록 최대한 노력해야 한다고 생각합니다. 서로 다른 사람들이 얼굴을 맞대며 서로의 차이를 극복하고 더 나아가 서로에게 득이 되도록 노력하여 공공선을 지향해야 한다는 것입니다. 그래서 공자는 "군자는 서로의 개성을 존중하면서도 조화를 이루지만 소인은 서로의 다름을 인정하지 못하고 똑같기만 요구한다"고 하였습니다.

여러분도 평소 '나'보다는 '너와 나'라는 생각을 갖고 어울림에 동참해보지 않으시겠습니까?

이분법적 사고부터 버려야 한다

우리는 대표적인 사회적 동물이면서도 서로 못 잡아먹어서 안달이 날 정도로 심한 대립과 갈등을 겪으며 살아가고 있습니다. 그 이유 중 하나는 경쟁이 지나치다 보니 반목과 싸움을 낳는 극단적인 이분법적 사고를 하고 살아가기 때문입니다. 이분법적 사고는 경쟁과 갈등, 대립의 산물입니다. 허나 우리가 어울려 살기 위해서는 먼저 이분법과 같은 극단적인 사고부터 버려야 한다고 생각합니다.

일찍이 포스트 모더니즘을 대표하는 데리다는 근대의 이성의 산물인 '이분법적 사고'를 해체하라고 하였습니다. 데리다는 근대적 사고는 이분법을 기초로 하여 주체와 객체, 개인과 사회, 남성과 여성, 문화와 자연, 본질과 현상 등 세상을 대립적 구조로 파악하고, 앞선 용어들 예를 들어 주체나 개인, 남성, 문화 등을 우위로 보고 뒤에 오는 용어들, 즉 객체나 사회, 여성, 자연 등은 종속적인 것으로 규정하여 사회 전반에 극단적인 대립과 폭력을 낳았다고 합니다. '너'보다는 '나'를 강조하고 '여자'보다는 '남자', '자연'보다는 '문화'를 우위로 본 것입니다. 허나 너 없는 나를 생각할 수 없고, 여성 없는 남성도 생각할 수 없고, 자연 없는 문화를 생각할 수 없습니다. 이런 대립과 폭력이 없어지려면 이분법적 사고를 기초로 한 위계질서가 하루 빨리 해체되어야 한다고 데리다는 주장하였습니다.

어울림 철학도 데리다의 주장과 궤를 같이합니다. 단지 해체를 넘어 어울려야 한다는 점이 다른 점이며 진일보 전진하는 것이 아닌가 합니다. 그럼 왜 이분법을 해체해야 하는지를 살펴보겠습니다. 한마디로 세상은 다양합니다. 허나 사람들은 이런 다양성을 무시하고 이분법적으로 생각하는 경향이 강합니다. 지금의 정치판을 보십시오. 이분법이 판을 치고 있습니다. 특히 윤석열 정부가 들어서면서 정치판은 그야말로 극단적인 대립만 하고 있습니다.

진보와 보수로 대표되는 양 진영으로 나뉘어 피 터지는 정쟁을 일삼아 국민의 눈살을 찌푸리게 하고 있습니다. 여당과 야당은 정치 동반자로 보지 않고 '적과 동지'라는 이분법적 사고에 틀어박혀 상대를 적으로만 생각하고 반대를 위한 반대를 일삼고 있습니다. 지금의 대통령마저 자기 사람이 아니면 '적'으로 간주하고 있다는 인상을 지울 수 없습니다. 오로지 자신의 식구는 철저히 챙기면서 야당 사람들만 가차 없이 수사하는 모양새입니다. 이 얼마나 살벌한 세상입니까. 비단 정치뿐만이 아닙니다. 사람들 대다수가 정치판이 반목하는 것처럼 이분법적 사고에 사로잡혀 서로를 헐뜯고 반목하며 살아가고 있습니다. 갈수록 경직된 이분법적 사고가 세상을 투쟁의 장으로 만들고 있습니다.

허나 세상은 어떻습니까? 세상은 양과 음이 분리하여 있는 것이 아니라 양과 음이 어우러져 있습니다. 양만 있고 음이 없는 경우가 없으며 음만 있고 양만 있는 곳도 없습니다. 항상 양이 있는 곳에 음이 있고 음이 있는 곳에는 반드시 양이 있습니다. 대립하는 것 같으면서도 화합하여 세상을 돌아가게 하고 있습니다. 상황에 따라 정도만 다를 뿐이죠. 인간 세상도 마찬가지입니다. 내가 있으면 남도 있고, 남성이 있으면 여성이 있는 것입니다. 나 혼자만 존재할 수 없고, 남성만 존재할 수도 없습니다.

뿐만 아니라 행복과 불행도 동반자입니다. 행복 속에 불행이 있고 불행 속에 행복이 있는 것입니다. 행복하려면 그만한 고통을 감내해야만 하고 행복에 겨우면 이내 불행이 찾아오는 것입니다. 그러니 불행이 없는 행복만 추구하는 것은 그리 현명하지 않다고 생각합니다. 또한 긍정이 있으면 반드시 부정도 있습니다. 그러니 우리는 이분법에 사로잡혀 한쪽만 강조하거나 한쪽만 보아서는 안 된다고 생각합니다. 아무리 긍정적인 면을 강조해도 부정적인 요소를 간과하는 순간 어떻게 되겠습니까? 부정적인 면을 고려하지 않고 앞만 보고 달리다가는 것은 폭망하는 지름길입니다. 때로는 돌다리도 두드려 보아야 합니다. 그러니 한쪽만 보고 달리는 것은 불행으로 가는 지름길입니다.

세상이 정도를 가기 위해서는 항상 양쪽을 보듬을 수 있는 중용적인 태도를 가져야 비로소 지혜롭다고 할 수 있습니다. 너와 내가 같이 가야하고 남성과 여성이 같이 가도록 노력해야 합니다. 그런데 지금 우리나라의 남성중심주의를 허물기 위해 등장한 페미니즘 등장은 어떤 결과를 낳았습니까? 남녀가 화합하기는커녕 남성과 여성은 새로운 갈등을 낳는 국면입니다. 지금 우리나라의 페미니즘은 남성 권위주의를 없앤다는 미명 아래 남성들을 동반자가 아닌 공격자로 인식하여 남성과 여성을 대립적으로 접근하고 있기 때문에 오히려 남성과 여성의 대립을 낳았다고 생각합니다. 그래서 남자와 여자는 화합하기는커녕 더욱 대립이 심화되고 있습니다.

허나 남과 여와 같이 대조를 이루는 말들은 서로 관계를 맺고 있을 때에만 진정한 의미를 가질 수 있지 독립적으로 존재할 수 있는 것이 아닙니다. 오히려 서로 조화를 이루어 상보적일 때 참 의미를 갖는다고 생각합니다. 어찌 사회나 상대 없이 나만 홀로 존재할 수 있고, 어찌 여자 없이 남자가 존재할 수 있으며, 어찌 자연이 없이 인간 세상이 존재할 수 있고, 평등이나 의무, 그리고 사랑이나 협력 없이 자유와 권리, 그리고 경쟁만 있을 수 있겠습니까? 이 모두는 서로 반대되는 것처럼 보이지만 실은 다른 것의 부족함을 메우기 위해서 존재하는 동반자입니다. 대립하면서도 서로 상보적일 때 참다운 의미를 갖는 것이죠. 20세기 자유를 앞세우는 자유주의와 평등을 앞세우는 사회주의의 극단적인 대립도 어찌 보면 극단적인 이분법적 사고에 의해 빚어진 냉전의 시대의 유산이었습니다.

우리나라의 진보와 보수라는 극단적인 대립도 엄밀히 말하면 박정희 이후 근대적인 이분법적 사고에 길들여져 생긴 폐해라고 생각합니다. 어찌 자유 없는 평등이 있을 수 있고 반대로 평등이 없는 자유가 있겠습니까? 서로 같이 가고자 한다면 자유와 평등은 항상 같이 가야 하고 병행되어 조화를 이룰 수 있도록 해야 하는 것입니다. 인간 세상은 자유와 평등이 조화를 이룰 때 가장 이상적인 사회가 되는 것입니다. 그런데 지금 세계에 유행하고 있는 미국식 신자유주의가 자유와 경쟁을 지나치게 강조하고 평등을 무시하다 보니 니체가 강조한 진화론적 약육강식의 문화가 일반화 되어 빈부격차와 불평등을 낳는 승자독식주의라는 괴물이 탄생한 것이죠.

저는 이런 불필요한 대립이나 투쟁을 막기 위해서는 서로를 대립적으로 파악하는 이분법적 사고를 마땅히 버리고 자유와 평등이 만나고, 너와 내가 만나고, 남자와 여성이 만나고, 더 나아가 자연과 인간이 공존할 수 있는 큰 틀에서의 중용을 생각해야 한다고 생각합니다. 아리스토텔레스나 동양의 중용은 개인의 처세의 중용을 강조했지만 제가 말하는 중용은 개인적 의미를 넘어서 사회적 의미의 중용입니다. 그래야 사회적 갈등을 최소화할 수 있습니다.

둘 간의 대립이 아니라 화합의 장을 만들 때 세상은 어우러져 보다 살기 좋은 아름다운 세상이 될 것으로 생각합니다. 특히 세상 사람들이 중도에서 만나 어우러진다면 더욱 좋겠지만 그렇게 되기는 쉽지 않습니다. 인간의 탐욕과 이기심, 그리고 무지가 항상 어울림을 방해해 왔습니다. 허나 분명한 것은 서로 반대자들끼리 상대방과 대립각을 세워 힐난하거나 비판하지만 말고 중도의 입장에 서서 상대방을 인정하고 받아들일 것은 받아들여 서로 양보할 줄 알아야 합니다. 그래야 서로 더불어 살 수 있는 길이 열리고 세상이 바로잡힐 수 있다는 것입니다.

어울림의 철학은 바로 지금처럼 일어나고 있는 극단적인 대립과 갈등을 타파하고 화합과 조화를 이루고자 하기 위한 것입니다. 그렇기 위해서는 일단 극단을 향하는 이분법적 사고를 버리고 서로를 지향하는 중용의 정신을 향해야 한다고 생각합니다. 어울림은 바로 이분법적 사고를 깨야 비로소 시작할 수 있습니다.

자, 여러분도 싸움꾼이나 저격수처럼 극단적인 이분법적 사고를 하지 않았으면 합니다. 이분법적 사고는 어울림의 파괴자이자 평화와 행복의 파괴자입니다. 우리는 자신을 위해서라도 이분법적 사고를 버려야 합니다.

단순화의 오류를 거부한다

어울림의 철학에서는 단순화의 주범인 이분법적 사고를 타파해야 한다고 말했습니다. 세상은 단순히 음과 양으로만 설명할 수 없고, 선과 악으로만 볼 수 없고, 행복과 불행으로만 볼 수도 없습니다. 양도 아니고 음도 아닌 수많은 기운이 세상에 널려 있으며, 선도 아니고 악도 아니고, 행복과 불행이 아닌 경우가 너무나 많습니다. 그러니 행복만 바라는 낙관론도 세상을 단순화시킨 우리들의 이분법적 사고의 산물입니다. 이처럼 세상을 이분법적으로 해석하려는 것은 세상을 구성하는 다양한 요소를 배제하는 일종의 '단순화의 오류'라고 생각합니다. '세상은 생각보다 단순하다'는 생각 자체가 너무나 순진하고 어리석은 생각인 것입니다. 어울림의 철학은 기존의 일상적인 이분법에 근거한 일원론적 사고를 거부하고 세상의 다양성을 포용하는 다원론적 사고를 바탕으로 출발합니다.

문제는 우리는 이런 복잡성을 덮어버리고 도식적으로 간단하게 설명하려는 이론을 좋아한다는 사실입니다. 그만큼 사람들은 단순한 것을 좋아한다는 것입니다. 특히 학자들이 추구하는 학문의 세계도 일반인과 크게 다르지 않다고 생각합니다. 그래서 단순화는 '일반화'를 통해 이론화를 추구하는 학문의 핵심일 뿐만 아니라 사람들의 세상을 보는 창구 역할을 합니다. '이데아', '도', '이理', '본질', '절대 정신', '변증법', '신', '자유주의', '자본주의' 등과 같은 철학적 개념들이 여기에 속한다고 볼 수 있습니다. 학자들은 이런 추상적인 개념들을 통해 세상을 편리하고 쉽게 보기 위해 고도로 추상화된 개념을 통해 단순화 작업이 진행되고 그 개념을 근거로 거대이론을 정당화하기 위해 추론을 시작합니다. 그렇지만 추론의 과정도 자신의 시각과 경험을 토대로 하기 때문에 완전한 타당성을 확보하기 어렵습니다. 자신의 시각과 경험에는 자신만의 선입견이나 편견이 얼마든지 들어갈 수 있기 때문입니다. 과학이라는 것이 검증 가능한 것이어야 하면서도 뉴턴 물리학이 아인슈타인의 상대성 이론으로 수정된 것처럼 수정 가능한 것이어야 한다는 것도 우리의 지식이라는 것이 불완전하다는 것을 반증하는 것입니다.

사람들은 과학에 근거한 일기예보가 왜 이리 자주 틀리는 것에 많은 불만을 가집니다. 허나 이런 생각은 세상의 다양성을 잘 모르기 때문에 일어나는 불만에 지나지 않습니다. 일기 예보를 할 때 틀리는 이유는 인간의 능력으로는 하찮은 나비의 날갯짓도 날씨에 영향을 줄 수 있지만 그 수많은 변수를 수학적으로 혹은 개념적으로 모두를 고려할 수 없기 때문입니다. 단지 기압, 중력, 해수면, 고도, 바람 등 주요 변수 이외의 나비의 날갯짓과 인간의 행동 하나 하나 모든 변수를 고려하다 보면 고차방정식으로도 날씨를 풀어낼 수가 없습니다. 그래서 하는 수 없이 우리는 선택적으로 증거를 취합하여 날씨를 예측하는 것입니다. 엄밀성을 요구하는 과학에도 다양성 때문에 항상 '불확실성의 원리'가 존재하는 것입니다. 하물며 인문, 사회과학은 날씨보다 훨씬 복잡합니다. 인간뿐만 아니라 사회 구성원들이 훨씬 다양하고 복잡하기 때문입니다. 개개인의 심리 상태와 취향뿐만 아니라 그가 속해 있는 문화와 관습이 모두 다르기 때문에 어떻게 사람들이 움직일지 예측한다는 것은 정말 어렵습니다. 코로나 백신에 대한 반응도 아주 제각각입니다. 멀쩡한 사람이 이유도 제대로 모른 채 코로나 백신을 맞고 사망하는 경우를 종종 볼 수 있습니다. 그래서 마크 뷰캐넌은 인문 사회 과학 중 엄밀성을 추구하는 수학에 많이 의존하는 경제학조차 잘못된 단순화의 오류를 범하고 있기 때문에 엄밀한 의미에서 과학이 아니라고 말하고 있습니다. 경제학에서는 일반적으로 비싸면 안 살 것이라고 예측하지만 그렇지도 않습니다. 비쌀수록 잘 팔리는 경우도 얼마든지 있습니다. 이처럼 세상은 예측할 수 없는 다양한 사람들이 살고 있습니다.

그는 물리학자조차도 언제나 어림짐작에 있다고 말합니다. 진짜로 중요하지 않은 사소한 것처럼 보이는 요소들을 무시하고 중요한 것에만 집중한다는 것입니다. 그의 주장은 카오스 이론과 일맥상통하는 것으로 나비의 날갯짓이 언제든 폭풍을 몰고 올 수 있는데도 기압, 중력, 해수면, 고도, 바람 등과 같은 핵심 요소에만 집중하여 날씨를 예측하니 날씨를 정확하게 예측할 수 없습니다. 특히 1주일이 넘어가는 날씨 예측은 단지 추정에 불과할 뿐입니다.

과학이란 것도 결코 20세기 초창기 분석철학자들이 검증을 거치기 때문에 '엄밀한 학문'이라고 주장한 것은 지나친 과학에 대한 낙관이라고 볼 수 있습니다. 20세기 후반의 쿤이나 파이어아벤트와 같은 과학철학자는 단지 연구 대상의 다양성뿐만 아니라 인간의 주관이나 상상력이 언제든 작용할 수 있기 때문에 과학조차 엄밀할 수 없다고 주장하고 있습니다. 그러니 비록 이들의 주장이 지나치게 과학을 주관적이고 상대적으로 보고 있다는 비난을 받고 있지만 전혀 설득력이 없는 것이 아닙니다. 과학조차 인간의 주관과 외계의 객관의 어울림이니까요. 그래서 과학이라는 것이 완전한 주관도 완전한 객관도 아닙니다. 주관과 객관이 어울릴수록 사실에 근접하지만 예외가 자꾸 발생하여 주관과 객관이 어울리지 못할수록 사실과 거리가 멀어지는 것입니다. 그러니 과학을 통해 세상이 이럴 것이라고 단정짓는 것이야말로 아주 위험천만한 일이죠. 우리는 과학을 통해 세상을 어림잡아 말하고 있는 뿐입니다.

이런 단순화의 오류는 과학뿐만 아니라 철학에서도 그대로 나타납니다. 흔히 철학에서 행복을 삶의 목적으로 추구하는 목적론적 윤리설의 대표하는 키레네학파와 공리주의는 우리는 자신의 삶을 영위하기 위해 욕망을 가지고 태어났으니 욕망에 따른 쾌락을 추구해야 한다고 주장합니다. 단지 키레네학파는 이기적인 쾌락을 추구하고 공리주의는 사회성을 고려하여 '최대 다수. 최대 행복'을 주장한 사회적 쾌락주의일 뿐입니다. 반면 성선설이나 이성주의에 근거한 공자와 칸트와 같은 의무론적 윤리설론자들은 쾌락은 이기적이고 때론 불행의 화근이 된다고 주장하면서 선한 마음과 이성을 가진 사회적 동물인 이상 이기적인 쾌락이나 행복보다는 이성이나 양심에 따라 의무 의식을 가지고 도덕적인 생활을 해야 한다고 주장합니다.

허나 어떻게 우리는 쾌락 없는 세상에 살 수 있으며, 반대로 의무나 양심 없는 쾌락만 추구할 수 있겠습니까? 이 두 주장은 인간의 하나의 측면만 강조하는 단순화의 오류에 빠져 있다고 볼 수 있습니다. 인간은 이 두 가지 측면의 삶이 모두 필요하고 그 두 삶의 적절한 조화가 중요하다고 생각합니다. 인간은 자신의 삶을 영위하기 위해 욕망에 따르는 쾌락도 필요하지만 어울려 살기 위해서는 쾌락이나 행복보다는 때로는 양심이나 의무도 반드시 고려해야 합니다. 이 모두를 고려하지 않고 인간의 한 측면만 강조하는 것은 인간의 다양성을 무시하는 단순화의 오류에 빠진 것으로 볼 수 있습니다.

더군다나 쾌락과 의무만 가지고도 살 수 없습니다. 경쟁 사회라 도태되지 않기 위해 니체가 강조한 강력한 힘도 있어야 하고, 때론 지나친 경쟁을 피하고 좀 편안하고 안락한 생활을 하기 위해 노자와 장자가 강조한 자연적인 삶도 필요한 법입니다. 또한 세상에는 이기적이고 사악한 인간들도 있기 때문에 한비자가 강조한 것처럼 윤리와 도덕과는 별개로 강한 법도 필요합니다.

일원론적으로 세상을 해결하려는 철학자들의 주장처럼 인간도 인간이지만 인간 세상이 그리 단순하지 않다는 이야기입니다. 착한 사람과 이성적인 사람도 있지만, 악한 사람과 이기적인 사람도 많습니다. 선하지도 않고 악하지도 않는 사람도 있지만 선악을 넘나드는 사람, 즉 반이성적인 사람도 많습니다. 게다가 사람마다 정도 차가 다 다르죠. 그래서 세상에는 도덕도 도덕이지만 사악한 인간들이 활보하지 않도록 강한 법도 필요한 것이고, 각자도생을 위해 윤리 도덕을 떠나 스스로 힘과 실력을 기르지 않으면 안 된다고 생각합니다. 그러니 우리는 공자나 칸트처럼 인격이나 도덕만 강조하거나 니체처럼 힘만을 강조하는 하나의 학설에 빠지는 단순화의 오류에 빠지지 않아야 합니다. 오히려 인생을 이끄는 다양한 요소들, 즉 인생의 활력을 주는 쾌락이나 인간다움을 주는 도덕, 그리고 인간에게 포근함을 선사하는 자연, 정의를 구현하는 법과 삶의 고단함을 이기는 힘이 적절히 조화를 이룰 수 있도록 노력하는 것이 진정한 지혜로움이 아닌가 합니다. 때로는 마키아벨리의 주장처럼 간교함에는 간교함으로 맞서는 술수도 세상에는 필요한 법입니다. 그만큼 간악한 인간의 술수에 술수로 맞서지 않는다면 나 자신이 당하기 때문입니다.

우리가 현명하면 할수록 위대한 철학들이 강조하는 하나의 요소가 전부인 것으로 착각하는 단순화의 오류에서 벗어나 세상을 넓고 다양하게 접해 보고 세상을 통합적으로 아우를 수 있는 능력을 키워야 합니다. 진정한 지혜는 세상의 다양한 요소를 고려하여 행동하는 것입니다. 단지 하나의 요소만 고려한 삶은 설령 그 삶이 공자가 추구하는 인격적인 삶처럼 겉보기에 고상하게 보일지라도 실현가능성이 낮기 때문에 그다지 현명하다고 할 수 없는 것입니다. 공자가 정치 세계에서 설득력을 잃은 것도 전쟁이 끊이지 않는 세상에서 도덕성만이 해결책이라고 보았기 때문입니다.

세상은 단 한 가지 기준으로만 단순하게 살 수 없습니다. 복잡한 세상에서 단순하게 살려는 것은 어리석은 것입니다. 지금까지의 학문이 현실성이 떨어지는 이유도 알고 보면 다양성을 보지 못하고 하나의 단순한 원리로 복잡한 세상을 해결하려고 했기 때문입니다. 신자유주의처럼 자유를 바탕으로 쾌락과 그 쾌락을 가져다주는 이익에 골몰하는 실용주의 문화로 가다 보니 힘의 논리와 술수가 난무하며 인간다움과 정의가 실종되고 있습니다. 자유를 바탕으로 쾌락과 행복을 추구하는 신자유주의가 알고 보면 강자의 이익을 대변하는 셈이죠.

이런 문제점을 직시한 어울림 철학은 단순 사고를 거부하고 인간의 삶을 구성하는 행복, 양심, 법, 힘, 자연, 때론 술수 등 다양한 요소들의 조화를 모색하고 있습니다. 그래서 단순화에 기초한 일원론적 성격이 강한 전통적인 학설을 넘어 바로 다양성을 포용하는 포스트모더니즘 시대에 걸맞는 새로운 철학으로 출발해야 한다고 생각합니다.

자, 여러분도 진정한 깨달음을 위해 단순 사고에서 벗어나 다양하게 세상을 보는 어울림의 철학에 동참하지 않으시겠습니까?

소크라테스는 과연
현명하다고만 할 수 있는가

우리는 소크라테스를 '인류의 스승'처럼 생각합니다. 아름다운 세상을 만들기 위해 '철학이 진정 무엇을 해야 하는가'를 위해서 목숨까지 걸고 했기 때문입니다. 특히 그는 철학적 성찰을 통해 인생을 반성하고 성찰해서 진리에 접근하도록 노력해야 가치 있는 삶을 산다는 것을 몸소 보여준 철학자입니다. 그래서 그는 철학에 대한 이정표를 준 진정한 철학자라고 말할 수 있습니다.

허나 아무리 위대한 철학자라고 하더라도 문제가 없는 것은 아니라고 생각합니다. 위대한 사람일지라도 신이 아닌 이상 그 나름대로 독단과 편견을 가질 수 있기 때문입니다. 지금까지 철학에서는 소크라테스의 삶과 사상은 지나치다 할 정도로 좋은 점만 이야기해 왔습니다. 특히 그의 제자인 플라톤에 의해 그의 사상이 계승 발전되면서 더욱 이런 경향이 강해졌다고 생각합니다. 그러나 저는 지금부터 소크라테스가 무엇을 잘못하여 사형선고까지 받을 정도로 아테네 시민들에게 미움을 받게 되었는가를 나름대로 진단해 보도록 하겠습니다. 소크라테스의 말대로 철학이 삶에 지혜를 주는 것이라면 이것은 반드시 짚고 넘어가야 한다고 생각합니다. 아무리 위대한 사람이라도 숭배만 할 것이 아니라 반드시 자기만의 독단이 있을 수 있다는 것을 알고 우리도 그런 독단에 빠지지 않도록 늘 경계를 해야 한다는 것입니다. 게다가 '위대한 권위'를 깨는 것은 자기 생각을 갖기 위한 첫 걸음이기도 합니다. 위대함에 맹종하는 것은 자신이 어리석다는 것을 표출하는 것에 지나지 않습니다.

그럼 시작하겠습니다. 소크라테스는 철학적 성찰을 통해 올바른 삶을 살기 위해서는 돈과 권력을 추구하는 일반인처럼 살아서는 안 된다고 경고한 최초의 사람입니다. 우리의 주변을 보아도 성찰하기 보단 작은 소견이나 편견 속에 살아가는 사람이 주변에 많습니다. 자기가 방귀 뀌고 성질내는 사람도 흔히 볼 수 있습니다. 그러니 세상이 탁할 수밖에 없는 것입니다. 이것을 본 소크라테스는 사람들로 하여금 그것을 깨닫게 하기 위해 철학적 반성과 성찰을 통해 진리를 탐구하는 것이 자신의 사명이라고 하였습니다. 왜냐하면 일반인들의 상식은 대개의 경우 몰상식과 무지(無知)에서 온다고 생각했기 때문입니다. 그는 불교의 주장처럼 '무지는 악의 근원'이라는 강력한 신념 하나로 일반인들의 신념인 상식과 맞서 싸우는 투사가 되었습니다. 그는 성찰을 통해 세상에 널려 있는 몰상식한 사람들을 계몽하려 한 것입니다. 소크라테스가 볼 때, '재주는 있지만 어리석고 비윤리적인 사람은 오직 이 세상에 악과 부정만 보탤 뿐'이고 '우리가 추구해야 할 삶은 부유한 삶이 아니라 올바른 삶'이기 때문입니다.

그는 다른 사람들이 미치광이거나 무례한 사람이라고 생각하든 말든 모든 아테네 시민에게 다가가 불쑥 질문을 던졌습니다. 예를 들면, 돈이 있어야 덕이 있는 사람이 될 수 있다는 귀족인 '메논'에게 돈을 부적절하게 벌어도 훌륭할 수 있냐고 반문하고, 덕이라는 것은 돈이 없어도 얼마든지 가능하다는 반론을 제시합니다. 그리고 명성이 자자한 정치가나 유명 강사들처럼 아는 체하는 자칭 '지혜롭다'고 하는 소피스트들을 찾아가 질문을 던져 그들이 아는 것은 진정하게 아는 것이 아니라는 것을 만인이 보는 앞에서 폭로하는 것을 서슴지 않았습니다. 그는 누구든 가리지 않고 대중 앞에서 대화를 통해 그들이 아는 상식이 무지에서 비롯된다는 것을 깨닫게 하려고 무던히도 노력하였습니다.

그는 이처럼 일반인들의 검증도 되지 않은 '상식'은 진정한 진리가 아니고 하나의 '의견'에 지나지 않는다고 말하고 이성을 통해 검증을 받아야만 진정한 진리를 얻을 수 있다고 하였습니다. 특히 그는 진리를 찾아 영혼을 완성시키는 일보다는 진리를 왜곡하여 가능한 한 많은 돈을 모으고 명성과 명예를 얻으려는 그 당시의 대중들의 스타인 소피스트와 같은 사람들에게 일침을 가하며 그들도 진리를 찾는데 동참하도록 종용하였습니다.

분명 '상식'을 넘어 좀 더 확실한 진리와 훌륭한 삶을 살고자 한다면 이런 소크라테스의 성찰의 노력이 필요하다고 생각합니다. 소크라테스가 역사상 공헌한 점이 바로 이것이라고 생각합니다. 한 번 사는 인생 대충 살지 말라는 것이죠. 허나 사람들의 모습은 어떻습니까? 일반적으로 사람들은 별 노력 없이 훌륭한 삶을 살 수 있다고 생각하는 경향이 강합니다. 돈이 되는 기술은 어렵다고 생각하고 열심히 수련하지만 멋진 인생을 사는 것은 별 어렵지 않다고 생각하고 대체로 일반적인 상식이나 종교에 맡기는 습성이 있습니다. 대체로 사람들이 별 생각 없이 그럭저럭 산다는 것이죠. 실제로 사는 문제는 기술을 습득하는 것보다 다양하고 복잡하여 습득하기 훨씬 어려운데도 사는 문제는 방치하고 돈과 명성만 얻으려고 혈안이라는 것입니다. 그러니 잘못된 신념 때문에 세상은 혼탁해지는 것이라고 소크라테스는 생각했습니다. 그래서 소크라테스는 이런 혼란함을 막고자 만나는 사람마다 질문을 던지고 그들이 아는 상식이 얼마나 우매한 것인가를 깨닫게 하는데 전력투구를 하였습니다.

허나 이런 과정에 문제가 생기기 시작합니다. 소크라테스가 질문했을 때 일반 대중이나 소피스트들은 경험에 근거해 나름대로의 생각을 말했습니다. 그러나 소크라테스는 경험에 근거한 기준은 사람마다 달라 진정한 진리가 될 수 없다고 생각했습니다. 둥근 원도 보는 각도에 따라 타원이 될 수도 있으니까요. 그리고 그는 누구에게나 옳은 보편적 진리가 존재하는 것이라 생각하고, 그 진리는 질문과 대답이 반복되는 대화의 산파술을 통해 끌어낼 수 있다고 생각한 것입니다. 인간은 '이성적 동물'이어서 다양한 경험의 공통분모, 즉 본질을 찾는다면 절대적인 진리를 알 수 있다고 확신한 것입니다.

허나 여기에서 문제가 발생합니다. 다른 사람들이 소크라테스에게 보편적 진리가 무엇이냐고 물어보면 소크라테스는 '아직 자신은 모른다'고 대답하였습니다. 이 얼마나 황당한 대답입니까? 진리를 알지도 못하면서 진리가 있다고 하니 아테네 사람들 입장에서는 기가 찰 노릇입니다. 그리고 소크라테스 자신도 알지 못하면서 그 진리를 알 때까지 계속해서 물어 보니 억지도 이런 억지가 없는 것처럼 보였을 것입니다. 게다가 소크라테스는 불난 집에 불을 지피고 말았습니다. 그 진리를 모르는 자신이 누구보다도 현명하다는 것이었습니다. 소크라테스는 '제대로 알지 못하면서 아는 체하는 사람은 모른다는 것을 모르고 자신은 처음부터 모른다는 것을 알기 때문에 자신이 남보다 현명하다'고 하였습니다. 이 얼마나 자존심을 건드는 건방진 대답입니까? '알지도 못하면서 모르기 때문에 누구보다도 현명하다!' 결국 이 말에 아테네 사람들은 발끈했을 것으로 생각합니다.

소크라테스의 주장이 어느 정도 설득력을 가지려면 일단 이성을 통해 알 수 있는 '절대적 지식'이 있다는 가정을 증명해야 하지만, 소크라테스는 그것을 증명하지 않고서 마치 그것이 실제로 있는 것처럼 가정하고 경험에 근거한 지식은 참다운 지식이 아니라고 비판하니 공격당한 사람들로서는 소크라테스의 억지 주장 때문에 분노가 일어날 수밖에 없었다고 생각합니다. 논리적으로 소크라테스는 '실제화의 오류'를 범했다고 생각합니다. 절대적 진리가 있다고 증명되지 않았음에도 소크라테스는 마치 그것이 있는 것처럼 가정하고 "너 자신을 알라."라는 듯 끝없이 질문하여 '너는 아직 진리를 모른다'고 상대의 무지를 폭로했기 때문입니다.

20세기 분석철학의 창시자인 비트겐슈타인은 우리가 알 수 있는 것은 공통된 특성을 가진 절대적 지식이 아니라 '가족 유사성'을 가진 상대적 지식이라고 하였습니다. 세상에는 오리너구리처럼 포유류로 분류할 수 없고 그렇다고 조류로도 분류할 수 없는 예외적인 것들이 언제나 있습니다. 이런 점들 때문에 공통된 특성을 축출하기가 어렵고 항상 예외가 생기는 것입니다. 결국 예외 없는 법칙이란 없는 것입니다. 그래서 절대적 지식에 도달하기란 사실상 어렵고 편의상 유사한 특성을 골라 사물에 대한 지식으로 활용한다는 것입니다. 그러니 인간의 지식 자체가 불완전할 수밖에 없습니다. 그럼에도 불구하고 소크라테스가 절대적 지식을 알 때까지 대화를 통해 집요하게 물고 늘어져 경험에 기반을 둔 그들의 주장이 무지한 것이나 마찬가지라고 폭로하면 할수록 그에게는 적이 많아졌을 것이라고 생각할 수 있습니다. 그러니 역풍은 당연히 예고된 것이었습니다. 결국 그는 '악을 행하는 자이며, 땅 아래 있는 것과 하늘 위에 있는 것을 탐구하는 괴상한 인물이며, 악한 것을 선한 것처럼 가르치는 자'라는 이유로 고발당하여 기소되는 비운의 사람이 되고 말았습니다.

그런데도 기소된 소크라테스는 전혀 기죽지 않고 법정에서 사람들이 돈을 모으고 명성과 명예를 차지하는 데만 정신을 쏟고 영혼의 완성에는 전혀 관심이 없는 것에 대해 비판하면서 오로지 진리 탐구를 통해 사람들이 선량해지고, 그리고 선량한 사람들 사이에서 생활하는 것이 악인들 사이에서 생활하는 것보다 살기가 훨씬 낫다는 것을 강조하며 자신은 억지로 사람들을 타락시키려고 하지 않았다고 변론하였습니다. 그리고 그는 '신이 자기 자신과 타인을 탐구해야 하는 철학자로서의 사명을 주었다'고 말하면서 진리에 어긋난 사람을 보면 그런 사람을 '나는 내버려 두지 않거나 외면하지 않고 그에게 질문을 하여 실험할 것'이라고 공언까지 하였습니다.

배심원들은 자신들을 나무라듯 큰소리치는 이런 소크라테스를 보고 어떤 판결을 내렸을까요? 당연히 좋게 판결할 리 없었을 것입니다. 아마 끝까지 절대적 진리를 앞세우는 소크라테스를 보고 오만하거나 정신 나간 사람처럼 보았을 것이라고 생각됩니다. 결국 소크라테스는 자신을 변론하다가 더 화만 키우고 말았습니다. 마침내 '사형'선고가 내려졌고, 사형선고가 내려지자 소크라테스는 배심원들을 향해 더욱 열을 올려 비판합니다. 소크라테스는 자신을 죽인 것은 자신으로부터 배심원들이 비판을 받지 않기 위해서지만 결국에는 후세에 자신보다 훨씬 많은 비난을 받게 될 것이라고 큰 소리까지 쳤습니다. 자기는 죽는 날까지 자기 직분에 충실할 것이며 죽음을 두려워하는 것은 결코 지혜로운 일이 아니라며 큰 선을 위해서 기꺼이 죽음을 선택할 수 있다고 변론합니다. 결국 그는 배심원들이 산파 역할을 하는 철학하기를 그만두기를 종용했지만, '성찰되지 않는 삶은 가치가 없다'는 말로 그 제의를 거부하며 스스로 죽음의 길로 떠나겠다고 공언합니다. 그는 현실과 타협하여 '개돼지'처럼 사는 대신 자신의 숭고한 철학적 길을 스스로 선택하기로 한 것입니다. 그는 마지막으로 죽음은 결코 악이 아니라, '꿈이 없는 영원한 잠'이거나 '영혼이 다른 세계로 옮겨가는 것'이라고 하면서 다음과 같이 변론하였다.

자, 이제 떠날 시간이 되었다. 우리는 각기 자기 길을 가야지. 나는 죽으러, 여러분은 살러. 하지만 어느 쪽이 좋은 길인지는 신만이 알 수 있다.

소크라테스의 죽음은 알고 보면 스스로 자초한 측면이 있습니다.

사람은 자기중심적 사고 때문에 누구나 자신의 신념을 절대화하려는 습성이 있습니다. 소크라테스가 위대한 철학적 성찰을 했음에도 불구하고 이런 습성을 비껴가지 못했다고 생각합니다. 소크라테스를 따랐던 제자 플라톤에 의해 소크라테스의 사상이 계승 발전하여 소크라테스의 철학적 정신을 높이 평가하고 있지만, 그 위대함에도 불구하고 소크라테스는 자신의 생각과 반대되는 소피스트를 이단시하고 자신의 신념을 지나치게 절대화하는 오류를 범하고 말았습니다. 그러니 적이 당연히 많아진 것이죠. 그리고 이런 소크라테스의 이성적 전통 때문에 철학은 '열린 사고'를 지향한 것이 아니라 '닫힌 사고'로 나아가고 말았습니다. 소크라테스로 시작한 이성주의 철학은 근대 데카르트 철학으로 이어지고 독일 관념론으로 발전하여 항상 절대불변의 진리를 추구해 왔습니다. 지금도 철학하는 사람들 사이에는 이런 잔재가 아직도 많이 남아 있습니다. 한편에선 위대한 철인들을 비판하지 말고 무조건 따르라고. 그러니 철학을 정신 나간 사람들이 하는 학문이라는 소리를 듣는다고 생각합니다.

　철학적 신념을 절대화하는 것도 바로 단순화의 오류라고 생각합니다. 아무리 위대하다해도 소크라테스의 생각은 인간의 다양한 생각 중 하나일 뿐입니다. 그러니 어느 특정 사상을 절대화하려는 것은 맹종이며 하나의 치명적인 사회악의 원인이 됩니다.

　인간은 아무리 위대해도 얼마든지 자신만의 편견과 선입견을 가지고 있어 진정한 진리에 접근하기 어렵습니다. 과학이라는 엄밀성을 생명으로 하는 학문조차 항상 수정 가능한 영역이며 이념이나 상식이라는 것도 그 시대적 상황을 벗어날 수 없는 하나의 패러다임에 지나지 않습니다. 절대화를 추구하는 종교조차 진리에 기초한 것이 아니라 개인적 믿음에 기반하고 있을 뿐입니다. 그런데도 절대화는 자신의 실수나 잘못을 인정하지 않고 오히려 자신의 잘못을 지적한 사람을 탄압하고 제거하려 합니다. 다양성을 훼손하고 어울림의 세상을 거부하는 것이죠. 그러니 세상이 정도를 걸을 수 없고 잘못된 길로 가 모두가 불행해집니다. 그러므로 절대화와 우상화는 어리석음의 산물이고, 오만한 권력이며, 궁극적으로는 우리를 파멸시키는 추악한 괴물이라고 생각해야 합니다. 성스런 종교조차 절대화 되는 순간, 그 추악함이 고개를 들기 시작합니다. 지금도 지구 곳곳에서 이루어지는 종교 전쟁, 중세 십자군 전쟁이 단적인 예가 됩니다.

　우리는 신이 아닌 이상 누구나 실수를 할 수 있습니다. 아무리 머리가 좋고 뛰어나도 예외는 반드시 있을 수 있습니다. 그러니 우리는 반드시 실수나 잘못을 인정할 줄 아는 도량을 가져야 한다고 생각합니다. 이런 실수나 잘못을 스스로 인정할 때 다양성을 포용하여 비로소 성장할 수 있으며 좀 깨어 있는 삶을 살 수 있다고 생각합니다.

　지금 우리가 소크라테스의 진정한 철학적 뜻을 이어 받으려면 '절대적 지식이 있다'는 그의 독단은 버리고 다른 사람과 대화하며 항상 진지하게 자신을 되돌아보고 반성하는 소크라테스의 성찰하는 자세를 통해 보다 나은 삶을 살 수 있도록 노력해야 합니다. 그래서 우리들이 서로 서로 어울려 나름대로 좀 더 아름답고 가치 있는 삶을 만들어야 합니다. 절대화보다는 다양성을 포용하는 성찰하는 자세는 어울림의 토대가 되고 보다 나은 의미 있는 가치 있는 삶의 기초가 됩니다. 지금도 소크라테스는 부끄럼 자체를 모르는 사람을 향해 "모르는 것이 수치가 아니라 알려고 노력하지 않는 것이 수치다."라고 큰 소리로 외치고 있는 것처럼 보입니다.

긍정의 논리에는 함정이 없는가

자기 계발서 붐이 일어나서 그런지 사람들은 이구동성으로 긍정적인 마음을 가질 것을 강조합니다. 한편으론 맞는 말이라고 생각합니다. 인생이나 일에 대한 긍정적인 마음은 삶의 토대이자 경쟁이 치열한 자본주의 사회에서 살아남기 위한 삶의 보루 역할을 하기 때문입니다. 긍정적인 마음이 없으면 일을 시작할 수도 성취할 수도 없습니다. 거기에다 종교, 특히 기독교까지 가세하여 '긍정'을 적극적으로 권장하고 있습니다. 종교적인 믿음은 긍정의 기초 위에 성립되지만 부정하면 곧 믿음의 종말을 고하기 때문입니다. 차동엽 신부가 쓴 《익혀진 질문》에도 사는 게 고달플 땐 '생의 동기는 바로 희망'이라는 긍정적인 마음을 그는 골드만 시를 인용하여 다음과 같이 말하고 있습니다.

희망이 없는가. 힘은 없는가. 소망은 없는가.
그러면 만들어야 한다. 반드시 만들어야 한다. 꼭 만들어야 한다.

분명 인생의 끈을 이어가려면 절망 속에서도 항상 희망을 보는 긍정의 마음이 있어야 한다고 생각합니다. 위기가 또 하나의 기회인 것처럼 절망 속에서도 언제든 희망의 싹이 잉태되고 있기 때문입니다. 철학자들 역시 역경을 받아들이고 즐길 줄 아는 긍정의 마인드를 강조하고 있습니다. 세네카는 "단언하건대 위대한 사람은 역경을 반기는 법이다. 용감한 군인들이 전쟁을 반기듯이 말이다."라고 말하였습니다. 베이컨도 "역경의 미덕은 인내. 인내는 도덕 중에도 한층 더 영웅적인 미덕이다."라고 하였습니다. 인내로 역경을 이겨내면 다시 희망이 보인다는 것입니다.

문제는 사회 분위기가 지나친 긍정으로 인해 건설적인 사회 비판조차 허용하지 않으려는 분위기에 있습니다. 더 나아가 그것을 부정적인 것으로 치부한다는 데 문제가 있다는 점입니다. 세상이 정도를 가고 있을 때 긍정하는 것은 나무랄 필요가 없습니다. 하지만 세상이 잘못된 길을 가고 있는 데, 긍정한다는 말은 무엇을 의미하는 것일까요? 지금 젊은이들은 승자 독식주의로 가는 문턱에서 취업이 안 돼 절망 속에 몸부림 치고 있고, 거기에다가 빈부격차가 하루가 다르게 커지고, 자살률은 이미 세계 최고며, 출생률은 밑바닥으로 향하고 있습니다. 이런 최악의 상황에서 우리는 항상 희망을 품고 긍정만 하고 열심히 살아야 하는지 묻고 싶습니다. 어려운 가운데도 항상 긍정적으로 희망을 보고 살다가 사회 부조리라는 장벽에 막혀 희망이 절망으로 좌절된다면 과연 우리가 현명하다고 할 수 있겠습니까? 왜 자살률이 높고 출생률이 바닥을 향하고 있을까요? 그것은 세상이 그만큼 척박하다는 징후입니다. 상황이 이런 데도 개인의 출세를 위해 긍정을 하라는 말은 무슨 의미일까요? 과연 승자 독식주의를 인정하고 긍정한다고 하여 출세를 할 수 있을까요? 승자가 되면 출세하겠지만 대다수의 패자들의 운명은 어찌 되겠습니까? 승자 독식주의라는 사회가 바뀌지 않는다면 아무리 긍정의 에너지를 가지고 노력한들 무슨 소용이 있겠습니까?

먼저 긍정하기 전에 세상의 부조리를 파헤치는 것이 먼저입니다. 그것이 제거되지 않는 한 긍정의 에너지는 소모품에 지나지 않습니다. 그래서 키케로는 "부조리를 알면서도 그것을 지적하지 않고 고치려 하지 않고 가만히 지켜보는 것은 똑같은 죄악을 저지르는 것과 같다."고 하였습니다. 칼 힐티도 "개선할 수 있는 혹은 개선하지 않으면 안 되는 명확한 부조리에 대해서는 침묵해서는 안 된다. 또 마음속으로 그 부조리를 증오하면서 침묵하는 것도 옳지 못하다."고 하였습니다. 부조리한 사회에서 비판이 없이 긍정하며 나아가라고 하는 사회는 물이 고인 것과 같은 썩은 사회라고 단언할 수 있습니다.

부조리한 사회에서 제대로 가려면 긍정보다는 반드시 건설적인 사회 비판이 선행되어야 합니다. 무조건 긍정하는 태도는 부조리를 수용하는 합리적인 태도가 아닙니다. 세상은 항상 바른 길을 가는 것은 결코 아닐뿐더러 긍정의 요소와 부정의 요소가 혼재되어 있습니다. 이런 경우 부정적 요소는 보지 않고 긍정으로 일관하는 것은 있는 자의 편에 서는 극단적인 보수가 되는 것입니다. 오히려 세상은 긍정적인 정의의 편에 서 있는 것이 아니라 부정적인 힘 있는 자들의 편에 서 왔다고 해도 결코 틀린 말이 아닐 것입니다. 오죽하면 마키아벨리가 "모든 인간은 악하고 저열하다."고 했을까요. 니체는 사랑을 강조하는 종교조차 권력을 장악하기 위해 사제들이 '죄'를 탄생시켰다고 다음과 같이 항변하고 있습니다.

> 종교 권력을 장악한 성직 계급에게 가장 필요한 것은 무엇인가? 그것은 죄 많은 사회다. 백성들을 죄인으로 만들고 사회를 죄인으로 채우는 것이 그들의 삶의 조건이 되었다. 교회의 성직자들은 죄로 가득 찬 사회에서만 권위를 발휘할 수가 있다. 그래서 성직자들은 세상을 죄의 온상이라고 규정하고 백성은 신 앞에서 용서받아야 할 죄인들로 취급했다. '하느님은 회개하는 자를 용서한다'는 명제는 한마디로 사제에게 무릎을 꿇는 사람만이 용서를 받을 수 있다는 말이다.

오늘날 우리가 사는 자본주의도 있는 자를 위한 승자 독식주의라는 지배 이데올로기로 완전히 변질되었다는 생각을 떨칠 수 없습니다. 빈부격차에서 오는 차별을 방지하고자 복지를 강조한 진보를 극우 보수주의자들은 빨갱이 취급하는 사회이기도 합니다. 하루가 다르게 빈부격차는 커지고 없는 대다수 사람은 점점 절망의 나락으로 떨어지고 있는 데도 말입니다. 이런 부조리한 사회에서 우리는 이런 불편부당한 세상을 긍정하고 가만히 있어야만 하는가 묻지 않을 수 없습니다. 경영이나 자기 계발서에서 강조하는 것처럼 사회적 출세를 위해 긍정의 힘을 강조하는 것은 빈부격차를 양산하는 지금의 자본주의를 긍정하는 것이나 마찬가지입니다.

이런 불행하고 부조리한 사회에서 아무리 긍정의 에너지를 쏟아도 개인이 행복하기란 결코 쉽지 않는 법입니다. 최후의 승자가 되는 것은 하늘에서 별 따기이기 때문입니다. 그러므로 빗나간 사회를 건전한 사회로 만들기 위해서는 부조리를 고발하는 건설적인 사회 비판이 선행되어야 합니다. 하지만 긍정하고 열심히 노력하여 출세하라는 사람은 많아도 불행하게도 우리 주변에는 큰 소리로 누구도 이 사회를 날카롭고 예리하게 바른 길을 가라고 말하는 사람의 목소리가 잘 들리지 않고 있습니다. 책의 인기를 보아도 인문학보다는 성공학이 대세를 이룰 정도입니다. 한때 '이성의 전당'이라는 대학조차 세상 부조리에 거의 침묵으로 일관하고 있습니다. 니체는 오늘날의 학자에 대해 다음과 같이 혹평하고 있습니다.

> 오늘날의 학자들은 사람들이 흔히 말하는 세속적인 기쁨과 유희에 빠져 있다. 권력 주변을 기웃거리거나 돈의 유혹에 빠지거나 명성을 좇기에 바빠서 명상적인 생활을 할 수가 없다. 그런 학자들은 자신들만의 이득과 즐거움을 찾는 일이 본래 자신의 본분인 것처럼 여기고 명상적이거나 한가한 일을 외면한다. 그래서 어떤 학자들은 바쁘지 않고 한가한 것을 무능한 것이라고 생각하고 부끄럽게 여긴다.

비판을 주업으로 하는 언론인들조차 권력에 아부하며 스스로 부조리한 권력을 창출하려는 오만함에 빠져 있습니다. 일명 거대 보수언론이라는 불리는 황색언론들은 대놓고 자신의 입맛에 맞는 보수 권력의 우상화에 열을 올리고 있습니다. 한때 사회고발에 앞장섰던 종교인들, 물론 극히 일부이지만 '믿음'이라는 긍정마인드에 사로잡혀 사회고발을 터부시하고 오히려 권력과 결탁하여 교세를 확장하려고 하고 있습니다. 사이비 학자들이나 사이비 언론인, 일부 종교인들은 진리를 좇기보다는 자신의 권력과 명성을 얻기에 급급한 것입니다. 그러니 건설적인 사회 비판이 사라진 지금 이 사회가 하루가 다르게 척박한 땅으로 변해가고 있는 것입니다. 아이들의 울음소리가 멈춘 지 오래고 젊은이는 갈 곳 없고 할 일 없는 노인들만 늘어나고 있는 형국입니다.

이런 상황에서도 '긍정하라'는 말은 무슨 의미를 갖는 것일까요? 자본주의 방식대로 긍정하여 나만 잘 살면 된다는 말로 들립니다. 세상이 정의롭지 못한데 긍정적으로 산다하여 가난한 사람이 어떻게 잘 살 수 있겠습니까? 이미 개천에서 용 난다는 말이 사라진 지 오래 됩니다. 그것은 가난하게 살면서도 그렇게 만든 사회에 타협하며 적당히 살자는 생각 때문에 벗어낸 비극이 아니고 무엇이겠습니까?

정당한 비판과 사회 고발은 세상을 바른 길로 인도하는 안내자 역할을 하는 것입니다. 그런데도 지나치게 긍정을 강조한 나머지 비판과 사회 고발을 부정적인 마음을 가진 사람들이 하는 짓이라고 치부해버리는 것은 자칫 잘못된 세상과 타협하고 절대 권력에 맹종하는 것에 지나지 않습니다. 게다가 우리 사회가 부조리한 사회라는 것을 알면서도 침묵하게 되면 부조리는 만연하게 됩니다. 그러므로 침묵이나 비판 없는 긍정은 맹목적 복종이나 충성에 불과합니다. 괴테는 권위에 맹종하지 말 것을 다음과 같이 경고하고 있습니다.

> 권위가 없으면 인간은 생존할 수 없다. 그러나 권위는 진리와 맞먹을 정도로 많은 오류를 수반한다. 권위는 낱낱이 멸망해야 할 것을 하나하나 항구화시키고, 지켜야 할 것을 거부하여 멸망하게 한다. 인류가 정체하는 주된 원인은 권위이다.

20세기 비판 이론을 대표하는 호르크하이머는 "사회생활을 지배하는 범주들을 비판하는 것은 그것에 대한 심판이기도 하다."고 하였습니다. 물론 부조리한 세상에서 진실을 말하기는 결코 쉽지 않습니다. 세상에 항거한다는 것은 진정으로 용기 있는 자만이 말할 수 있습니다. 하지만 우리는 자신을 위해서라도 용기를 갖고 비판과 성찰을 통해 우리를 진단하고 때로는 심판해야 한다고 생각합니다. 그래야 건전한 사회를 만들 수 있습니다.

권위도 알고 보면 정당한 비판을 통해 깨라고 있는 것입니다. 깰 수 없는 권위는 부조리한 것입니다. 긍정만을 강조하고 비판을 허용하지 않으려는 절대적 권위 속에는 자본주의를 정당화하고 다른 한편으론 그 권력을 절대화하려는 교조적인 숨은 음모가 들어 있다고 생각합니다. 건설적인 사회 비판은 부조리한 세상에서 나 자신을 지키고 세상을 건전하게 건설하려는 교두보 역할을 합니다. 20세기 사회철학자 호르크하이머는 철학의 진정한 사회적 기능은 비판정신에 있다는 것을 다음과 같이 말하고 있습니다.

> 철학의 진정한 사회적 기능은 현존하고 있는 세계에 대한 비판에 있다. 이는 결코 어떤 철학자가 우스꽝스러운 괴물이기나 한 듯이 개념적 이념이나 상태에 대한 불평을 피상적으로 행하는 것을 의미하지 않는다. 그것은 또한 철학자가 혼자 동떨어져서 이러저런 사회 현상을 비평하거나 혹은 그것을 시정할 방법을 제시하는 일을 의미하는 것도 아니다. 비판의 주요 목표는 사람들이 현재의 사회 조직을 통해 제시된 이념이나 활동 방식 속으로 휩쓸려 들어가는 것을 방지하는 데 있다.

긍정과 부정은 각기 놀아서는 안 됩니다. 우리는 긍정을 하면서도 부정적인 면을 보아야 하고 부정하면서도 긍정적인 면을 보도록 노력해야 합니다. 그래서 긍정하면서도 비판을 통해 세상을 한 차원 높게 만들어야 합니다. 어울림의 철학은 호르크하이머와 같이 건설적인 사회비판을 통해 긍정과 비판이 조화를 이룰 수 있도록 노력하는 철학입니다.

우리는 편견에서 자유로울 수 있는가

인간은 항상 진리를 꿈꾸어 왔습니다. 망망한 삶의 바다 한복판에서 진리의 등대에 따라 간다면 안전하고 행복한 항해를 할 수 있지만, 등대 없이 무조건 간다면 그것은 언제든 우연의 바다에서 파산할 수 있기 때문입니다. 그래서 인류는 항상 영구불변하는 진리를 갈구해 왔고 그 기대에 부응하여 현자들은 지금까지도 진리를 설파하여 왔습니다. 석가도 "깨닫는 것이 해탈의 길을 가는 길"이라고 했고 예수도 "나는 길이요 진리"라고 하였습니다. 철학자들 역시 영구불변하는 진리인 도(道), 이데아, 혹은 로고스를 갈구하였습니다. '인류의 스승'이라는 동양의 공자와 서양의 소크라테스가 그것을 깨닫기 위해 부단히도 많은 노력을 기울여 왔습니다.

허나 인간의 이런 간절한 소망과는 달리 진리는 인간에게 쉽게 그 모습을 드러내지 않았습니다. 진리는 심연과도 같습니다. 그런데다 유한하고 부족한 인간으로서는 편견이나 선입견에서 완전히 자유로울 수 없습니다. 그래서 인간은 사물을 있는 그대로 보기 어렵고 진리에 접근하는 것 자체도 어렵습니다. 진리에 접근하고자 노력하는 만큼 진리는 더욱 오리무중에 빠트립니다. 파고들면 들수록 의심만 쌓이고 아는 만큼 더 모르는 역전 현상이 나타납니다. 좀처럼 진리는 그 실체를 드러내지 않습니다. 그래서 괴테는 "진리란 끊임없이 반복해서 채택되어야 한다. 오류가 우리들 주위에서 끊임없이 말해지고 있기 때문이다."라고 말하고 있습니다. "학문은 죽음과 숙명에 대한 공포를 정복하고 완화한다."는 매우 낙관적인 신념을 가진 근세 철학의 선구자 베이컨도 '우상론'을 통해 "인간은 편견에 사로잡히기 때문에 정신의 정화 없이는 진리에 쉽게 도달하기에 어렵다."고 말하고 있습니다. 그는 우리들이 쉽게 빠지는 편견을 다음과 같이 네 가지로 분류하였습니다.

첫 번째는 종족의 우상으로 인간으로서 당연히 가질 수 있는 편견을 일컬어 말하고 있습니다. 예를 들어 인간의 뇌리 속에는 항상 인간이 이 우주의 중심에 서 있고 우주나 창조주로부터 유일하게 선택받은 존재처럼 생각하는데, 이것이 바로 인간들이 이 광활한 우주에서 자기중심적으로 생각하는 '종족의 우상'입니다. 종족의 우상 때문에 인간의 정신은 울퉁불퉁한 거울과도 같아서 세상을 인간 중심적으로 쉽게 왜곡시키고 변형시킵니다. 진리를 얻기 위해서는 있는 그대로 보아야 하지만, 백인 우월주의를 부르짖는 인종주의와 지구가 우주의 중심이라는 지구중심설, 그리고 인간이 신의 선택을 받았다는 신의 선택설처럼 인간의 자기중심적 관념이 경험을 조작하고 편집하는 것입니다. 베이컨은 사실을 직시하기 위해 경험을 먼저 중요시해야 하지만 우리 인간들은 타고날 때부터 이런 편견을 가지고 있어 "우선 자신의 의지에 따라 문제를 결정한 다음 비로소 경험에 호소한다. 경험을 자기 이론에 맞도록 왜곡한 다음, 그 경험을 개선행렬 속에 끼어있는 포로처럼 끌고 다닌다."는 것입니다. 이 우상에 빠진 사람들은 인간이 마치 '만물의 척도'로서 우주의 중심에 있다는 신과 같은 존재로 착각하는 오류를 범하는 것입니다.

두 번째는 '동굴의 우상'으로 우물 안의 개구리처럼 자신이 보고 들은 것만을 진리라고 생각하는 것을 말합니다. 베이컨은 "각자가 자연의 빛을 굴절시키고 변색시키는 동굴 또는 밀실을 갖고 있다."는 것입니다. 한마디로 자기가 보고들은 것을 토대로 자기 식대로만 보고 말하는 것입니다. 세상은 넓고 다양하지만 사람들은 자기가 보고 들은 것이 전부인 것처럼 착각하는 것이죠. 대개의 이런 사람들은 자기 생각을 말할 때 무척이나 목소리가 크고 다른 사람들의 말은 애초부터 들으려고 하지 않는 특징이 있습니다. 게다가 동굴의 우상에 빠진 사람들은 자칫 버클리처럼 유아론(唯我論)에 빠지기 쉽습니다. 유아론이란 태양도 자기가 인식하고 있을 때만이 참다운 존재이지 자기가 인식하지 않으면 태양도 존재할 수 없다는 극단적인 자기중심적 사고방식을 말합니다. 동굴의 우상에 빠진 이들 역시 다른 사람은 다 죽어도 자신이 죽지 않을 것이라는 환상에 사로잡힌 사람들이지만, 자신이 없어도 세상이 잘 돌아간다는 사실을 모르는 어리석은 사람들이라고 생각합니다.

세 번째는 '시장의 우상'으로 언어 혹은 관념으로 인해 생기는 편견을 말합니다. 시장 사람들의 '값 싸고 좋다'는 말에 현혹되어 물건을 사면 안 된다는 말에서 그 어원을 찾을 수 있습니다. 언어(관념)와 사실이 엄연히 다른 것인데 우리는 무의식중에 언어(관념)와 사실이 일치한다고 착각합니다. 이런 착각에서 발생하는 오류가 바로 시장의 우상입니다. 베이컨은 "인간은 언어에 의해 의사소통을 하지만 언어는 군중이 머리로 만들어 내므로 불완전하고 부적절한 언어로 인해 놀라운 장애가 생긴다."라고 말하면서 진리를 추구하는 학문조차 세상과 동떨어진 관념적일 때가 많다는 것입니다. 언어는 사실이나 진리를 전달하는 수단이지만 때로는 추상적이고 관념적이어서 사실이나 진리를 왜곡하는 수단이 되기도 합니다. 왜 진리를 추구하는 학문이 관념적일 때가 많을까요? 학자들이 사실을 통해 검증도 제대로 하지 않은 채 자기 확신에 빠져 사변적으로 학문을 하기 때문입니다. 학자들은 '신', '절대 정신', '이데아' 등과 같은 존재가 있다고 말하지만 어디에 그런 존재가 있을까요? 이런 관념적인 말 때문에 현실과 동떨어진 사변적인 세상에서 우리가 허우적거리는 것입니다. 그래서 말이나 학설은 실재(實在)나 현실과는 매우 동떨어질 때가 많습니다. 자칫 시장의 우상에 빠진 사람들은 언어나 관념의 유희에 놀아나 언어의 대해(大海)에서 익사할 수도 있습니다.

네 번째는 '극장의 우상'으로 감독의 권위에 복종해야 하는 배우처럼 권위의 맹종에서 오는 편견을 말합니다. 우리는 대철학자 예를 들면, 공자나 소크라테스, 맹자나 플라톤, 아리스토텔레스 그리고 주자나 칸트 등과 같은 철학자들의 말이라면 무조건 옳다고 생각하는 버릇이 있습니다. 하지만 누구도 완벽한 사람이 없는 것처럼 아무리 위대한 철학자들의 말이라지만 그 말 속에는 얼마든지 '철학 극장'을 상연을 위해 꾸며낸 이야기가 있을 수 있습니다. 철학자들이 만든 철학

체계라는 것도 알고 보면 '철학의 극장'에서 상연하기 위해 때로는 '비현실적인 극적 수법으로 스스로 만들어 낸 세계를 묘사하는 무대극'에 지나지 않는 것입니다. 공자나 소크라테스가 이익을 멀리하는 군자가 되라고 했지만 어찌 욕망을 가지고 태어난 우리가 도덕적이고 이성적으로만 살 수 있겠습니까? 베이컨이 볼 때, 공자나 소크라테스가 그린 세계는 현실의 세계가 아니라 바로 공자나 소크라테스가 그린 일종의 이상적인 관념의 세계일 뿐입니다. 그래서 아무리 위대한 사상가의 말이라도 그 속에 편견이나 선입견이 얼마든지 자리잡고 있습니다. 허나 극장의 우상에 사로잡힌 사람들은 권위자들에게 무조건 맹종하려는 습성이 있습니다. 무식할수록 스스로 판단할 수 없어 더욱 이런 경향이 강하게 일어납니다. 대중들이 유명작가나 인지도 있는 사람을 무조건 선호하는 것도 일종의 극장의 우상에 빠진 것에 지나지 않습니다. 권위에 맹종하는 것은 그만큼 과장된 허위의식에 놀아나는 자기 자신의 어리석음의 표현일 뿐이라고 생각합니다. 그래서 볼테르는 "어리석은 사람은 유명한 작가의 작품이라면 무엇이든 찬미하지만 그것은 큰 오판이자 낭비이다. 진정 유익한 책은 진실을 보는 눈을 길러주는 책이다."라고 말했습니다.

분명 베이컨의 주장처럼 우리가 건전한 지식을 가지기 위해서 편견이나 선입견을 배제하려는 노력은 반드시 필요하다고 봅니다. 편견이나 선입견이 있는 한, 우리가 진리에 접근한다는 것 자체가 사실상 불가능하다고 생각합니다. 허나 편견과 선입견을 없애고 진리로 나아갈 수 있다는 베이컨의 생각도 한편으론 지나치게 낙관적이고 희망적이라는 생각이 듭니다.

우리는 편견이나 선입견이 없이 살아가기가 불가능하다고 생각합니다. 편견과 선입견을 없애기 위한 '판단중지'는 불가능하다는 것이죠. 인간은 로크가 생각한 것처럼 백지 상태나 진공 속에서 태어나는 존재가 결코 아니기 때문입니다. 인간은 태어날 때부터 고유한 자기 색깔을 가지고 태어날 뿐만 아니라 토마스 쿤이 말하는 것처럼 그 시대의 시대정신인 '패러다임'이라는 틀 속에 보고 배우며 생각하고 성장하기 때문입니다. 과학자들조차 기존의 틀에 얽매여 생각하는 것이지 기존을 틀을 벗어나 완전히 자유롭게 생각하지 않는다고 생각합니다. 결국 자기 색깔과 이런 패러다임 속에 살 수밖에 없기 때문에 인간은 '편견과 선입견의 노예'라고 해도 과언이 아닐 것입니다.

몽테뉴는 "학문은 무식보다 나을 것이 없다."고 하였습니다. 절대시 되는 위대한 사상 속에 가장 큰 편견이 있는 이유가 바로 여기에 있습니다. 결국 인류가 발견한 것 속에는 영구불변하는 진리는 없다는 이야기입니다. 인류가 발견한 진리 속에는 우리들의 그럴듯한 상상력과 희망사항이 들어가 있는 것입니다. 그래서 기존의 틀을 깨는 상상력과 통찰력, 그리고 천재성이 무엇보다도 중요합니다. 지식이 성장하고 발전할 수 있는 것도 그 지식 속에 보이지 않는 편견이 들어 있어 틀릴 수 있고, 그래서 패러다임의 전환을 통해 더 나은 진보의 세계로 한 발 한 발 나아갈 수 있기 때문입니다.

오로지 하나의 진리만 있다는 것은 마녀 사냥을 즐기는 종교적 율법주의에 지나지 않습니다. 그래서 과학적 지식조차 상대적이고 주관적이라는 '패러다임론'을 주장하여 일약 20세기 위대한 철학자로 부상한 토마스 쿤은 "아마도 '지식'은 그릇된 어휘일지도 모른다."고 말하고 있습니다. 그는 단지 우리가 '지식'이라고 말하는 것은 새로운 검증을 통해 '그것이 과거의 경쟁자들보다 더 유효하다는 것이 발견되었기' 때문이며 그것은 '환경과 배치됨으로써 변화된다'고 하였습니다. 즉 패러다임이 바뀌면 지식도 바뀐다는 것입니다.

베이컨의 말대로 우리는 편견과 선입견 속에 산다는 사실을 깨닫고 그것을 최대한 벗어나고자 노력하는 것이 진리를 알고 싶어 하는 인간의 최소한의 도리라고 생각합니다. 선입견과 편견을 최소화하기 위해서는 다양한 생각을 접하고 무엇이 진리에 가까운지를 검증하려고 부단히 노력해야 합니다. 그리고 '나' 역시도 편견과 선입견의 덩어리라고 생각하고 각자의 생각에 '옳다', '그르다'라고 섣불리 단정 짓지 말고 다른 사람의 생각을 포용하려는 열린 마음을 갖도록 노력해야 한다고 생각합니다. 그렇다고 편견을 무조건 터부시할 것이 아니라 때론 '편견은 위대한 사상의 쉼터'라는 생각을 가지고 자기만의 색깔을 내 서로 어우러질 때 우리들이 사는 세상은 아름답게 변할 것이라고 생각합니다. 어울림의 철학은 편견과 진리는 완전히 별개가 아니라 동반자 관계임을 말하고 싶습니다.

인간은 만물의 척도인가

고대 그리스에서 '지혜로운 자'라는 뜻을 가진 소피스트 중 한 사람인 프로타고라스는 "인간은 만물의 척도이다."라고 말한 것으로 유명합니다. 세상에서 인간만이 지식을 생산할 수 있기 때문에 인간이 만물의 척도가 된다는 말입니다. 결국 인간의 지식은 인간에 의해 제한될 수밖에 없다는 것입니다.

프로타고라스의 이 말은 우리가 사는 인간 세상에서 보낸 당연한 말인지도 모릅니다. 인간이 지배하는 인간 세상에서 인간이 척도가 아니면 누가 척도라고 말할 수 있겠습니까? 허나 끝을 알 수 없는 광대한 우주에서 우리가 '만물의 척도'라고 생각하는 것이 과연 올바른 사고일지는 의심스럽습니다. 지극히 인간 중심적 사고라는 생각이 듭니다. 지구는 우주로 볼 때 아주 극미한 존재이고 그 곳에 사는 인간은 원자와 같은 아주 작은 미물에 지나지 않습니다. 뿐만 아니라 간간이 보도되는 UFO 사건은 인간보다 똑똑한 외계인이 존재할 가능성을 시사하고 있는 듯이 보입니다. 그래서 천체 물리학의 대가 호킹스 박사는 "신은 없고 외계인은 있다." 라고 강하게 말하고 있습니다.

이런 인간의 유한성을 일찍이 깨달은 니체는 "나는 많은 것을 알려고 하지 않는다. 지혜도 인식하는 데 한계가 있다."고 말하고 있습니다. 니체의 이 말을 비춰 볼 때 인간이 만물의 척도라는 생각은 인간의 오만함에서 나온 생각일 뿐 인간이 아는 지식은 완전한 것도 참 진리도 아니라는 것입니다. 장자 역시도 이 작은 지구에서조차 '인간이 만물의 척도'가 될 수 없음을 다음과 같이 말하고 있습니다.

> 사람은 짐승의 고기를 맛있게 먹고, 사슴은 풀을 뜯고, 지네는 뱀을 먹으며, 까마귀는 쥐를 즐겨 먹지. 이 넷 가운데 어느 것이 훌륭한 맛을 알고 있단 말인가? 원숭이는 암원숭이와 짝을 맺고, 사슴은 노루와 짝을 맺으며, 미꾸라지는 물고기와 함께 헤엄을 치고 다니지. 애희와 여희를 두고 모두가 미녀라고 말하지만, 그 미녀들을 본 물고기가 물속으로 숨고, 새는 놀라 날아오르고, 사슴은 필사적으로 달아나지. 과연 이들 가운데 누가 세상의 아름다움을 안단 말인가? 다만 스스로 좋다고 여기고 있을 뿐이지.

장자의 이 이야기는 인간이 아는 지식은 인간만이 통용될 수 있는 이야기일 뿐 다른 존재에게는 전혀 통할 수 없다는 이야기입니다. 우리는 우리 스스로 '예쁘다', '밉다'라고 말을 하지만 그것은 어디까지나 인간의 입장일 뿐, 우리가 하찮게 여기는 원숭이나 미꾸라지, 지네, 사슴에게는 전혀 통할 수 없다는 것입니다. 그래서 우리가 알고 있는 지식은 상대적일 뿐 아니라 우리가 아는 지식이 사실과는 전혀 맞지 않을 수 있고, 우리가 세상을 잘 모른다는 생각이 사실일 수 있는 것을 말해주고 있습니다. 칸트가《순수이성비판》에서 경험론과 합리론을 종합하여 야심차게 경험을 바탕으로 이성을 통해 얻고자 한 '보편타당한 지식'은 이 세상에 어디에도 존재하지 않는다는 것입니다. 경험도 다양하지만 칸트가 말하는 보편적인 지식을 얻는 보편적인 이성 능력도 인간에게 존재하지 않는다는 것입니다. 단지 사실을 놓고 다양하게 해석하는 다양한 시각의 이성만이 있을 뿐입니다.

그런데 우리는 어떻습니까? 우리는 자신도 모르는 사이에 자기 자신을 포함한 인간이 아직도 만물의 척도일 뿐만 아니라 우리가 참다운 지식을 아는 것으로 착각하고 열변을 토하기 일쑤입니다. 하지만 그것은 알고 보면 그리 현명하지 않다고 생각합니다. 아무리 잘난 인간도 누구도 만물의 척도가 될 수 없습니다. 공자와 같은 철학자 건 석가와 예수라도 세상의 하나의 기준이 될 수 없습니다. 그들 역시 세상을 바라보는 하나의 시각을 보여주고 있을 뿐입니다.

세상은 변화무쌍하며 다양하여 하나의 원리로 설명하기 어렵습니다. 도덕이나 사랑만으로 세상을 해결할 수 없습니다. 세상은 경쟁 사회이고 엄연히 힘이 존재하고 있습니다. 사는 모습이 다양한 만큼이나 세상을 보는 시각도 다양하다는 것이죠. 그래서 세상을 바라보는 시각 중에 '절대적 지식'이란 있을 수 없습니다. 절대주의는 권력자들이 권력을 비호하기 위해 사람을 옭아매는 이데올로기이며 비열한 처세술일 뿐입니다. 우리들이 아는 것 중에 어느 것이 좀 더 사실에 가깝냐가 관건일 뿐이지 완전한 진리는 그 어디에도 없는 것입니다. 그래서 몽테뉴는 "자기가 안다고 잘난 체하는 것은 진실로 안다는 것이 무엇인지를 아직 모르는 것이며, 아무 것도 아닌 인간이 자기가 무엇이나 된다고 생각하는 것은 자기 자신을 기만하는 것이다."라고 하였습니다.

우리는 대개 우리의 시각에서 세상을 보고 있고 나름대로 편견이 있다고 생각합니다. 그래서 진정한 깨달음을 얻기 위해서는 장자처럼 오히려 자신의 입장만 고집할 것이 아니라 다른 사람, 그리고 더 나아가 다른 사물의 입장도 생각해야 합니다. 포퍼가 강조한 이런 역지사지의 정신이 없이는 세상을 두루 보는 지혜에 접근해 간다는 것은 불가능하다고 생각합니다. 진리에 조금이라도 접근하고자 한다면 인간 중심적 사고뿐만 아니라 기존의 사고와 자신의 입장과 편견을 벗어나려고 부단히 노력해야 합니다. 그래서 탈무드에서는 "'혀'에게는 '저는 모르겠습니다'라는 말을 부지런히 가르쳐야 한다."고 하였습니다. "너 자신을 알라."는 소크라테스의 가르침처럼 자신이 모른다는 사실을 깨달아야 열심히 깨달음을 얻기 위해 노력하기 때문입니다. 장자는 이런 깨달음을 위해 우리들에게 다음과 같은 의미심장한 물음을 던지고 있습니다.

사람이 습기가 많은 곳에 살면 허릿병이 생기고 반신불수가 되기 쉬운데, 과연 미꾸라지도 그럴까? 사람이 높은 나무 위에 살면 떨어질까 두려워 꼼짝달싹 못하는데, 과연 원숭이도 그런가? 그렇다면 이 셋 가운데 누가 올바른 거처를 정하고 사는 것일까?

몽테뉴도 인간이 우주의 제왕이 아님을 다음과 같이 말하고 있습니다.

> 자기 자신도 극복하지 못하며 모든 사람들에게 침해당하는 가련하고도 허약한 피조물이 자기가 우주의 주인이며 제왕이라고 자처하다니, 이런 어처구니없는 일이 도대체 어디 있단 말인가? 우주를 지배하는 것은 고사하고, 그 극미한 작은 일부분도 이해할 능력조차 없는 것이 아닌가?

장자의 말처럼 인간의 지식은 '인간'이라는 한계 벽 때문에 절대적일 수 없다면 어떻게 해야 하겠습니까? 아우렐리우스는 진정 지혜를 얻고자 한다면 "남의 말을 조심스럽게 듣는 습관을 들이고 될 수 있는 대로 그 사람의 영혼 속을 파고 들어가라."고 하였습니다. 탈무드에서도 "사람의 입은 하나이고, 귀가 둘이다. 이것은 말하기보다는 듣는 것에 두 배로 힘쓰라는 뜻이다."라고 말하고 있습니다. 지혜를 얻고자 한다면 항상 남뿐만 아니라 인간이 아닌 타자, 더 나아가 우주를 고려하여 생각해야 한다는 것이죠. 그러므로 진정한 지혜는 우리가 만물의 척도라는 인간의 오만함을 과감히 집어던지고 인간만의 옳고 그름에 얽매이지 않는 장자와 같은 자유로운 우주적 사고에 달려 있다고 생각합니다. 어울림의 철학은 남과 타자의 생각, 그리고 우주적 생각을 동시에 반영하는 데서 출발합니다.

노벨상 없는 한국의 공교육
무엇이 문제인가

지금 우리나라는 선진국에 이미 들어섰고, 그리고 우리나라만큼 아이들 공부에 투자하는 나라도 드물다고 생각합니다. 그런데 왜 유독 우리나라는 노벨 평화상을 받은 김대중 대통령 빼고는 학술적인 분야에서 노벨상 수상자가 없을까요? 반면 유태인 출신들은 거의 노벨상의 30퍼센트를 휩쓸고 있습니다. 이웃 일본도 20명이 넘는 노벨상 수상자가 있습니다. 그런데 유독 우리나라엔 학술적 분야에서 노벨상 수상자가 없습니다.

우리의 미래를 위해 이것을 분명 짚고 넘어가야 한다고 생각합니다. 고등학교 수학 경시대회에서는 번번이 상위권 입상을 하면서도 노벨상을 받지 못하는 것은 교육에 문제가 있다는 것을 증명합니다. 한마디로 성적 위주의 획일화된 교육 때문이라고 생각합니다. 이런 교육은 천재성은 고사하고 잠재되어 있는 창의력조차 제대로 발휘하지 못하게 한다고 생각합니다.

우리나라 교육은 '교과서'라는 한정된 테두리 안에서 천편일률적으로 '정답이 있는 교육'을 강요하며, 그러다 보니 그에 걸맞게 '문제풀이식' 교육을 하게 됩니다. 그래서 좋은 성적을 받으려면 무엇보다도 교과서 내용을 꾸준히 반복하는 것이 중요하며 문제를 많이 풀어 정확히 답을 찾아내고 실수를 최소화하는 것이 중요하다고 생각합니다. 과목당 참고서 5권은 풀고, 그것도 모자라 오답 노트까지 만들어 공부해야 일류대를 들어갈 수 있다고 하니 얼마나 공부가 재미없는 형식적 교육일까요? 똑같은 내용을 반복하고 반복하는 것이 우리나라의 교육의 생명입니다. 다양한 책을 접하고 지혜를 쌓아 자신의 삶을 살찌게 하는 것과는 거리가 먼 것입니다. 그러다 보니 공부라는 것 자체가 재미가 없어 성인이 되면 자동 책을 멀리하는 경향이 있습니다.

성적을 위해서는 굳이 다양한 사고와 깊이 있는 생각을 심어주는 고전적인 책과 신간을 읽을 필요도 없습니다. 오히려 그 시간에 교과서나 참고서에 나오는 문제를 반복하여 많이 푸는 것이 훨씬 더 효과적입니다. 좋은 책을 많이 읽고도 일류대를 가지 못한다면 무슨 보람이 있겠습니까? 이것을 입증이라도 하듯, 고등학교에 몇 해 전부터 '책따' 현상이 일어나고 있습니다. 참고서 이외에 다른 책을 보면 아이들이 왕따를 시킨다는 것입니다. 참으로 어이없는 일입니다. 깊이 있고 다양하게 생각할 수 있도록 책을 읽어야 할 시기에 책을 읽지 못하게 하는 것은 우리나라의 미래를 가로막는 것이나 다름이 없습니다.

반면 이런 문제풀이식 교육은 참고서 시장을 그야말로 황금알을 낳는 거위로 만들었습니다. 미래를 생각하는 교육적 입장에서 보면 이것은 참으로 수치스러운 일이 아닐 수 없다고 생각합니다. 게다가 영수 위주의 수업은 더욱 다양성과 창의력을 고갈시키는 원흉이라고 생각합니다. 영어는 학문이 아니라 암기에 기초한 어학이며 수학은 세상의 다양성과는 거리가 먼 논리적 추리에 근거한 수리 학문입니다. 그러니 영수에만 몰입하는 것은 인간이 가지고 있는 다양한 능력을 파괴할 수 있습니다. 특히 인간과 인간 세상을 탐구하는 인문학적 소양이나 사회 과학적 소양, 공간을 탐구하는 자연과학적 소양, 더 나이가 감성에 근거한 예술이나 체력을 연마하는 체육, 실생활에 필요한 기술 능력과 실천 능력, 정신 수양과 도덕성을 함양하는 성찰 능력까지도 억제하고 억압하는 수단이 됩니다. 한마디로 영수 몰입 교육이 학생들의 다양한 능력을 억제하는 효과를 발휘하게 된다는 것입니다.

게다가 교사들도 교과서 테두리 내에서 문제풀이식 수업만 하다 보니 굳이 더 많이 알려고 노력하지 않습니다. 교사 생활 2년에서 3년 정도 되면 웬만한 교사라면 문제풀이 도사가 되어 정답만 체크하고 수업에 들어가도 수업 시간을 아주 훌륭히 때울 수 있습니다. 그리고 학원 선생이 학교 선생보다 잘 가르치는 이유는 학원 선생이 학교 선생보다 교과에 대한 지식이 더 많기 때문이 아니라, 학생의 수가 생계와 직결된 학원 선생에게는 학교 교사에 비해 적중률을 높여야 할 핵심 목표가 분명하기 때문입니다. 그래서 임어당은 대량 교육을 위해 공장과도 같은 현대의 학교 교육에 대해 다음과 같이 신랄하게 비판하고 있습니다.

> 교육제도가 즐거운 지식 추구를 기계적으로 규칙적으로 획일적으로 수동적인 주입식교육으로 왜곡되어 버린 것은 왜일까? 이유는 간단하

다. 현대 교육은 대량교육이고, 따라서 학교는 공장의 한 가지이며, 공장 내에서 일어나는 일은 어느 경우를 막론하고 생명이 없는 기계적 시스템에 의하지 않고는 안 되기 때문이다. 학교 이름을 보호하고 제품을 표준화하기 위해, 학교는 졸업증서를 발행하여 제품의 증명을 해주지 않으면 안 된다. 졸업증서와 함께 등급을 매길 필요가 생기고, 등급을 매길 필요에서 점수가 생겨난다. 점수를 매기기 위해서는 외우고 시험을 치고 고사가 없어서는 안 된다. 교육 전체가 이론적인 틀을 만들어 도망갈 길이 전혀 없다. 따라서 기계적인 시험이나 고사의 결과는 우리들의 상상 이상으로 치명적인 것이다. 그것은 보는 눈이나 판단력의 함양보다는 사실의 기억 쪽에 역점을 두었기 때문이다.

이런 주입식 교육은 효율성이라는 미명 아래 위에서 아래로 일방적으로 전달하는 암기에 기초한 주입식 강의로 사고의 다양성과 창의성을 완전히 훼손하는 교육입니다. 우리나라 교육에선 교과서는 절대적인 권위를 가지며 누구도 그 영역을 침범할 수 없는 성역입니다. 그것을 가르치는 교사의 말은 진리이며 그것에 의문을 제기하는 것은 무지함을 드러내는 것이나 마찬가지입니다. 그러니 의심이 나도 질문은 금기이며 자칫 수업 방해죄로 낙인찍힐 수 있습니다. 수업은 절대적 권위를 가진 교사가 일방적으로 진행하고 학생들은 그저 듣기만 하면 됩니다. 그러니 학생들은 어린 시절부터 자기 생각은 꿈도 꾸지 않고 교과서라는 위대한 권위에 맹종하게 되는 것입니다. 이렇게 민주주의의 적일뿐만 아니라 창의력을 파괴하는 맹종 문화가 바로 학교에서 버젓이 이루어지고 있는 것입니다.

이와 같이 우물 안의 개구리처럼 교과서를 통째로 암기하고 이해하는 방식의 공부법에서 과연 우리는 무엇을 기대할 수 있겠습니까? 우리나라 대학생들조차 자기 생각을 제대로 말하지 못하는 것도 일찍이 사고를 강요당하는 이런 입시교육 때문이라고 생각합니다. 게다가 취업에 목말라 하는 대학조차 입시의 연장선상입니다. 그러니 우리나라에는 기존의 생각을 물리치고 과감하게 새로운 세상을 여는 젊은 천재가 없습니다. 단지 선생님 말 잘 듣는 둔재 형 수재들만 있을 뿐입니다. 유명인의 논문 자체도 거의 남의 글을 베끼거나 짜집기 수준에 그치는 것도 평상시 자신의 생각을 해 본 적이 없는 교육 문화에서 성장했기 때문이라고 생각합니다. 이런 상황에서 세상에 새로운 문을 여는 사람에게 주어지는 노벨상이 어떻게 나올 수 있겠습니까?

반면 왜 유태인은 천재가 많을까요? 그들이 우리들보다 잘나서가 아니라 그들만의 특이한 교육 방법에 있다고 생각합니다. 유태인의 수업 방식은 우리나라 교육 방식과는 사뭇 다릅니다. 유태인의 교육은 교사가 일반적으로 주입하는 방식이 아닌 학생들이 스스로 자기만의 해법을 찾을 수 있게끔 도와주는 방식입니다. 그들의 수업 방식은 책을 읽고 발표하고 질문하고 토론하는 방식으로, 우리나라처럼 교과서 안에서 교사가 일방적으로 가르치지 않습니다. 발표하고 토론하는 수업은 '교과서'라는 좁은 테두리를 벗어나 폭넓게 책을 읽고 그것을 정리하고 발표한 다음, 서로 의심나는 것은 물어보고 서로 다른 생각을 주고받으며 스스로 깨달아가는 과정입니다. 즉 스스로 생각해서 스스로 판단할 수 있는 능력을 길러주는 것입니다. 이것을 유태인의 '하브루타' 공부법이라 합니다. 특히 이 공부법은 학창 시절부터 두 사람이 짝을 같이 하며 질문하고 답을 하는 독특한 공부법입니다. 우리와 같이 교과서 속에 들어 있는 정답을 찾기보단 다양한 사람들의 생각을 스스로 질문하고 답을 내리면서 나름대로 세상 보는 지혜를 터득하는 것입니다. 그래서 그들의 교육법 중에 첫 번째는 "남보다 뛰어나라"가 아니라 "남과 다르게 되라"고 가르치라는 것입니다. 우리 교육과는 완전 정반대입니다. 유태인 교육은 어울림의 철학과 일맥상통하는 것으로 다양성과 다름을 포용하고 있는 것입니다. 그러니 이런 공부 방법에서는 교사의 권위보다 학생들의 생각, 즉 창의성이 무엇보다도 중요합니다. 학교에서의 교사의 역할이라는 것은 소크라테스의 산파술처럼 학생들이 발표하고 토론할 수 있도록 길을 잘 열어주면 되는 것입니다.

유태인 교사는 우리와는 달리 권위도 결코 내세우지 않을 뿐 아니라 학생들 스스로도 교사의 권위에 맹종하지도 않습니다. 그렇지만 유태인 교사는 누구에게나 존경을 받습니다. 교사가 토론 수업을 제대로 진행하기 위해서는 학생들의 뜬금없는 질문과 송곳과 같은 질문에도 대답해야 하니 자연스럽게 노력하지 않을 수 없습니다. 유태인들이 돈밖에 모른다는 말은 새빨간 거짓말이라고 생각합니다. 오히려 돈벌레처럼 돈밖에 모르는 민족은 바로 우리 한민족이라고 생각합니다. 우리나라에서는 돈 많은 사람이 존경받는 사회지만 유태인 교사들은 사회에서 돈 많은 사람보다 더 존경 받고 있습니다. 그들은 단순한 지식의 전달자가 아니라 세상을 바라보는 눈과 지혜를 키워주는 사람들이기 때문입니다. 삶의 지혜를 얻으면 언제든 돈을 벌 수 있기 때문에 교사를 존경할 수밖에 없는 것입니다. 반대로 우리나라 교사는 어떻습니까? 단순 지식 전달자인 교사의 권위는 추락할 대로 추락해 아이들의 눈치만 살피는 처량한 신세가 되었습니다.

지금도 어린 시절부터 대화와 토론 방식의 교육적 환경에서 자라온 유태인들은 창의적인 교육 방식으로 인해 세상의 변화를 주도하는 천재들을 양산하고 있습니다. 유태인이 노벨상 수상자 거의 30%에 육박하는 천재를 배출하였고, 20세기 가장 영향력을 떨친 마르크스나 아인슈타인과 같은 세계적인 석학이 많은 것도 결코 우연한 일이 아니라고 생각합니다. 아인슈타인은 "강제와 권위를 통해서 교육하는 것은 자발적 노력과 신념, 주체성을 무너뜨리고 개성 없는 순종적인 인간을 만들어낼 뿐이다."고 말하였습니다.

찌에쓰종이 쓴《교양 다이제스트》에는 유태인 교육에 대해 다음과 같이 적어놓고 있습니다.

> 유태인들은 책을 읽는 것을 즐길 뿐 아니라 지식을 매우 갈망한다. 그러나 그들이 더 중요하게 생각하는 것은 재능의 활용이다. 독서는 일종의 수단일 뿐 목적이 아니다. 배우고 그것을 활용할 수 있어야 독서의 가치가 있는 것이다. 유태인들은 학습은 모방이며, 새로운 것을 창조하기 위해서는 반드시 '생각하는 것'이 선행되어야 한다고 말한다. 학습은 지혜로 통하는 문이며, 배우는 것이 많으면 지식도 더 쌓이지만 상대적으로 궁금한 것이 더 많아지는 것이다. 그래서 질문과 대답은 더 중요하며, 그런 생각과 질문들은 사람을 발전시킨다. 유태인이 말하기를 '지식은 있지만 활용할 능력이 없는 사람'을 '등에 짐을 잔뜩 진 나귀와 같다'고 한다.

위의 글에서 말한 것처럼, 우리나라 학생들은 '등에 짐을 잔뜩 진 나귀'와 같다고 할 수 있습니다. 거의 활용할 수 없는 지식들을 불철주야 익히느라 뼈골만 빠지고 있는 것입니다. 그러니 교육을 통해 창의성을 키운다는 것 자체가 요연한 일이라고 생각합니다. 유태인의 생각하는 교육은 천재를 만드는 교육이지만, 안타깝게도 우리나라의 정답을 요구하는 문제풀이 식 교육은 천재조차 둔재로 만드는 교육입니다. 객관식 위주의 정답을 찾는 교육에서는 스스로 생각하지 않기 때문에 질문도 창의적인 생각도 존재하기 어렵습니다. 그러니 외국인으로부터 책을 읽고 연구하며 대화하고 토론해야 할 한국의 연구소가 너무 조용하다는 비아냥이 섞인 비난의 소리를 듣는 것입니다. 한국의 도서관은 혼자서 하기 때문에 너무 조용하지만 유태인의 도서관은 대화와 토론을 하기 때문에 시끄러울 정도로 활발합니다.

그럼 왜 창의성이 중요합니까? 궁극적으로 세상에 정답이 없기 때문입니다. 유한한 인간이 무한한 우주의 정체를 알 수 없는 것처럼 과학조차 완전한 지식이 아니라 마지막에 가서는 가설에 의존하고 있을 정도입니다. 서로 모순처럼 보이는 빛의 입자설과 파동설, 진화론과 창조설이 대표적입니다. 결국 과학의 최전선은 가설에 근거하며, 그렇기 때문에 과학이라는 것도 날씨의 예언처럼 틀릴 수 있는 확률적 지식에 불과합니다. 20세기 물리학자 하이젠베르크도 양자 역학에서 물리학 세계의 '불확실성의 원리'를 주장하여 인간의 한계를 인정했습니다. 그러므로 창의성과 천재성은 아인슈타인이 뉴턴의 물리학을 깬 것처럼 지금까지 전해 내려오는 기존의 지식이나 틀이 잘못되었다고 생각하고 그 틀을 깨는 데서 출발해야 합니다. 그래서 항상 물음표가 중요합니다. 기존의 낡은 것을 의심해야 새로운 것을 찾기 때문입니다. 허나 정답만을 강요하는 교육에서 기존의 지식을 의심한다는 것은 거의 불가능하다고 생각합니다. 항상 불변의 답이 있다고 스스로 생각하기 때문입니다. 답이 있는 곳엔 발전도 없고 새로운 것도 등장할 수 없습니다. 절대적 권위만 존재하게 됩니다.

그러나 학문과 철학의 시작도 기존에 알고 있는 지식을 바로 의심하는데서 시작하였습니다. 왜 데카르트는 '근대철학의 아버지'라는 불멸의 명성을 얻었습니까? 그는 확실한 진리를 얻기 위해 의심이 가는 모든 것을 의심했습니다. 중세 사람들이 신이 확실하게 있다는 것도 의심하였습니다. 나 자신이 존재한다는 사실까지도 의심하였습니다. 그렇지만 신이 있다는 것을 의심하는 나나 의심하고 생각하는 나는 설령 속임을 당할지라도 존재해야만 한다고 확신했습니다. 그래서 그는 "나는 생각한다. 고로 존재한다."라는 철학적 진리를 얻는 쾌거를 올렸습니다. 결국 데카르트는 이성적으로 확신할 수 없는 '신'보다도 이성적으로 확신할 수 있는 '나'라는 인간의 존재가 확실하다고 하여 중세의 '신 중심적 세상'에서 새로운 '인간 중심적 세상'을 연 근대 철학의 시조가 되었습니다.

이처럼 교육은 창의력을 키워 새로운 세상을 열도록 도와주어야 합니다. 허나 우리 사회 전반에 퍼져 있는 정답을 요구하는 교육방식과 그것에 기초한 학벌 중심의 가치 체계를 바꾸지 않는다면 우리 사회의 미래는 그다지 밝지 못할 것이라고 생각합니다. 지금이라도 과감하게 교육의 '코페르니쿠스적 전회'를 해야 할 시점이라고 생각합니다. 어울림의 철학은 절대주의에 기초한 정답이 있는 교육보다는 다양성을 기초로 한 정답이 없는 교육을 강력하게 주장합니다. 인생은 정답에 맞게 살아가는 획일적인 삶이 아니라 나름대로 정답을 찾아가는 다채로운 삶입니다. 더 이상 한국 교육을 위해서라도 획일화된 교육을 지양해야 한다고 생각합니다. 그렇지 않으면 획일화된 한국 교육은 이분법적 사고를 하는 '일차원적 인간'만을 양산할 것입니다.

철학의 임무는 언어분석인가

20세기의 최고의 철학자로 불리는 비트겐슈타인은 "철학은 언어를 잘못 사용하여 빚어진 문제이므로 철학의 임무는 언어를 분석하는 것"이라고 하였습니다. 이런 그의 가르침 속에는 철학이라는 것도 거대한 성만 쌓으려고 하지 말고 논리와 과학처럼 냉정하게 숙고해서 엄밀성을 추구해야 한다는 것입니다. 그렇지 않고 '도道', '이데아', '본질', '순수 이성', '실존', '신', '내세', '변증법' 등 같은 검증되지 않고 일상과는 괴리가 있는 언어들로 구성된 철학들은 모래성과 같은 철학이며 극히 추상적이어서 이해하기조차 어렵다는 것입니다.

비트겐슈타인에 영향을 받은 20세기 영미의 중심의 분석철학자들은 지금까지의 수많은 철학적 건축물들이 '헛소리'로 구성된 모래성에 불과하다고 주장하면서 과거의 철학을 논리와 과학을 근거로 폐기처분하려고 하였습니다. 이들은 "과연 '이데아'와 '절대 정신'은 대체 무엇이고, '신'이나 '천국'은 대체 존재한단 말인가?"라고 반문합니다. 이에 대해 20세기 분석철학의 창시자인 비트겐슈타인은 "말할 수 없는 것에 대해서는 침묵을 지켜야한다."는 말을 하면서 논리성도 없고 실증성도 없는 기존의 철학을 폐기처분하려고 하였습니다. 한마디로 철학적 대전환입니다.

비트겐슈타인은 그 당시 승승장구하는 과학과 논리를 토대로 '신'이나 '천국', 그리고 '이理'와 '기氣'와 같은 우리가 직접 경험할 수 없어 정확히 말할 수 없는 것은 수많은 추측과 억측만을 낳고 고성만 오가는 말싸움만 일으킬 뿐이라고 하면서 "언어가 휴가를 갈 때 철학적 문제가 발생한다."고 주장합니다. 그러면서 그는 철학의 목적은 언어 분석을 통해 언어의 한계에 부딪혀 생긴 혹을 잘라내는 것이라고 하였습니다. 그는 "육체가 없는 상황에서 불을 태운다고 해서 무슨 고통을 느끼며, 훌륭한 음악을 듣는다고 해서 무슨 희열을 느끼겠는가. 우리가 느끼는 '고통'과 '기쁨', '행복과 불행'은 육체가 있는 감각의 세계에서 사용될 수 있는 용어들이다. 그런 감정을 느낄 수 있는 감각이 없다면 그런 감정을 느낀다는 것은 불가능하다. 그런데 육체가 없는 사후의 세계에서 어떻게 '고통'과 '기쁨'이라는 말을 사용하겠는가."와 같은 언어 분석을 통해 철학적 문제를 해결하는 방법을 명쾌하게 제시합니다.

분명 우리는 언어를 만들어 놓고 언어의 지배를 받는 경우가 있습니다. 베이컨은 이것을 '시장의 우상'이라고 하였고, 시장 사람들이 흔히 꼬드기는 '싸고 좋다는 말'에 현혹되어서는 안 된다고 말하고 있습니다. 언어와 실재는 엄연히 다르니까요. '신'이라는 말이 있다고 실제로 신이 존재한다고 말할 수 없습니다. 시장 사람들만이 시장에 우상에 빠지는 것이 아닙니다. 엄연히 학문의 전당인 아카데미에서도 번번이 일어나고 있습니다. 학문한답시고 책 속에 있는 '언어 게임'에 몰입하다 보면 추상화된 관념에 빠지는 경우를 우리는 흔히 볼 수 있습니다. 한마디로 백면서생처럼 세상물정 모른채 대학 도서관에 파묻혀 현실과 거리가 먼 관념의 동굴에 사는 것입니다. 유태인들은 이런 사람을 '책을 등에 잔뜩 진 나귀와 같다'고 비웃었습니다. 이런 안타까운 상황에서 사람들에게 "말할 수 없는 것에 대해 침묵을 지켜야 한다."는 유태인 출신의 비트겐슈타인의 말은 유태인다운 참으로 날카로운 멋진 가르침이 아닐 수 없습니다. 비트겐슈타인이 20세기 최고의 영향력을 가진 철학자가 된 것도 바로 그의 이런 칼날 같은 가르침 때문이었습니다.

허나 이런 비트겐슈타인의 가르침 또한 너무나 단편적이라는 생각이 듭니다. 물론 일부 철학 문제들이 언어에서 파생된 문제일 수 있지만 철학 자체가 모두 언어에서 발생된 문제라는 것은 지나친 속단이라고 생각합니다. 비트겐슈타인이 예를 들은 죽은 뒤에 '고통'과 '즐거움'도 모르는 것조차 단순히 언어 분석 때문이 아니라 그런 언어 분석조차 '시신을 태울 때 시신이 아무런 고통을 느끼지 않는다'는 사실에 기초하고 있습니다. 그런 사실을 모르고서 어떻게 언어분석이 가능하겠습니까? 언어분석 자체는 사실에 근거합니다. 그러므로 철학적 문제들은 단순히 언어에서 파생된 문제가 아닙니다. 그것은 언어문제이기 이전에 '세상을 어떻게 바라보고 세상을 어떻게 살 것인가'를 진단하는 바로 우리들의 엄연한 현실 문제이자 삶 그 자체의 문제인 것입니다. 그것은 언어를 통해 단지 표현될 뿐입니다. 언어로 표현된다고 하여 언어문제는 아닌 것입니다.

또한 언어는 우리의 불완전한 도구라는 사실을 부인할 수 없습니다. 언어를 가장 잘 구사한다는 셰익스피어도 이 세상에 대한 완전한 그림을 그릴 수 없습니다. 단지 남보다 그럴 듯하게 세상을 그렸을 뿐입니다. 자연을 묘사하는 수학마저도 변화무쌍한 자연을 설명하기는 불완전하기는 마찬가집니다. 날씨가 틀리는 이유 중 하나도 불완전 방정식 때문입니다. 그래서 노자는 《도덕경》 첫마디에서 "도(道)를 말할 수 있으면 그것은 진정한 도가 아니요, 이름을 말로 설명할 수 있다면 그것 또한 진정한 이름이 아니다."라고 하였습니다.

　노자의 이런 주장은 세상의 이치는 언어로 표현하는 데는 한계가 있다는 것을 말합니다. 노자는 인간이 고안한 개념을 가지고 변화무쌍한 현실을 그린다는 것이 현실적으로 가능하지 않다는 것입니다. 때로는 언어의 한계 때문에 세상의 이치를 제대로 파악하기도 힘들고 설명하기 또한 어렵다는 것입니다. 그래서 노자는 '도'는 진정한 도가 아니라고 말하면서 진정한 깨달음은 언어를 뛰어넘을 때 비로소 가능하다는 것을 역설적으로 말하고 있는 것입니다. 노자의 사상을 이어받은 장자도 "세상살이에서는 진정으로 생각한 것보다 허위에 찬 말을 소중히 여긴다. 우리는 언제 어디서 말을 잊어버린 사람과 만나 마음이 서로 통할까?"라고 하면서 관념이나 언어의 유희에서 벗어나야 진정한 깨달음을 얻을 수 있다고 하였습니다.

　어울림 철학은 철학적 임무가 '언어분석'이라는 비트겐슈타인의 주장을 단호히 거부합니다. 언어 분석은 언어로 인해 빚어지는 철학적 문제에 대한 혹을 제거할 수 능력을 줄 수 있습니다. 허나 철학은 언어 분석을 넘어서야 합니다. 언어 분석은 언어의 잘못된 사용으로 빚어진 혹을 제거하는 수단은 될 수 있지만 그렇다고 인생의 이정표나 종착역을 제시할 수는 없어 철학의 궁극적인 목적이 될 수 없습니다. 논리적 분석은 철학하는 수단에 지나지 않습니다. 언어 분석 철학이 인생에 대해 맹탕인 것도 바로 삶을 직시하지 않고 혹을 잘라내기 위해 언어게임에만 몰입했기 때문입니다. 마이클 샌델도 "1950년-60년대의 영미 정치 이론은 언어 분석과 도덕적 상대주의에 의해 엉뚱한 방향으로 빗나가면서 사실상 빈사상태에 빠졌다."고 말하고 있습니다.

철학은 언어 분석을 넘어 세상에 대한 건전한 생각을 제시하는 것입니다. 세상을 성찰하여 좀 더 세상을 아름답게 가꾸려고 노력하는 것이 철학의 궁극적인 임무라고 생각합니다. 비트겐슈타인이 말한 언어를 넘어 노자와 장자처럼 삶을 아름답게 사는 하나의 방법을 제시하는 것이 진정한 철학하는 자세가 아닌가 합니다. 진정한 철학은 성찰을 통해 남과 더불어 어울릴 수 있는 길을 모색하는 것입니다.

왜 철학은
정신 나간 사람들이 한다는 소리를 듣는가

중세 철학자 보에티우스는 "철학은 잃어버린 자아를 되찾게 해주는 정의롭고도 씩씩한 정신의 젖줄이자 지친 마음을 위로하고 소생시키는 생명수다."고 말하고 있습니다. 그러나 지금 얼마나 많은 사람들이 이 보에티우스의 말에 찬동할까요? 철학자로 분류되는 루소조차 '철학은 정신 나간 사람'이 하는 편견덩어리라고 혹평하고 있습니다. 루소는 소위 철학자들이라는 사람들은 '인간을 철학이라는 편견을 통해서만 볼 뿐이다.' 라고 잘라 말하고 있습니다.

한때 '만학의 왕'이라고 칭송받던 '철학'이 왜 이렇게 괴짜들이나 하는 학문이라는 딱지가 붙었을까요? 분명 철학은 내가 아는 한 정신 나간 학문도 아니고 괴짜들이 하는 학문도 결코 아니라고 생각합니다. 철학은 앞만 보고 가는 우리들에게 우리들이 사는 세상과 삶을 되돌아보고 반성할 것을 촉구하는 반성의 학문이자 성찰의 학문입니다. 한번 주어진 인생을 그냥 헛되이 살다가 가지 말고 지혜를 쌓아 훌륭하고 멋스런 삶을 살라는 메시지를 담고 있습니다. 그런데 삶의 문제가 너무 깊고 넓다 보니 철학이 어렵고 난해한 면을 가지게 된 것입니다. 삶의 문제를 해결하기 위해서는 삶 자체는 물론이고 인간, 그리고 인간을 둘러싸고 있고 사회와 자연에 대한 전반의 지식을 알아야 하기 때문입니다. 그래서 인생 전반을 설계하는 철학은 어려울 수밖에 없는 것입니다.

문제는 오늘날의 철학이 어떻게 가고 있느냐는 것입니다. 너무나 이론에 치우치고 전문화된 나머지 대다수 사람들은 철학으로부터 소외되고 말았습니다. 이런 이론화의 일등공신은 동양에서는 중국의 성리학이었고, 서양에서는 칸트와 칸트의 대를 잇는 독일 관념론이라고 생각합니다. 이들은 일상적인 삶의 지혜와는 무관하게 너무나 이론적이고 관념적인 학문으로 탈바꿈했습니다. 물론 철학도 학문이기 때문에 전문화될 수밖에 없습니다. 그러나 철학의 지나친 관념화는 일상적인 삶과는 무관하게 철학을 철학하는 사람들의 전유물로 만들었습니다. 게다가 20세기 유행한 분석철학은 과학만능주의에 빠져 삶의 문제를 과학적으로 논증할 수 없다 하여 철학에서 제명하는 우를 범하고 말았습니다. 그래서 철학은 이론의 전당이라고 하는 대학이나 도서관에서 죽치고 앉아 세상과 무관한 이론적 틀을 만드는 관념의 유희로 변질되고 말았습니다. 이처럼 철학하는 사람들 자신이 살아가면서 부딪히는 인생 문제를 등한시하면서 철학은 일찌감치 대중들로부터 스스로 소외되고 만 것이라고 생각합니다.

더욱이 시중에 나도는 '철학특강'도 크게 다르지 않다고 생각합니다. 특강의 대다수는 우리들의 시대를 진단하고 우리의 아픔을 치료해주는 철학을 설파하지 않습니다. 대신 옛날의 '공자'를 주해하고, '노자'를 주해하고, '장자'를 주해하는 강의가 주류를 이루고 있습니다. 물론 고전이란 그 속에는 그 시대의 인류에게 주는 사고의 새로운 지평을 열어주는 강한 메시지가 들어 있습니다.

허나 아무리 위대한 고전이라 해도 영구불변하는 지혜를 주는 것이 아니라 그 시대의 문제를 해결하려는 하나의 패러다임에 지나지 않습니다. 공자는 공자의 시각으로 세상을 본 것이고, 노자는 노자의 시각으로 세상을 보는 법을 설파하고 있습니다. 물론 그 속에 지금도 유효한 가르침이 많이 있지만 그렇다고 우리 시대의 문제와 자신의 문제를 나름대로 속 시원하게 풀어줄 수는 없습니다.

시대가 변하면 가르침 또한 그 시대에 맞게 변해야 합니다. 그리고 성전이라 해도 항상 문제점과 한계가 있는 법입니다. 그러므로 위대한 고전이라 해도 살아가는 데 필요한 하나의 가르침으로 참고는 할 수 있으나 영구불변한 성전은 아닌 것입니다. 그런데도 많은 철학하는 사람들이 옛것만 고집하고 그것이 마치 성전이나 되는 것처럼 강의하고 있습니다. 소로우가 "오늘날 철학교수는 있어도 철학자는 없다."고 말한 것도 철학을 한다는 사람들이 자신의 생각은 제대로 말하지 못하고 관념의 동굴 속에서 위대한 철인들의 사상을 주석 달기에 급급하기 때문이라고 생각합니다. 그러니 사람들이 '철학'하면 고립 타분하고 당연히 괴짜들이나 하는 학문이라는 오명을 들을 수밖에 없고 현실성이 없다는 이유로 대학에서 퇴출되는 비운의 신세까지 되고 말았습니다. 현실성을 강조한 법가, 한비자도 "지혜 있는 사람은 책을 쌓아 두고 배우지 않는다."고 하였습니다. 지혜는 책보다는 살아가면서 부딪히는 문제들을 스스로 극복하고 반성하면서 발생하는 경우가 많기 때문입니다. 그래서 쇼펜하우어도 "경험은 본문이고 반성과 지식은 주석에 불과하다."고 말하였습니다. 그러므로 무작정 책만 파고든다고 지혜가 생기는 것이 아닙니다.

그런데도 많은 학자들이 책만 파고들면서 백면서생처럼 옛사람의 권위에 맹종하는 경향이 강합니다. 허나 이는 아집과 억측에 불과합니다. 우리는 우리 시대의 문제를 해결하기 위해 그것을 뛰어넘어 새로운 생각의 패러다임을 만들어가야 하는 것입니다. 그냥 '위대한 고전'에 따르는 것은 칸트가 강조한 것처럼 무능하고 용기 없는 비겁한 학자들의 특징이라는 생각이 듭니다.

그리고 철학이 대중들의 사랑을 받는 학문이 되려면 '존재'와 같은 형이상학적이면서 극도로 추상적인 큰 질문을 먼저 던지지 말고 몸과 마음으로 부딪히는 일상의 문제들부터 해결할 수 있는 지혜를 주려고 노력해야 한다고 생각합니다. 우리는 직접적으로 인생을 살아가는 '살과 뼈로 된 인간'이기 때문입니다. 그래야 정신 나갔다는 철학적 관념의 동굴에서 벗어날 수 있고 내가 처한 개인적 문제뿐만 아니라 사회적 고민까지도 해결해주는 실마리를 제공하여 대중들로부터 사랑 받는 철학이 될 수 있다고 생각합니다. 슈바이처가 "학문을 할 때 중요한 것은 학술이나 논문이 아니라 인생에 필요한 가장 기본적이고 구체적이며 포괄적인 지식을 얻는 것입니다."라고 말한 것도 저의 이런 생각과 별반 다르지 않다고 생각합니다.

그래서 어울림의 철학은 우리들의 삶에 대해 성찰하고 지혜를 탐구하고자 하는 인생철학에서 출발합니다.

제2장

행복은 어떻게 가능한가

자연인은 정말로 행복할까

'자연인' 프로그램은 10년 가까이 인기리에 방영되는 시사교양 프로그램입니다. 그만큼 우리나라 사회가 살기가 고단하다는 반증이기도 합니다. 텔레비전에 나오는 자연인들은 방송이니 약간은 과장될 수도 있지만 한결같이 세상에 몸을 담고 있을 때는 불행하였으나 자연의 품에 안기니 모두가 행복하다고 말합니다. 특히 어떤 사람들은 세상에 있을 때 살아남기 위해 몸부림치다가 몸과 마음에 병이 들어 거의 생존조차 불투명했는데, 속세를 떠나 자연의 품에 안기니 몸과 마음의 병이 치유되고 소박하지만 행복한 삶을 살아가고 있다고 말하기도 합니다.

호숫가에 통나무집을 짓고 산 서양의 자연주의자 소로우도 "나는 내 생활의 넓은 여백을 사랑한다. 동틀녘에서 정오까지 햇볕이 잘 드는 문간에 앉아 소나무, 호두나무, 옻나무 숲에 둘러싸인 채 아무런 방해도 받지 않고 고독과 정적 속에서 넋을 잃고 있는 때가 많다."고 하면서 자연적인 삶을 예찬하고 있습니다. 노자와 장자도 속세의 굴레를 벗어나 도랑에서 유유자적하는 삶이 행복의 원천이라고 하였습니다. 노자는 "사람들은 모두 능력 있지만, 나는 우둔하고 촌스럽다. 나는 사람들에게서 멀어져 자연이라는 어머니 품에 안기겠다."고 하였습니다. 장자도 "천금은 거액이며 재상 자리는 존귀한 자리입니다만, 나는 차라리 이 더러운 도랑에서 자유를 즐길지언정 정치가의 굴레에서 매여 있기는 싫소."라며 자신을 재상 자리에 앉히려는 위나라 임금의 제의를 뿌리치고 자연을 택하였습니다.

어찌 보면 사회적으로 힘들 경우 자연을 선택하는 것도 하나의 방도라는 생각이 듭니다. 우리는 문명의 혜택을 누리지만 누리는 그만큼 피곤한 세상을 살아야 합니다. 문명의 혜택을 많이 누리기 위해 돈이 곧 행복인 것처럼 생각하고 모두 돈을 벌기 위해 발버둥을 칩니다. 허나 세상은 어찌 자기 뜻대로만 흘러가겠습니까? 욕심은 많은데 재화가 부족하니 분명 낙오자도 생기고 불상사가 생기는 법입니다. 결국 갈 곳 없는 사람 중에는 자신을 받아주지 않는 사회에 배신감을 느껴 문명의 혜택을 버리고 결국 자연에 품에 안기려 합니다. 자연은 사회에서 낙오한 사람들에게 살아갈 수 있는 안식처를 제공하기도 합니다. 물론 자연인 중에는 순수하게 자연이 좋아서 품에 안긴 사람도 있을 것입니다. 어떤 이유든 자연에 정착한 자연인은 지금까지 자신을 구속하고 억압하는 욕망의 속세를 벗어나 자연이 주는 편안한 삶을 받아들여 소소한 행복을 즐기며 살아가는 사람들이라고 생각합니다. 한마디로 자연주의는 탐욕스런 인간의 문명 생활에서 오는 피로감에서 해방되자는 의지의 표현이라고 생각합니다.

그러나 과연 자연에서 사는 것이 그들이 말하는 것처럼 행복하다고만 할 수 있을까요? 인간은 하나를 얻으면 다른 하나를 포기해야 합니다. 자연을 선택했으니 문명의 혜택과 인간 세상을 포기해야 합니다. 자연을 택한 만큼 상실감도 큰 것입니다. 하나를 얻으면 그에 따라 하나를 잃는 것이죠. 그런데 어찌 자연인이 행복하다 할 수 있을까요?

아무리 자연의 품이 좋다고 한들 문명의 혜택을 저버리고 세상을 등지고 사는 것은 진정한 행복이 아니라고 생각합니다. 인간의 행복은 인간 세상과도 서로 어울릴 때 행복할 수 있지만, 홀로 사는 인생은 어울릴 수 없어 행복할 수만도 없습니다. 인간에게 인간 세상을 등지고 오는 적적함만큼 무서운 것이 어디 있겠습니까? 혼자 사는 사람들은 사람 소리가 그리워서 굉장히 고통스러워합니다. 또한 혼자 있을 때 오는 두려움과 공포를 이겨내지 않으면 안 됩니다. 특히 칠흑 같은 밤이 되면 두려움과 공포는 극대화됩니다. 금방이라도 귀신이 어둠을 뚫고 사방에서 튀어나올 것만 같은 공포가 엄습하기도 합니다. 이런 공포를 이겨내지 않으면 자연인은 꿈도 꿀 수 없습니다.

음식도 둘이 먹어야 맛이 있습니다. 혼자 먹는 밥은 아무리 좋아도 그리 맛이 없습니다. 혼자 있다 보면 귀찮아 거르기 일쑤고 대충 때우는 경우가 많습니다. 그래서 서로 어울려 살아야 행복할 수 있습니다. 또한 만일 속세를 등진 채 가족에 대한 의무까지 소홀히 하거나 저버리며 혼자서 행복할 수 있다는 것은 기인이 아니면 불가능하다고 생각합니다. 인간으로서 사회적 책무를 저버리고 자신의 행복만을 추구하는 행위는 이기주의자라는 비판에서 결코 자유로울 수 없습니다.

또한 자연은 인간에게 그다지 호의적이지 않습니다. 자연이 주는 선물이 그다지 많지 않다는 것입니다. 그래서 자급자족을 위한 고생스런 삶을 살아야 하고 때론 추위와 배고픔과 병마와 직접 싸워야 합니다. 그리고 먹고 살기 위해 풀과 씨름해야 하고, 벌레 및 야생 동물의 위협에 시달려야 하며, 자연의 위력 앞에 생명의 위협을 느낄 수도 있습니다. 그래서 자연으로 가는 길이 자연인들이 보여주는 것처럼 생각보다 낭만적이지 않다는 것입니다. 그곳에 가면 그곳 나름대로 극복해야 할 문제들이 많이 있는 것입니다. 이런 점을 간과하고 자연인이 되려는 것은 거의 실패할 확률이 높다고 할 수 있습니다. 그러므로 진정한 행복은 자연적인 삶을 영위하면서도 인간적인 삶을 병행해야 한다고 생각합니다. 문명은 자연이 주는 어려움을 극복하는 과정에서 생긴 인간의 삶의 조건이기 때문입니다.

왜 인간이 어려워도 대부분 도시의 삶을 선호합니까? 그것은 문명은 편리함을 줄 뿐만 아니라 인간이 어울릴 수 있는 최적의 공간을 제공하기 때문입니다. 그러므로 행복하려면 최소한이더라도 인간들과 어울리는 즐거움을 누릴 수 있도록 문명과 접촉하며 살도록 노력해야 합니다. 오히려 자연이 좋다고 인간 세상을 등지고 사는 것은 자칫 외톨이가 되는 불행한 삶을 자초하는 것으로 보입니다. 사람들이 좋아하는 노자와 장자 철학이 세상의 유일한 대안이 될 수 없는 것도 바로 이 때문이라고 생각합니다. 단지 노자와 장자는 살아갈 때 필요한 하나의 삶의 방식을 가르쳐 주고 있을 뿐입니다. 그러므로 진정으로 행복한 자연인이 되려면 자연의 품에 안기면서도 세상과의 단절이 아니라, 어느 정도 세상과의 소통과 어울림을 병행해야 합니다.

《채근담》에는 "능히 속세를 벗어나면 이 사람은 기인이 되고 만다.

일부러 기인이기를 바라고 기인인 척하는 사람은 괴짜에 불과하다." 라고 적혀 있습니다. 자연에서 행복하다는 자연인들이 '기인'이 아니기를 바랍니다. 그렇다고 인간 세상에 몰빵하는 것도 그리 현명한 선택이 아니라고 생각합니다. 자연이 주는 즐거움을 모르고 오로지 인간 세상의 즐거움만 찾는 것도 그것을 위해 많은 대가를 지불해야 할 뿐만 아니라 인간 세상이 주는 고통과 불행의 요소를 간과한 것입니다. 그러므로 어울림 철학은 인간 세상과 자연적인 삶의 조화를 추구하는 철학이며 오로지 한쪽만 보고 가는 것은 그리 현명한 선택이 아니라고 생각합니다.

먹방의 시대
먹어서 죽는다

자고로 먹방의 시대입니다. TV나 유튜브를 보다 보면, 먹는 프로그램이 너무나 많다는 생각이 듭니다. 특히 먹방의 시대임을 말하는 것 같은 '맛있는 녀석들'을 보면 당연 압권이라는 생각을 떨칠 수 없습니다. 합산하여 거의 500키로그램에 달하는 4명의 거구들이 소문난 음식집을 찾아 끊임없이 먹으며 행복해 하는 모습을 보면 지금이 바로 먹방의 시대임을 말하는 것 같습니다. 아마도 〈맛있는 녀석들〉은 현재가 자유주의적이고 쾌락주의적인 시대임을 가장 잘 대변하고 있다는 생각이 듭니다.

자유주의는 자유라는 미명 아래 일단 먹고 마시고 즐기는 것이 먼저라는 쾌락주의적 사고방식의 모체라고 생각합니다. 역사상 이처럼 많은 사람이 노골적으로 먹고 마시는 육체적 쾌락을 즐기는 것을 당연시한 시대는 일찍이 없었다고 생각합니다. 지난 세기부터 욕망과 본능에 충실하고자 하는 자유주의적 사고가 강하게 지배한 적이 없기 때문입니다. 성적 불만족이 정신질환을 낳게 한다는 프로이트의 정신분석학은 도덕이나 종교가 금기시 했었던 성을 세상 밖으로 끄집어냈고 거침없는 성적 표현과 만족이 더 이상 죄악시 되지 않게 되었습니다. 성과 음주가무를 즐기는 현대인의 모습은 그야말로 주지육림(酒池肉林)의 정원에서 술을 마시며 수많은 미녀들과 뒹구는 중국 하나라 걸왕을 방불케 합니다. 자유와 자본, 그리고 성의 만남은 오늘날 향락산업을 황금알을 낳는 거위로 만들었습니다. 90년대 초반만 해도 마광수의 《즐거운 사라》는 외설 논란과 함께 큰 이슈가 되었지만 지금은 더 이상 외설스럽지가 않습니다. 오히려 그런 생활이 당연한 것처럼 되고 있습니다.

쾌락주의자들은 인간의 모든 활동이 인간의 감각과 욕망에서 출발한다는 심리적 기반에 두고 있다고 생각합니다. 인간은 일단 먹고 살아야 하니까요. 그래서 욕망이 가져오는 쾌락은 좋은 것이고 욕망에 반하는 고통은 나쁜 것으로 보고 고통을 멀리하고 쾌락을 받아들이려는 것은 자연스러운 인간의 모습이라고 보고 있습니다. 동양의 풍류주의자인 열자는 먹고 싶은 것이 있으면 먹고 편안히 쉬고 싶으면 편히 쉬는 것이 행복이라고 말하면서 "인생은 자신이 갈 길을 자유롭게 가도록 해야 할 뿐이다. 막거나 저지해서는 안 되는 것이다."라고 하였습니다. 서양의 쾌락주의 시조인 키레네학파의 아리스티포스는 "순간을 결코 놓치지 마라."고 하였고, 영국의 소설가 올더스 헉슬리도 《멋진 신세계》에서 "오늘 즐길 수 있는 것을 결코 내일로 미루지 마라."라는 명언을 남겼습니다. 쾌락주의 입장에서는 자유롭게 먹고 마시고 즐기는 것, 그것이 바로 우리들의 삶의 법칙이 된 것입니다.

분명 우리는 욕망의 요구대로 먹어야 살고 성적인 관계를 해야 대를 잇고 살 수 있습니다. 욕망의 만족이 없이는 삶 자체가 성립될 수 없는 것입니다. 이것은 바로 욕망을 만족시켜야 살 수 있다는 자연의 명법이 아니고 무엇이겠습니까?

허나 욕망에 따라야한다는 사실을 기초로 과연 먹고 즐기는 쾌락주의적 생활이 과연 행복의 원천이라고 말할 수 있는가는 별개라고 생각합니다. 실제로 먹고 즐기는 문화가 반드시 행복을 가져오지 못하게 하기 때문입니다. 욕망을 만족시키려면 욕망의 만족을 위해 많은 값비싼 대가를 치러야 할 뿐 아니라, 욕망은 만족하면 할수록 욕망이 더 강해져 욕망을 궁극적으로는 만족시킬 수 없고, 더욱이 만족 뒤에 허탈한 감정까지 찾아옵니다.

이것만이 아닙니다. 지나치게 욕망에 따르는 생활은 우리를 건강하게 하는 것이 아니라 오히려 우리 몸을 망칩니다. 실제로 먹는 문화는 많은 성인병을 유발하고 있으며 먹는 것을 좋아하고, 술과 담배, 그리고 성적인 쾌락을 좋아하는 사람의 수명이 대체로 짧습니다. 그래서 화려한 문명 생활을 거부한 노자는 "다섯 가지 색은 사람의 눈을 멀게 하고, 다섯 가지의 소리는 사람의 귀를 먹게 하고, 다섯 가지의 맛은 사람의 입을 버리게 하고, 승마와 수렵은 사람의 마음을 미치게 한다."고 하면서 "만족할 줄 모르는 것보다 더 큰 화는 없고, 필요 이상으로 얻으려는 것보다 더 큰 허물은 없다."고 하였습니다. 그래서 사람들이 쾌락주의자인 아리스티포스에게 '이런 삶이 미래에 고통을 가져다주지 않겠느냐'라고 물었습니다. 그러자 그는 음식이나 성행위와 같은 육체적 쾌락은 생생하고 강렬하여 관조적인 쾌락보다 생활의 활력소가 되기 때문에 핏기 없는 정신적인 쾌락보다는 생동감 있는 육체적 쾌락을 즐길 것을 권장하면서도, 한편으론 지나친 쾌락 추구로 인해 몸을 망가트리는 것을 경계하였습니다. 그리고 쾌락에 의해 지배당하지 않도록 '쾌락을 지배하라'고 역설적으로 말하면서 자신의 가르침에 문제가 있음을 고백하고 있습니다. 쾌락주의자이면서 육체적 쾌락을 거부한 에피쿠로스도 자신이 청빈한 삶을 사는 이유는 "나는 빵과 물로 살 때, 몸에서 쾌락이 충만해진다. 내가 사치스러운 쾌락에 대해서 침을 뱉는 것은 그 쾌락 자체가 나빠서가 아니라, 그런 쾌락에 따라다니는 불편한 것들 때문이다."라고 하였습니다. 즉 쾌락주의자들조차 쾌락이 언제든 불행의 원인이 될 수 있다는 것을 인정한 것입니다. 더욱이 쾌락을 추구하는 자들은 쾌락을 위해 간음하거나 살인을 하는 등 부정한 짓도 서슴지 않고 저지른다는 것입니다. 그러니 쾌락만 보고 달려가는 것은 아주 위험천만한 일입니다.

중용적인 삶을 강조한 아리스토텔레스도 욕망을 어느 정도 만족시켜야 사는 입장에서 보면 수도승처럼 금욕적으로 사는 것도 문제지만, "많은 천박한 사람들은 선과 행복을 쾌락이라고 생각하며 그들은 향락적인 생활을 좋아한다."라고 말하면서 쾌락주의적 삶이 결코 바람직한 생활이 아니라고 주장하였습니다. 그러면서 그는 욕망을 만족시키면서도 욕망을 좇지 않는 중용적인 삶을 바람직한 삶의 태도로 보고 있습니다. 그래서 우리는 먹방의 세계에서 살고 있는 우리들에게 '먹는 즐거움이 과연 우리를 행복하게 하는가?'라고 묻지 않을 수 없습니다. 지나치다 보면 우리는 많이 먹어서 죽을 수 있기 때문입니다. 그래서 스토아 철학자 에픽테토스는 "쾌락에 항거하는 자는 현자지만 쾌락의 노예가 되는 사람은 바보이다."라고 하였습니다.

왜 중용적인 삶을 살도록 노력해야 할까요? 욕망을 만족시킨다고 무조건 쾌락과 행복을 가져오지 않기 때문입니다. 욕망 속에는 쾌락과 행복도 들어있지만 고통과 불행의 씨앗도 함께 들어 있기 때문입니다. 욕망이 만족되지 않는 결핍된 상태에서 욕망을 만족시킬 때는 쾌락과 행복이 오지만 욕망이 충만한 상태에서는 오히려 고통과 불행을 가져오게 됩니다. 이게 바로 욕망의 두 얼굴입니다.

왜 욕망에 고통과 불행이 따르도록 우리 몸은 만들어졌을까요? 우리 몸은 자기 방어를 위해 불을 피하듯이 자기 자신을 건강하게 살도록 설계되어 있기 때문입니다. 그러니 무절제하게 살지 않도록 욕망에도 고통과 불행을 가져오게 만들어진 것입니다. 한마디로 욕망을 좇는 불나방이 되면 언제 죽을 줄 모른다는 것입니다. 그래서《채근담》의 저자 홍자성도 "입에 맞는 음식은 모두 창자를 곯게 하고 썩게 하는 약이니 반 정도만 먹어야 재앙이 없고, 마음에 즐거운 일은 다 몸을 망치고 덕을 잃게 하는 매개체니 반 정도에서 그만두어야 후회함이 없을 것이다."라고 말하면서 중용적인 생활을 권고하고 있습니다.

우리는 고통이나 불행을 온전히 피하고 쾌락이나 행복만을 추구할 수는 없습니다. 그건 불가능한 일입니다. 쾌락과 고통, 불행과 행복은 항상 인생의 동반자이기 때문입니다. 행복을 위해서는 반드시 결핍으로 인한 고통과 불행이 수반되면서도 반대로 쾌락과 행복은 고통과 불행을 가져오게 하기 때문입니다. 그러니 만족하려고만 힘쓰지 말고 결핍과 부족함이 올 수 있도록 욕망을 적당한 선에서 절제하는 미덕이 필요합니다. 인생에서 절제가 미덕인 이유가 바로 여기에 있습니다.

'먹방의 세계'는 바람직한 우리들의 생활이 아닙니다. 이런 세상은 일종의 방종과도 같은 생활입니다. 특히 양을 지나치게 많이 먹는 것을 자랑하는 먹방 유튜버들을 보면, 과연 '저들이 온전할까?'라는 생각을 지울 수 없습니다. 제가 추구하는 어울림 철학은 중용적인 삶을 지향합니다. 부족하지도 그렇다고 넘치지도 않는 중용적인 삶이야말로 건강하고 건전한 삶을 보전하는 훌륭한 방법이라고 생각합니다.

'행복의 정복'은 가능한가

20세기 최고의 철학자 중의 한 사람인 러셀은 그의 저서 《행복의 정복》에서 불행한 사람들도 제대로 노력을 한다면 얼마든지 행복을 정복할 수 있다고 말하고 있습니다. 비록 세상은 피할 수 없는 불행, 질병, 심리적 장애, 갈등과 빈곤과 악의로 가득 차 있지만, 우리 자신의 내면세계에 갇혀 있기 보다는 광활한 바깥세상으로 나아가는 능동적이고 진취적인 생활 태도, 어떠한 불행도 이겨낼 수 있는 강인한 의지와 용기, 지혜만 있다면 누구나 행복을 정복할 수 있다고 말하고 있습니다. 그래서 러셀은 "행복은 기다리면 거저 굴러오는 것이 아니라 노력을 통해서 적극적으로 쟁취해야 할 그 무엇이다."라고 했습니다. 이것은 러셀의 낙천주의자다운 주장이라고 생각합니다.

하지만 과연 행복의 전도사를 자처한 러셀의 말처럼 행복은 정복될 수 있는 성질의 것인지를 물어보고 싶습니다. 우리는 종종 행복을 '무지개'에 비유하여 말하곤 합니다. 왜 그럴까요? 그것은 행복이 결코 잡힐 수 있는 성질의 것이 아니기 때문이라고 생각합니다. 몽테뉴는 "우리의 욕망은 내 손안에 있는 것에는 흥미를 잃게 마련이지만, 내 손안에 없는 것에 훨씬 더 흥미를 갖게 된다."고 하였습니다. 자신의 떡보다 남의 떡이 더 크고 먹음직스럽게 보인다는 것이죠. 그래서 행복한 감정은 화면 속의 미인처럼 반드시 자신의 손 안에 있지 않는 것을 고통스럽게 갈망할 때 찾아오는 아이러니한 존재가 아닐 수 없습니다.

왜 사랑하는 사람과 손을 잡았을 때 행복할까요? 외로움을 곱씹으며 무척이나 그 사랑을 갈망했기 때문입니다. 그러니 행복한 감정을 맛보기 위해서는 반드시 결핍에서 오는 고통을 감내해야 합니다. 게다가 성취의 기쁨은 잠시 이내 행복한 감정은 사라지게 됩니다. 허니문이 길어야 2년이라는 말은 인생을 놓고 볼 때 행복한 순간이 얼마나 짧은지를 알 수 있습니다. 그러니 지속적으로 행복을 추구한다는 것 자체가 무지개 같은 환상인 셈입니다.

심리학자 칙센트미하이도 이것을 증명하듯 행복을 하려면 무언가를 성취해야 하고 성취하기 위해서는 몰입해야 하는데 대다수 사람들은 몰입하기 보다는 무기력하게 살다가 그냥 간다고 한탄했습니다. 러셀처럼 아주 탁월한 능력을 지닌 사람이 아니고서는 몰입 상태를 지속할 수 없어 결국 성취 자체가 쉽지 않다는 것입니다. 욕망은 무한인데 무기력하여 성취 자체가 어렵다면 어떻게 행복을 정복할 수 있겠습니까? 그래서 우리는 행복을 지속할 수도 없고 정복할 수는 더욱 없는 것입니다.

게다가 행복의 밑거름이 된다는 쾌락조차 단순히 쾌락만 들어 있는 것이 아닙니다. 성적 만족 다음에 오는 허탈감처럼 쾌락 속에는 보이지 않게 고통이 숨겨져 있습니다. 성 심리학자 프로이트는 "사랑할 때처럼 상처받기 쉬운 때도 없다. 사랑하는 대상이나 그 대상을 잃어버릴 때만큼 속절없이 불행할 때도 없다."고 하면서 달콤한 사랑의 속에도 항상 불행의 씨앗이 들어 있다는 것을 암시하고 있습니다. 《채근담》에도 '질탕하게 노는 것은 즐겁지만' 열기가 식고 나면 '흐느낌'으로 변한다고 하였습니다. 사랑은 행복을 잉태할 수도 있지만 반대로 그 사랑이 불행의 씨앗이 될 수도 있는 것입니다.

그리고 더욱 중요한 사실은 인간이 행복하기 위해 태어난 것이 결코 아니라는 사실입니다. 우리는 평상시 행복하기를 바라고 먹는 것도 아니고, 일하는 것도 아닙니다. 단지 우리 대다수는 먹어야 살고 먹고 살기 위해 일할 때가 많습니다. 게다가 우리는 사회적 동물인 이상 사회 구성원으로서 뭔가를 해야 한다는 사명을 가지고 태어났다고 해도 과언이 아닙니다. 개인을 떠나서 가족과 사회, 더 나아가 국가의 일원으로서의 사명을 가지고 태어났습니다. 그 사명을 실현하기 위해 우리는 살아가는 동안 필연적으로 고통과 역경, 그리고 절망과 맞서 싸워야 하는 것입니다. 가장은 가정을 지키고 위해 일해야 하고 아내는 자식을 낳기 위해 산고를 치러야 합니다. 그리고 군인은 나라를 위해 목숨을 걸고 싸워야 합니다.

그것만이 아닙니다. 러셀의 주장처럼 우리는 사는 동안 가난과 질병, 박약한 운명, 각종 재난과 전쟁의 공격을 받아야 하며, 무한 경쟁으로 질주하며 승자만이 살아남는 지금의 자본주의 사회에서 승자가 되기 위해 엄청난 압박을 받고 있습니다. 우리 대다수는 참으로 고단하고 피곤한 세상에 살고 있는 것입니다. 이런 승자 독식주의 사회에서 러셀처럼 선택 받은 몇 사람을 제외하고 대다수 사람들은 먹고 살기 위해 어쩔 수 없이 살아가는 경우가 많습니다. 비록 사는 것이 힘들고 고단해도 주어졌기 때문에 살 수밖에 없는 것입니다. 불교에서 인생 자체를 고통으로 보는 것도 그만큼 산다는 것이 녹록치 않기 때문입니다. 보통의 사람에게는 행복의 기초가 되는 성취 자체가 어렵다는 것입니다. 그러니 인생에서 행복하기를 지속적으로 바라는 것은 하나의 환상일 수밖에 없습니다.

이런 상황에서 행복을 정복할 수 있다고 설파하는 것은 그리 현명한 태도가 아니라고 봅니다. 누구나 행복을 바라기는 하지만 그렇다고 지속적으로 행복하게 살아야 한다는 강박 관념을 갖도록 하는 것은 더욱 우리를 불행하게 만들 수 있습니다. 최고의 지성인인 러셀과는 달리 무언가에 몰입할 수 없는 평범한 사람들은 짓궂은 운명과 씨름하다 보면 행복은커녕 고통스런 나날을 보내면서 생을 마감할 수 있습니다. 이런 사람에겐 행복이란 그림의 떡이고 환상입니다. 그러니 보통의 사람들이 러셀처럼 행복을 바라는 것은 오히려 불행의 싹을 키우는 것이나 마찬가지라고 생각합니다. 굳이 행복을 바라기 보다는 한 번 주어진 삶에 최선을 다하고 열심히 사는 것 이외에는 다른 방도가 없다는 것입니다.

니체는 "사람들은 행복이 늘 '산 너머 저 쪽'에 있다고 말한다. 그러나 그것은 아주 옛날부터 인간의 마음속에 남겨진 유산이거나, 공상의 산물, 그릇된 추리의 결과에 불과할 뿐이다."고 하였습니다. 프로이트도 '창조' 계획에 인간이 행복해야 한다는 의도는 없었다고 말하고 싶다."라고 말하면서 인간은 근본적으로 행복과 불행을 떠나서 일단 살기 위해서 태어났다는 것을 강조하고 있습니다. 살다 보니 행복과 불행은 부차적으로 따라올 뿐이지 이것을 목적으로 태어난 것이 아니라는 것입니다. 그러니 여러분도 러셀의 주장처럼 너무 행복해야 한다는 강박관념에서 벗어나 자기가 가고자 하는 길을 묵묵히 가는 것이 좋지 않을까 합니다. 행복은 그 다음의 문제라고 생각합니다.

행복 속에 불행이 깃들어 있고
불행 속에 행복이 깃들어 있다

노자는 "아! 지금 나에게 찾아온 재앙이여! 그 속에 행복이 깃들어 있구나. 아! 나에게 찾아온 행복이여! 그 속에 재앙이 엎드려 있구나. 세상은 그 끝을 알 수 없고 정답도 알 수 없구나."라고 하였습니다. 노자 얘기는 불행 속에 행복이 숨어 있고 행복 속에 불행이 숨어 있다는 것입니다. 그래서 인생 자체는 그 끝이 어떻게 될지 아무도 알 수 없는 오묘한 것이라고 말하였습니다. 세상만사 새옹지마(塞翁之馬)인 셈이죠. 그러니 불행하다고 해서 포기하는 것도 세상의 도(道)를 모르는 것이고, 행복하다고 해서 기고만장하는 것도 세상의 도(道)를 모르는 것이라는 겁니다.

우리는 누구나 행복을 막연하게 바라지만 알고 보면 행복이라 해서 거저 오는 것도 아닙니다. 행복은 가고자 하는 길에 온갖 고난과 시련이 와도 자신의 길을 꿋꿋하게 가는 사람에게만 찾아오는 까칠한 손님이기도 합니다. 때론 칠흑 같은 어둠을 뚫고 고통의 산을 넘을 때

겨우 찾아오는 아주 귀하디 귀한 손님입니다. 그래서 홍자성은 "행복하기를 서두르면 오히려 화를 자초한다."고 하였습니다.

이렇게 어렵사리 행복에 도달하지만 행복이 차고 넘치면 어느덧 불행이 찾아온다는 사실입니다. 이것은 서로 다른 요소들이 상호 어울리지 못하고 한 쪽으로 치우치면 '달도 차면 기운다'는 반작용 법칙이 있다는 것을 의미합니다. 행복에 겨워 기고만장하여 제비 같은 방탕한 생활을 하게 되면 그 행복은 불행으로 서서히 기울어집니다. 그런데 불행히도 우리는 행복할 때는 모든 것이 넘쳐흐르기 때문에 이런 사실을 망각하기 쉽습니다. 잘 나갈 때는 무엇을 해도 잘 되는 것처럼 보이기 때문에 영원히 행복할 것처럼 교만해지고 경거망동해지기 쉽다는 것이죠. 행복에 도취된 나머지 주변도 돌아보지 않다 보면 우정 어린 친구조차 배신감을 느껴 결국 떠나가 버리고 맙니다.

게다가 지나치게 경거망동하면 세상의 분노가 화살이 되어 자신의 심장을 겨누는 순간 엄청난 불행의 파도가 밀려옵니다. 거대한 제방이 작은 개미구멍 때문에 무너진다는 한비자의 말처럼, 복에 겨워 기고만장하면 행복은 무지개처럼 사라지고 그 자리에 엄청난 고통과 고난의 파고가 들이닥칩니다. 행복할 때도 불행을 차단하기 위해서는 정도를 지키며 절제된 생활을 할 줄 알아야 한다는 것이죠. 절제하여 행복이 달아나지 않도록 아껴야 하는 것입니다. 세네카도 노자처럼 "가장 기쁠 때에 가장 걱정을 하라. 그대에게 모든 것이 평온하게 생각될 때에도 해가 되는 일이 존재하지 않는 것이 아니다. 단지 쉬고 있을 따름이다."라고 하였습니다.

반대로 불행하다고 하여 행복이 오지 않을 거라고 낙담하는 것도 그리 현명하지 못하다고 생각합니다. 도저히 앞이 보이지 않는 불행도 견디고 견디다 보면 불행도 행복의 옷으로 갈아입기 마련입니다. 불행할 때에는 아무리 노력해도 번번이 실패의 쓴 맛을 보는 것처럼 느끼겠지만 역경이 지나가면 그 후로는 순풍을 탈 수 있는 기회는 언제든 오기 마련입니다. 위기 뒤에 찬스가 오는 법입니다.

그때까지 참고 견디는 것이 어렵다는 것이 문제입니다. 고통이 지나칠 경우 죽음의 길을 택하고 싶은 강한 충동을 느끼겠지만 그런 절망적 상태 속에도 희망과 행복의 싹이 아예 없는 것이 아닙니다. 참고 또 참고 견디다 보면 솟아날 구멍이 서서히 보이기 시작하는 것입니다. 시간이 약이기도 합니다. 그래서 눈앞이 캄캄한 최악의 상황에 놓여 있다 하더라도 희망의 끈을 놓지 않고 행복을 맞을 준비를 하도록 열심히 고통과 맞서 싸워야 합니다. 무엇보다 포기하지 않고 최선을 다해 노력해야 합니다. 그러면 불행이 가시고 서서히 서광이 보이기 시작합니다. 그러고 나서 인생의 실패를 성찰하면 성공의 밑거름이 될 뿐만 아니라 인생을 더욱 단단하게 합니다. 인생을 길게 생각하고 지금의 불행 속에도 항상 행복이 깃들어 있다는 생각으로 희망의 불씨를 보는 것이 진정 삶의 도리라고 봅니다.

이처럼 삶에는 순수하게 행복만 있지도 불행만 있지도 않습니다. 행복한 순간에도 불행의 싹이 보이고 불행한 순간에도 행복의 싹이 언뜻 언뜻 보이기 마련입니다. 프란시스 베이컨의 말대로 순경이라 해서 공포와 고통이 아주 없는 것도 아니고, 역경이라 해서 기쁨과 희망이 전혀 없는 것이 결코 아닙니다. 행복은 힘들 때는 참고 인내하고 잘 나갈 때는 절제하는 품성의 소유자에게만 주어지는 특권이라고 생각합니다. 우리는 평상시 고통 없는 행복에 집착하지 않고 불행이 없는 일상에 감사하는 마음을 가져야 합니다. 설령 지금이 고통스럽다 해도 그것이 하나의 행복으로 가는 길목이라고 생각해야 마음의 편안함을 유지할 수 있습니다.

불교의 〈보왕삼매론〉에서도 "세상살이에 곤란이 없기를 바라지마라. 세상살이에 곤란이 없으면 업신여기는 마음과 사치한 마음이 생기나니, 그래서 성인이 말씀하시길 "근심과 곤란으로써 세상을 살아가라."라고 하였습니다. 톨스토이도 "고통은 사람들의 삶과 행복의 불가결한 조건을 구성한다. 고통이 없다고 한다면 인간은 진리를 몰랐을 것이고 자기 생존의 법칙을 몰랐을 것이다."라고 하였습니다. 이 말은 세상에는 공짜가 없다는 것으로, 어떤 것을 얻고자 한다면 반드시 고통을 감내하지 않으면 안 된다는 것입니다.

우리는 아무리 최악의 상황이라도 결코 희망을 잃어서는 안 된다고 생각합니다. 항상 불행이라 생각했던 일이 행운을 불러오는 경우도 얼마든지 있다는 것을 기억하고 인내와 절제는 행복을 위한 가장 소중한 자산이라는 아이러니한 사실을 잊지 않았으면 합니다. 그래서 어울림의 철학은 고통 없는 행복만을 추구하는 것을 거부합니다.

절망에 몸부림치는 이들에게 보내는
니체의 충언

정말 하는 일마다 잘 되지 않고 앞이 안 보일 때 한번쯤은 죽고 싶다는 생각을 할 것이지만, 그렇다고 해서 정말로 자살하고 싶은 사람은 아무도 없을 것이라고 생각합니다. 우리 인간은 자신 앞에 놓인 삶의 장벽이 너무 높아 도저히 넘어설 엄두가 나지 않고 또한 뒤로 물러설 수도 없다고 느낄 때 한없이 절망하게 됩니다. 사면초가의 상황에 놓인 인간은 그 절망 앞에서 자신의 나약함과 무기력함을, 그리고 세상의 무관심과 비정함을 한탄하며 삶의 끈을 놓아버리고 싶어 합니다. 이러한 절망적인 인생에 대해 염세주의 철학자 쇼펜하우어는 다음과 같이 말하고 있습니다.

> 인간의 생활은 마치 시계추처럼 언제나 고뇌와 권태 사이를 왕래하고 있다. 이 양자는 인간 생활의 최종적인 요소들이다.

그러면서 그는 다음과 같이 결론을 맺습니다.

> 쾌락이 우리를 행복하게 한다는 것은 하나의 망상으로서 도저히 실제로 이루어지지 않으며, 이런 망상에 사로잡히면 자기 자신에 대하여는 불평을, 남에게 대하여는 질투를 느껴, 언제나 괴로움을 느끼게 마련이다. 그러나 고통은 적극적으로 느끼게 되므로, 행복의 척도는 고통이 없다는 데 있다. 만일 고통이 없고 권태도 느끼지 않으면, 그것으로 이 세상에서 행복의 절정에 이른 것이며, 그 밖의 모든 것은 뿌리도 잎도 없는, 따라서 실재하여 있지 않은 행복의 환상에 불과하다. 그러므로 우리는 고통이나 고통을 초래할 우려가 있는 모험을 지불해서까지 쾌락을 사들일 필요가 없는 것이다.

고통과 권태가 인생의 최종 종착지이며 "행복은 한 조각의 꿈이며, 고통만이 실재이다."는 쇼펜하우어의 염세주의적 생각은 강하게 자살을 충동질합니다. 더 이상 살아보았자 희망이 없다고 생각하기 때문입니다. 그러나 때로는 도저히 넘어설 수 없을 것 같은 절망적인 상황에서도 오뚝이처럼 일어나는 사람도 주변엔 의외로 많습니다. 나만 절망적이라고 생각하는 것은 극히 자기중심적인 생각입니다. 사람은 나름대로 그들만의 말할 수 없는 고통과 짐을 모두가 가지고 살아갑니다. 단지 자기 아픈 손가락만 보이고 남에겐 무관심하여 우리가 잘 모를 뿐이죠. 인간이 저마다 다르듯 같은 상황이라도 삶과 죽음의 갈림길에서 서로 다른 길을 선택하는 것이 인간이라고 생각합니다. 자살을 택할 수도 있고 재기의 발판을 만드는 사람도 있을 것입니다.

그럼, 우리는 이런 상황에서 어떻게 해야 하는 것이 더 좋을까요? 니체는 이런 상황에서 절망 때문에 자살하지 말고 절망에 맞서 싸우라고 합니다. 그도 한때 쇼펜하우어에 매료되었다가 삶의 아름다운 것들을 포기하고 맹목적 삶의 의지(욕망)를 끊어 고통과 권태의 굴레에서 벗어나기 위해 금욕적으로 살았던 적이 있습니다. 허나 니체의 고백처럼 이런 생활은 고통이 무서워 '인생이 주는 모든 즐거움을 거부한 채 단념과 거부, 체념만이 아우성치고' 있었습니다.

그가 쇼펜하우어의 가르침에서 벗어날 수 있었던 것은 욕망에서 비롯되는 고통과 권태라는 굴레를 벗어나기 위해 방 안에 틀어박혀 조용히 살라고 하는 쇼펜하우어식 인생이야말로 고통과 권태의 참의미를 망각한 것이라고 깨달았기 때문입니다. 니체가 볼 때, 인생에서 강한 삶의 의지를 갖고 무언가를 하고자 할 때 고통과 권태는 자연스럽게 따라다니는 당연한 것이기 때문에, 그것을 피하지 말고 있는 그대로 달게 받아들여야 합니다. 그것들은 피한다고 피할 수 있는 것이 결코 아닙니다. 오히려 그것들이 행복은 가져오지 않고 불행만을 가져온다고 생각해 쇼펜하우어처럼 피하려고만 한다면 인생살이에서 고통과 권태의 매를 맞고 있는 사람을 지켜보면서 고통스럽게 매를 기다리고 있는 사람처럼 인생은 더욱 고달플 뿐이라는 것입니다.

이런 삶의 소극적 태도는 고통과 권태가 인간의 위대함을 창출한다는 사실을 망각한 것이라고 말하고 있습니다. 특히 니체는 인간의 위대함은 온갖 고통과 고난 그리고 권태를 밟지 않고서는 오지 않을 뿐 아니라, 오로지 그것들을 이겨낼 때 비로소 찾아오는 것입니다. 더욱이 니체는 인간이 더 높이 날고자 하는 '권력에의 의지'를 가지고 태어났기 때문에 살다보면 고통과 권태가 당연히 따르기 마련이며 이런 것들을 이겨내지 않으면 살아갈 수 없는 운명을 갖고 태어났다는 것입니다. 행복이라는 것은 이런 숙명을 이겨낼 때 부차적으로 찾아오는 삶의 보너스지 우리가 행복을 위해 태어난 것이 결코 아니라고 합니다. 우리는 권력에의 의지를 등에 업고 험준한 인생 역정을 스스로 감내하며 더 높은 인생 고지를 향해 끊임없이 나아가야 하는 것이 우리네 인생살이라는 것입니다.

하지만 사람들은 쾌락주의자들처럼 이런 사실을 모르고 고통과 권태는 될수록 피하고 쾌락과 행복만을 좇으려 하는 경향이 강합니다. 니체가 볼 때, 이건 어리석은 생각일 뿐입니다. 진정으로 자신의 삶을 사랑하고 무언가를 성취하고자 한다면 고통과 권태를 달게 받아들여 그것을 극복하여 한 차원 높은 인생으로 승화시켜야 한다는 것입니다. 인생이 고달프고 힘들다고 우는 것은 바보들이나 하는 짓입니다. 고통과 권태라는 것은 알고 보면 삶을 기름지게 하고 풍요롭게 하기 위한 불가피한 하나의 과정에서 오는 부산물일 뿐입니다. 이런 역경을 극복해야 비로소 인생이 완성되는 것입니다. 그렇지 않고 역경에 힘들어서 자살하고자 하는 것은 삶을 회피하는 나약한 인간의 모습에 지나지 않습니다. 그래서 니체는 진정으로 고귀한 인간이 되려면 인생의 부정적인 것들까지도 거부하지 말고 힘껏 껴안아야 한다고 다음과 같이 말하고 있습니다.

> 가장 훌륭하고 가장 알찬 결실을 남긴 사람들의 삶의 족적을 찬찬히 뜯어보면서, 그대 자신에게 악천후와 폭풍을 견디지 못하는 나무들

이 훗날 거목으로 훌쩍 자랄 수 있을지 한번 물어보라. 불운과 외부의 저항, 그리고 혐오, 질투, 완고함, 불신, 잔혹, 탐욕, 폭력. 이런 것들이 호의적인 조건에 속하는지 꼼꼼히 따져보라. 이런 것들을 경험하지 않고서는 어떤 위대한 미덕도 좀처럼 성장할 수 없다.

그런데 세상은 뜻대로 안 되는 것이 문제입니다. 불행하게도 살다 보면 불행이라는 놈은 연달아 찾아오는 못된 악습이 있습니다. 그 불행에서 벗어나고자 발버둥치면 칠수록 더욱 큰 불행이 찾아올 때가 있습니다. 참으로 난감할 때가 있는 것이죠. 직장에서 쫓겨날 신세이면서 동시에 가정에서 불화가 일어나 이혼할 위기에 빠지고, 게다가 난치병을 선고를 받을 수도 있습니다. 이처럼 마음의 준비도 안 된 상태에서 올라야 할 산봉우리가 여럿일 때에는 아무리 니체와 같이 긍정적인 마음을 가지고 세상을 좋게 보려고 해도 앞이 캄캄하고 숨이 꽉 막히기도 합니다. 그래서 염세주의 철학자 쇼펜하우어는 "인생은 향락을 누리기 위한 것이 아니라 고역을 참아야 하는 고장이다."라고 하였습니다.

그렇지만 그런 때일수록 자기 자신을 더 성숙하고 성장하기 위한 발판으로 생각하고 그것을 달게 받아들이면 힘든 산행도 언젠가는 끝이 나듯 그런 불행과 절망적인 상태도 언젠가 끝이 나기 마련입니다. 그런 때일수록 강한 의지와 끈끈한 인내가 요구될 뿐입니다. 그리고 때를 기다려야 합니다. 권투선수 홍수환이 챔피언이 될 수 있었던 것도 한 회에 4번의 다운을 당하는 절망적인 상황에서도 포기하지 않고 버티면서 한 번의 기회를 잡아 역전 KO승을 거두었기 때문입니다. 그러니 불행이 연속적으로 찾아온다고 하여도 생을 포기하지 말고 불행과 맞서 싸우다 보면 불행도 언젠가 꼬리를 내리고 도망가 그 자리에 희망과 행복이 고개를 살며시 내밀기 시작할 것입니다. 절망과 죽음에 굳건히 맞서는 것, 그것이야말로 진짜 용기 있는 사람이자 작지만 위대한 영웅입니다.

니체는 어떤 위대함도 절망적인 역경 없이는 성장할 수 없다고 하였습니다. 낮고 평탄한 산들을 오르는 것보다 비록 버겁지만 높은 산들을 오를 때 오는 성취감이 더욱 큰 것처럼 당장은 높고 큰 역경이라도 불굴의 의지를 갖고 그 고통을 피하지 말고 맞서서 극복한다면 그 과정은 아름답고 멋진 추억이 되어 웃을 날이 반드시 올 것이라고 생각합니다. 그리고 니체는 남보다 낮은 고지에 오르려면 고통과 절망을 피하면 되지만 남보다 높은 고지에 오르려고 한다면 더욱 고통과 절망에 몸부림쳐 보아야 한다는 것입니다.

그러나 평범한 우리가 갑자기 높은 산을 오를 수는 없습니다. 높은 산을 오르기 위해서는 그에 걸맞은 체력이 필요하고 그러한 체력이 없다면 강력한 의지라도 키워야 합니다. 체력도 의지도 없다면 갈고 닦아서 길러야 합니다. 그게 인생을 사는 의미입니다. 고통과 절망 앞에 무기력하게 무릎 꿇는 사람은 인생의 진정한 의미를 모르는 패배자일 뿐입니다. 진정한 인간 승리는 어떤 고난과 역경이 와도 강력한 의지로 그것을 뚫고 나가는 것입니다. 극도의 비참함이나 어려움이 없이는 자기가 하고자 하는 일을 성취할 수도 없으며 큰 사람으로 태어날 수도 없다는 것입니다. 니체가 볼 때 자살을 통해 절망스런 상황을 회피하려는 것은 진정한 인간의 모습이 아니며, 진정으로 인간이 인간으로 거듭날 수 있으려면 어떤 악조건 속에서도 강한 의지를 갖고 그것을 뛰어넘으려고 노력해야 한다고 다음과 같이 말하고 있습니다.

우리는 피할 수 없는 것이면 무엇이든지 그 고통을 감내하는 법을 배워야 한다. 우리의 삶은, 이 세상의 조화처럼, 달콤하고 거칠고, 예리하고 단조롭고, 부드럽고 떠들썩한, 다양한 음색뿐만 아니라 서로 조화를 이루지 못하는 음색으로 이루어진다.

자. 여러분 인생은 결코 녹록하지 않습니다. 그렇지만 여러분은 어떤 선택을 하시겠습니까? 고통과 절망에 굴복하시겠습니까? 아니면 그것을 딛고 일어서겠습니까? 선택은 자유지만 선택에 따라 인생이 달라질 것입니다. 어울림 철학은 더 나은 미래를 위해 고통과 불행을 피하지 않고 달게 받아들이는 철학입니다. 니체는 아직도 절망에 몸부림치는 이들을 위해 "운명아 비켜라. 내가 간다!"고 외치고 있습니다.

행복에는 정답이 있는가

　우리는 영원한 행복을 꿈꾸고 살지만 '행복의 철학자'로 불리는 루드비히 마르쿠제('일차원적 인간'의 허버트 마르쿠제와 다름)는 '항상 변치 않는 행복'은 일종의 맹신이라 말합니다. 그러면서 우리의 행복은 아주 순간적이고 한정된 행복이라고 하였습니다. 이 세상에 영원하면서도 절대적인 행복이란 없다는 것입니다. 더구나 행복을 좇는 우리의 운명도 영원하지 않습니다. 언젠가는 늙고 병들고 죽어갑니다. 우주에서 볼 때 우리의 인생살이는 하루살이나 마찬가지입니다. 그리고 나이들수록 몸이 자꾸 망가져 삶 자체가 짐이 되기도 합니다. 그러니 우리의 행복은 영원하거나 절대적일 수 없습니다. 잠시 스치고 지나가는 바람 같습니다.

　우리에게 지금 이 순간이 중요한 것도 바로 이 때문입니다. 이 순간을 넘어 먼 미래에 영원한 행복이 올 것이라는 것은 하나의 환상에 지나지 않습니다. 우리들의 즐거움과 쾌락은 지속할 수 없으며, 언젠가는 이 즐거움과 쾌락이 고통과 불행으로 돌변할 수도 있습니다. 그래서 사랑도 영원할 수 없는 것처럼 영원한 행복을 맛본다는 생각부터 지워야 합니다.

또한 언젠가는 '행복해지겠지'라는 막연한 희망부터 없애야 합니다. 살아가면서 순간순간 오는 소소한 즐거움이 우리들이 살아가는 행복의 전부이니 무엇보다도 이 순간에 충실해야 합니다. 지금 즐길 수 있을 때 즐겨야 합니다. 우리는 이러한 현실을 직시하고 지혜를 발휘하여 상황에 따라 그것에 맞게 살아가야 하는 것입니다. 그것이 바로 우리들이 처한 행복입니다. 그래서 우리는 지금 이 순간을 감사하며 즐길 줄 알아야 미약하나마 행복을 느낄 수 있습니다.

또한 우리들이 가는 행복의 길은 사람마다 추구하는 것이 다르기 때문에 서로 다르고 다채롭습니다. 실제로 위대한 철인들조차 행복에 대한 명쾌한 해답을 주지 못하고 행복에 대해 서로 다른 생각만 말하고 있습니다. 동양의 열자나 키레네학파는 육체적 쾌락이 행복으로 가는 길이라고 설파합니다. 반면 에피쿠로스학파는 육체적 쾌락 때문에 불행할 소지가 많으니 육체적 쾌락보다는 정신적 쾌락을 추구해야 한다는 입장입니다. 반면에 수도승처럼 완전한 금욕적 생활이 행복이라고 말하는 사람도 있습니다. 또 서양의 아리스토텔레스나 중국의 자사는 쾌락적 생활과 금욕적 생활의 중간인 중용상태에서 행복할 수 있다고 하였습니다. 공자나 칸트는 개인의 쾌락이나 행복보다는 사회성을 강조하여 마땅히 해야 할 의무와 인격을 강조한 철학자도 있습니다. 반면에 노자와 장자는 우리를 구속하는 도덕적인 삶을 거부하고 무위자연적인 삶에서 행복을 찾았습니다. 미국의 실용주의자들은 행복의 밑거름이 되는 현실의 이익을 중요시 합니다. 이처럼 어떻게 사는 것이 행복한가를 두고는 철학자들 사이에도 서로 상반되는 견해를 가지고 있습니다.

이것은 어찌 보면 행복의 문이 하나가 아님을 말하는 것과 같습니다. 행복으로 가는 길목은 사람마다 각기 다를 수 있고 행복을 결정하는 다양한 요소가 있다는 것을 시사하는 것이라 생각합니다. 쾌락, 금욕, 중용, 도덕, 자연, 이익 등등 삶에는 이런 다양한 요소들이 혼재하고 있고, 사람들은 이런 요소들을 자기 취향에 맞게 취사선택하여 생활하고 있습니다. 쾌락을 좋아하는 사람에게 금욕하라고 하고 금욕적 성향이 강한 사람에게 쾌락을 추구하라면 어떻게 되겠습니까? 이익을 좋아하는 실용적인 사람에게 인격을 강조하고 인격을 추구하는 사람에게 이익을 좇으라고 한다면 어떻게 되겠습니까?

사람은 특별한 경우가 아니면 바뀌지 않기 때문에 변화하기 어렵습니다. 변화해도 아주 조금만 바뀔 수 있습니다. 그래서 루드비히 마르쿠제도 《행복의 철학》에서 "인간은 한 사람 한 사람이 특수한 행복의 잠재능력을 간직하고 있다. 특히 육체적 재능이 주어진 인간이 있는가 하면 정신적 행복이 주어진 인간도 있다. 또 식욕과 성욕이 안겨주는 행복이 있는가 하면……, 어떤 사람은 사색 속에서 행복을 찾아냈고, 어떤 사람은 사색을 망각하는 데서 행복을 발견한다. 행복한 삶의 역사는 길고 다채롭다."고 하였습니다. 그렇기 때문에 행복으로 가는 길은 다양하여 명쾌한 해답이 없다고 생각합니다. 단지 말하고 싶은 것은 이런 다양한 요소들이 조화를 이루어 한쪽으로 지나치게 치우치게 해서는 안 된다는 것입니다. 자기 취향에 맞는다고 하여 한쪽으로 지나치게 치우치면 지나친 금욕이나 쾌락 추구가 몸을 상하게 하듯 행복보다는 불행할 소지가 많기 때문입니다. 다양한 요소들을 자신에 맞게 적절히 어울릴 수 있도록 조화시키는 것이 행복으로 가는 관문이 되는 것입니다. 사색을 좋아하면 사색을 즐기면 되고 운동을 좋아하면 운동을 즐기면 됩니다. 단지 다른 것과 화합하면서 지나치지 않도록 하여 삶의 균형을 이룰 수 있도록 노력해야 한다고 생각합니다.

이런 다양성 때문에 수학 방정식은 있어도 인생 방정식은 없는 겁니다. 행복의 길은 마르쿠제의 지적처럼 자기에 맞게 살아가야 한다는 '자신의 창조물과 같다는 생각이 듭니다. 그러니 행복하게 살려면 스스로 성찰하며 인생의 개척자의 길을 가야 합니다. 행복도 자신의 취향에 맞게 설계해야 하는 것입니다. 남을 모방하는 것은 자신의 행복을 망칠 수 있습니다. 그래서 장자는 "오리다리가 비록 짧지만 이어주면 고생이고 학의 다리가 길지만 끊으면 비극이다. 그래서 본성이 긴 것은 잘라서는 안 되고 본성이 짧은 것은 이어서는 안 된다."고 말하면서 자신의 천성이나 개성에 따라 사는 것이 행복으로 가는 길이라고 말하고 있습니다.

행복을 위해 인생의 개척자가 되어야 한다는 말은 그만큼 노력해야 한다는 말과도 같습니다. 때론 고독과 싸우고 고뇌를 씹으며 성찰하고 반성을 통해서 자신의 길을 암중모색해야 한다는 것입니다. 그런데도 사람들은 돈을 버는 데는 많은 것을 투자하면서도 인생에 대해서는 투자하기를 싫어합니다. 행복하기를 바라면서도 인생에 대한 투자를 게을리하는 모순적인 삶을 살아가는 것입니다. 삶에 대해 너무나 인색하고 그럭저럭 생각 없이 살아가는 삶의 형태를 보입니다. 한마디로 반성 부재, 철학 부재입니다. 정말 조금이라도 행복한 삶을 살고 싶다면 성찰하여 자신이 가고자 하는 길을 밝혀야 하지만 이런 노력을 하는 사람은 주변을 둘러봐도 별로 없습니다. 사람들 대다수가 철학 자체를 좋아하지 않습니다. 그러니 삶이 빈곤해지고 행복한 삶을 맛볼 수 없습니다.

어울림의 철학은 이런 가치 없는 삶을 덜어드리고자 미약하나마 행복으로 가는 문을 열어 드리려고 노력하는 철학입니다. 어울림의 철학은 누구를 모방하거나 흉내내지 않고 자기 자신을 성찰하여 자기 자신에게 어울리는 행복, 그런데 그 행복은 창문 너머 저 멀리 있는 무지개 같은 행복이 아니라 일상적이고 작은 것에 만족하는 '순간적인 행복'이며, 우리는 늘 그런 행복이 있음에 감사하는 '겸허한 인간'이 되어야 한다는 것을 말하고 싶습니다. 작은 즐거움에 만족할 줄 알아야 행복이라는 '좁은문'에 그나마 들어갈 수 있습니다.

이어령 교수의 마지막 가르침

2022년 2월 26일 우리나라 초대 문화부 장관이자 작가이자 교수인 이어령 교수가 세상을 떠났습니다. 세상을 떠나기 전에 이어령 교수는 자신은 성공한 삶을 산 것이 아니라 실패한 삶을 살았다고 후회스런 말을 남겨 사람들 사이에 많이 회자되고 있습니다.

그는 사람들로부터 "존경은 받았으나 사랑은 못 받았다. 그래서 외로웠다. 다르게 산다는 건 외로운 것이다. 남들이 보는 이 아무개는 성공한 사람이라고 보는데, 나는 사실상 겸손이 아니라 실패한 삶을 살았다는 것을 느낀다. 세속적인 문필가로, 교수로, 장관으로 활동했으니 성공했다고 할 수 있을 것이다. 그러나 나는 실패한 삶을 살았다. 겸손이 아니다. 나는 실패했다. 내게는 친구가 없다. 그래서 내 삶은 실패했다. 혼자서 나의 그림자만 보고 달려왔던 삶이다. 동행자 없이 숨 가쁘게 여기까지 달려 왔다. 더러는 동행자가 있다고 생각하지만 나중에 보니 경쟁자였다. 정기적으로 만나 밥 먹고 커피 마시면서 수

다를 떨 수 있는 친구를 만들어야 삶이 풍성해진다. 나이 차이, 성별, 직업과 관계없이 만나 이야기할 수 있다면 외롭지 않을 것이다. 조용히 얘기를 듣고, 얘기를 나누고 조용히 미소 짓는 그런 친구가 있다면, 그것이 성공한 인생이다."라고 자신의 인생을 술회하였습니다. 이어령 교수는 경쟁에서 이겨 겉보기에 성공한 삶을 산 것처럼 보였으나 서로가 어울릴 수 있는 인생의 진정한 동반자가 없어 실패한 삶을 살았다는 것입니다.

이어령 교수의 말을 곱씹어 보면, 인생에서 '어울림'이 왜 중요한지를 알 수 있다고 생각합니다. 아무리 지금 가진 것이 많아도 진정으로 사람과 사람끼리 어울릴 수 없다면 이어령 교수처럼 후회스런 삶을 산다는 것입니다.

우리는 지금 어울림의 상실 시대에 살고 있다고 생각합니다. 사람들 자체가 성공의 논리에 빠져 경쟁에서 이기려고 하는데다 황금만능주의 세상에서 살다 보니 사람들 관계가 너무나 표피적으로 흐르고 희로애락을 같이 할 수 있는 진정한 동반자가 없기 때문입니다. 이런 사회적 분위기 때문에 '활동형 외톨이'와 '나 홀로 족'이 늘어나고 있습니다. 이어령 교수의 말처럼 우리들은 이 얼마나 불행한 세상에 살고 있는 것입니까?

인간은 태어날 때부터 외로움을 타는 사회적 동물로 태어났습니다. 혼자 있으면 괴로운 것이고 혼자라는 생각보다 무서운 것이 없죠. 밥도 혼자 먹으면 맛이 없고 술도 혼자 먹으면 쓰디쓸 뿐입니다. 지금 우울증이 범람하는 것도 어울리지 못하는 외톨이가 그만큼 많다는 이야기죠. 우울증은 개인주의와 이기주의를 낳은 자유주의의 사생아라고 생각합니다. 게다가 세상은 결코 녹록하지 않습니다. 경쟁이 치열하여 살아남기 위해 그만큼 고통과 괴로움을 짊어지고 살 수밖에 없습니다. 그래서 삶을 같이할 수 있는 동반자가 반드시 필요합니다. 인생의 동반자인 친구가 있으면 행복과 고통을 나눌 수 있어 즐거움은 배가 되고 고통은 반으로 줄어들 수 있지만, 친구가 없다면 즐거움은 반이 되고 고통은 배가 됩니다. 그러니 살아가면서 친구만큼 소중한 것은 없는 것입니다. 친구는 희로애락을 같이할 인생의 든든한 의지처인 것입니다.

더욱이 세상의 인정은 참으로 매정합니다. 사람들은 '굶주리면 달라붙지만 배부르면 떠나가며, 따뜻하면 몰려들지만 추우면 떠나 버리고' 맙니다. 세상에 영원한 승자는 없습니다. 그러니 결국에는 혼자일 수밖에 없고 나이 들수록 사회의 변방으로 몰려 외로움과 처절히 싸움을 할 수밖에 없습니다. 세계적 명성을 얻은 아인슈타인조차 그 명성에도 불구하고 노년에 외로움을 하소연까지 하였습니다. 아무리 사회적으로 성공했다고 해도 그 나름대로 외로움은 있는 법입니다. 아니 사회적 명성이 크면 클수록 어어령 교수의 호소처럼 더 외로울 수 있습니다. 그 명성 때문에 아무나 어울릴 수 없기 때문입니다. 이어령 교수도 나이, 성별, 직업에 상관없이 친구를 만들어야 한다고 말하지만 어찌 장관까지 한 분이 평범한 우리처럼 아무나 만날 수 있겠습니까? 그래서 그만큼 더 외로움과 처절히 싸울 수밖에 없었던 것입니다. 자신이 어려울 때 친구가 없을 때는 외로움이 뼛속까지 파고드는 것입니다.

이런 삭막한 세상 속에서 인생의 동반자로서 친구들의 호의는 세상을 살아가는데 크나큰 지원군 역할을 합니다. 주변에 친구가 있으면 평상시 수다를 떨어 스트레스를 풀 수 있고, 기쁠 때 만나 같이 나누고, 자신이 심각한 고민에 빠져 있을 때 속마음을 털어 놓을 수 있습니다. 또한 힘들 때 위로가 되고 어려울 때 기댈 수 있는 그런 친구가 있어야 인생이 든든해지는 것입니다. 그렇기 때문에 친구들이 많으면 많을수록 만사가 잘 풀리게 되고, 또한 나이가 들어서는 외로움을 달랠 수 있는 인생의 동반자가 되는 것입니다. 그러니 우리는 경쟁에서 이기려고만 하지 말고 평상시 인생의 동반자를 만들어 어울릴 수 있도록 노력해야 합니다. 그렇다고 무턱대고 친구를 사귈 수는 없습니다.

처음부터 친구를 사귈 때는 오래 지속될 수 있는 친구를 사귀는 것이 좋습니다. 그러기 위해서는 좋은 사람을 골라서 사귀어야 합니다. 친구들 중에도 우정이란 탈을 쓰고 불행을 몰고 오는 사람도 얼마든지 있습니다. 그래서 상처받기 쉬우면서 깨지기 쉬운 교제는 처음부터 맺지 않는 것이 바람직합니다. 친구라면 무릇 믿음뿐만 아니라 최소한 의리가 있어야 하는 것이죠. 특히 친구가 곤경에 빠졌을 때 관중과 포숙처럼 도움의 손길을 내밀 수 있어야 진정한 친구이지 모르는 사람처럼 본체만체하는 사람은 진정한 친구가 아닙니다. 그래서 공자는 "유익한 벗이 셋 있고, 해로운 벗이 셋 있으니, 정직한 자와 성실한 자와 박학다식한 자를 벗하면 유익하고, 아첨하는 자와 성실하지 못한 자와 말 둘러대기를 잘 하는 자를 벗하면 해롭다."고 말하면서 친구도 가려서 사귈 것을 주문했습니다.

우리는 인생의 동반자를 만들기 위해서는 될 수 있으면 관중과 포숙처럼 친구들과 오래토록 지속될 수 있도록 노력하는 것이 낫습니다. 우정도 산전수전을 겪은 다음에야 꽃을 피우는 법입니다. 아무리 서로 좋아해도 짧은 만남은 우정으로 싹트기 어렵습니다. 특히 이해관계로 만난 친구는 오래 갈 수 없습니다. 술을 먹기 위해 만나는 술친구도 오래 갈 수 없습니다. 서로가 서로를 응원하고 위로해 주는 친구만이 묵은 장과 같이 오래 갈 수 있습니다. 그래서 장자는 "군자의 교제는 물과 같이 담백하여 영원히 변함이 없고, 소인배의 교제는 단 술과 같아 오래 가기 어렵다." 라고 하였습니다.

허나 지금은 이런 친구를 만들기가 너무나 어렵습니다. 옛 친구를 고집할 수만은 없는 시대입니다. 산업화되고 아파트 문화가 발달하여 친구들조차 뿔뿔이 헤어지게 만들었습니다. 나이 들어 거리가 멀어지면 만날 수 없어 자동 멀어지게 되니 오래된 친구를 끝까지 유지하기가 어렵습니다. 그러니 나이가 들었어도 가까이 있는 사람이 있으면 새로이 사귀려고 노력해야 합니다. 너무 옛 친구만 고집하다가 이어령 교수처럼 나이 들어 외로움에 시달릴 수 있습니다. 나이가 들었어도 새로운 친구를 만들려고 노력해야 황혼의 외로움에서 조금이나마 벗어날 수 있습니다.

우리는 나이가 들어도 서로를 위로할 수 있는 길동무를 만들려고 노력해야 합니다. 그저 막연히 친구가 생기겠지 하고 무심코 시간을 보내면 안 됩니다. 적극적으로 주변에 사람이 있으면 소통하려고 노력해야 합니다. 세상은 다양하니 친구도 다양할수록 좋습니다. 친구라 해도 다 다른 역할을 합니다. 그래서 때론 진지하게 인생을 논하는 친구도 필요하지만 술친구도 필요한 법이며, 등산도 하며 바둑을 즐길 수 있는 친구도 필요합니다. 마음을 터놓고 대화할 수 있는 이성 친구가 있다면 금상첨화라 생각합니다. 이성 친구는 동성 친구가 줄 수 없는 포근함과 짜릿함이 있어 좋습니다. 그래서 나이 들어 혼자라면 이성 친구를 만드는 것은 새 활력소 역할을 할 수 있으니 이성 친구들과 대화하며 여생을 보내는 것도 고려해 볼만한 일이라고 생각합니다.

외로움과 싸울 수 있는 친구라면 굳이 군자 같은 친구만 만들려고 할 필요가 없습니다. 시간의 무게 때문에 지쳐 친구도 필요에 따라 떠나기 마련이니 가는 친구 붙들 수 없듯이, 시간은 항상 새롭게 다가오므로 오는 친구를 굳이 막을 필요는 없습니다. 새 술은 새 부대에 담아야 제격입니다. 그렇다고 굳이 넓은 인맥을 만들려고 노력할 필요는 없습니다. 인맥이 많다 보면 비용도 많이 들어갈 뿐만 아니라 신뢰성이 없어 그만큼 상처 받기도 쉽습니다. 단지 인생을 외로이 살지 않아도 될 만큼의 친구가 필요하다고 생각합니다.

그런데 이와 반대로 쇼펜하우어와 같은 사람은 남과의 접촉은 반드시 여러 가지 혐오나 손실, 위험과 불쾌를 줄 수 있고 고독할 때만이 진정 자유로울 수 있기 때문에 사람과 사귀지 말라고 충고하기도 합니다. 다시 말해 친구를 사귀는 것보다 혼자 사는 것이 좋다는 것입니다. 그는 남과는 개성과 기질이 달라 항상 마찰이 불가피하므로 남과 굳이 사귀려 하지 말고 자기와 대화하고 합일하는 고독만이 평안하고 행복한 생활을 가져온다고 다음과 같이 말합니다.

> 요컨대 인간은 객관적으로나 주관적으로나 남과 교섭이 적을수록 행복한 생활을 즐길 수 있는 것이다. 고독한 생활에 따르는 모든 손실은 미리 손을 써서 대책을 강구할 수 있지만, 사교적인 생활은 거짓과 사기에 충만하여, 유흥이나 담소나 쾌락의 이면에는 영원히 회복할 길

이 없는 위해가 때때로 숨어있다. 그러므로 청년시절부터 고독만이 참된 행복과 마음의 안정을 가져오는 것임을 깨닫고 고독을 사랑하며 고독을 감당하는 방법을 배우는 것이 무엇보다도 중요하다.

물론 쇼펜하우어 말대로 친구를 사귀는 데는 많은 어려움이 있습니다. 때로는 친구라는 사람에게 발등 찍히는 경우도 흔히 볼 수 있습니다. 허나 이것은 세상을 살아가는데 불가피한 측면이 있습니다. 친구 중에도 사악한 마음을 품고 있는 사람이 얼마든지 있기 때문입니다. 그렇다고 친구를 처음부터 사귀지 않는 것은 니체 주장처럼 구더기 무섭다고 장을 담그지 않는 것과 마찬가지입니다. 친구 중에는 해악을 주는 친구도 있지만 유익한 친구도 많은 것입니다. 특히 외롭고 쓸쓸함을 달래주는 친구의 역할은 무엇으로도 대체할 수 없습니다. 더 나아가 내 자신이 어려울 때 도와주는 친구야말로 인생의 최고의 선물이 아니겠습니까? 그러므로 구더기 무섭다고 친구를 사귀지 말라는 쇼펜하우어 충고는 그다지 바람직한 충고가 아니라고 생각합니다. 어찌 됐든 인간은 어울려야 살맛이 나는 동물입니다. 그러므로 친구가 있는 삶이 친구가 없는 삶보다는 낫다고 봅니다. 이어령 교수의 마지막 말이 바로 이것을 증명한다고 생각합니다. 영화배우이면서도 말년에 사랑을 실천한 천사로 알려진 오드리 햅번도 "가장 두려워해야 하는 것은 나이를 먹는 것이 아니라 외로운 삶이고 애정이 결핍된 삶이다."라고 말하면서 노년에 애정이 결여된 외로운 삶이 얼마나 무서운 것인가를 강조하고 있습니다.

그리고 고독을 이겨내려면 늙을수록 자족력을 길러야 합니다. 우선

근육을 키워 건강을 유지하는 것이 무엇보다도 중요합니다. 그래서 매일 운동을 해서 스스로 움직일 수 있는 능력을 키워야 합니다. 건강이 무너져 아무 것도 할 수 없다면 삶이 무슨 의미가 있겠습니까? 그래서 나이 들수록 운동을 하여 홀로 설 수 있는 능력을 키워야 합니다. 그러고 나서 먹는 문제부터 집안 청소까지 스스로 해결하려고 노력해야 합니다. 그래야 하루라도 보람찬 시간을 보낼 수 있습니다. 그렇지 않고 남에게 의존하는 것은 남아도는 시간을 주체할 수 없어 정신 건강에도 좋지 않습니다. 그리고 고독도 즐길 줄 알아야 합니다. 고독은 그 누구도 피할 수 없습니다. 그러니 고독하다고 괴로워할 것이 아니라 그 고독을 통해 진정한 나 자신을 실현할 수 있도록 노력해야 합니다. 취미를 만들어 인생을 가꾸고 성찰하여 인생을 아름답게 만드는 것입니다. 우정과 고독과의 조화, 이것이야말로 노년의 멋진 인생의 터전입니다.

그리고 진정 친구를 얻고 싶다면 자신의 아픈 곳을 장황하니 하소연하거나 자기 자랑을 늘어놓기 보다는 먼저 상대방에게 관심을 보여 주는 것이 바른 방법입니다. 상대방의 일에 관심을 보이지도 않으면서 자신의 이야기만 말하는 것은 결코 상대방을 내 사람으로 만들 수 없습니다. 진정한 친구를 얻고 싶다면 나 자신이 원하는 것보다는 상대방을 존중하여 상대방이 원하는 것을 듣고 상대방을 이해하려는 노력이 선행되어야 합니다. 특히 친한 친구라고 하여 평상시 거친 말투와 욕설을 스스럼없이 하는 것은 금물입니다. 거친 말투와 욕설, 그리고 비난은 상대방을 무시하는 것이나 마찬가지입니다. 진정한 친구라 하면 설령 잘못이 있어도 그것을 눈감아 줄줄 알고 다정다감한 말을 하여 서로를 위로하려고 노력해야 합니다. 그래서 톨스토이는 "인생은 짧다. 그러므로 우리는 이 짧디 짧은 인생의 여행길에서 주위에 있는 길동무의 마음을 무엇보다도 먼저 기쁘게 하는 데 힘을 써야 하지 않을까?"라고 말하였습니다.

   우리는 사회적 성공이 목적이 될 수는 없습니다. 우리들의 삶이 가야 할 길은 단순히 성공이 아니라 바로 서로 간 어울림에 있습니다. 이것이 바로 이어령 교수가 우리에게 남긴 마지막 가르침이라고 생각합니다. 여러분도 이러한 가르침을 통해 어울림이 인생살이에서 얼마나 소중한 가치인지를 깨달았으면 합니다.

진정한 행복의 조건은 무엇인가

먼저 20세기 초 세계 최고의 갑부가 된 록펠러 이야기로 시작하겠습니다. 그 당시 석유왕이 된 록펠러는 승승장구 하여 세계 최고의 갑부가 되었지만 53세 나이에 머리카락과 눈썹이 빠지고 몸이 마르는 이상한 병에 걸리게 됩니다. 설상가상으로 55세 때는 의사로부터 1년 이상 살 수 없다는 사형선고까지 받습니다. 돈에 항상 목말라 앞만 보고 온 록펠러에게는 청천벽력과 같은 소식이었습니다. 하지만 그에게 뜻하지 않는 소생 기회가 찾아옵니다. 마지막 진료를 받기 위해 병원에 갔을 때 병원에 있는 성경 구절, 즉 "주는 것이 받는 것보다 복이 있다."라는 말을 보게 되면서 그의 인생이 완전히 뒤바뀌게 됩니다.

그 글귀를 보면서 록펠러는 지금까지 살아온 자신의 삶이 완전히 잘못된 것임을 깨닫고 하염없이 눈물을 흘리게 됩니다. 그 때부터 록펠러는 다른 사람을 돕기로 합니다. 때마침 딸의 입원비가 없어 입원시킬 수 없는 어느 부인을 보면서 그는 몰래 입원비를 지불합니다. 그리고 그 어린 딸이 회복되는 것을 바라보면서 비로소 진정한 행복이 무엇인지를 깨닫게 됩니다. 행복은 돈을 많이 소유하는 데서 오는 것이 아니라 그 돈을 다른 사람을 위해 쓸 때 온다는 것을 깨달은 것입니다.

인간은 근본적으로 사회적 동물이므로 자기만 만족하고 행복할 수 없고 다른 사람과 나누어 더불어 만족하고 행복할 때 비로소 행복할 수 있다는 것입니다. 병이 나은 후 그는 이러한 깨달음을 실천하며 98세까지 살았습니다. 그는 자신의 인생을 회고하면서 "저는 인생의 전반기는 쫓기고 살았습니다. 그렇지만 후반기 43년은 행복의 한복판에서 살았습니다."라고 술회하였습니다.

왜 록펠러는 최고의 부자가 되었으면서 몸이 병들게 되었을까요? 사람들은 갑자기 돈이 많아지면 어깨를 으쓱이며 목이 뻣뻣해진다고들 합니다. 그래서 톨스토이는 "부귀는 사람을 오만, 잔인, 독선적인 어리석음과 방탕에 길들게 한다."고 했습니다. 부자가 되는 순간 그 사람은 자기 잘 난 맛에 취하고 탐욕에 젖어 잔인하고 거의 인정머리가 없다는 것입니다. 게다가 부자가 되면 재산을 잃을까봐 안절부절 못하고 누구에게 빼앗길까봐 자신도 모르게 사람들로부터 일정한 거리를 둔다는 것입니다. 당시 최고의 부자였던 로마의 철학자 세네카는 "재산 문제는 우리를 괴롭히는 다른 모든 것을 훨씬 압도한다."고 고백하였습니다. 천석꾼은 천 가지 걱정, 만석꾼은 만 가지 걱정을 하는 것입니다. 부자들이 대체로 웃음이 적은 것도 돈을 벌기 위해 그만큼 치열한 삶을 살아야 하기 때문입니다. 록펠러와 같은 억만 장자는 더 많은 돈을 벌기 위해 억만 가지의 걱정을 하고 살았다고 볼 수 있습니다.

우리는 록펠러를 통해서 모든 것이 돈으로만 해결되는 것이 아니라는 것을 알아야 한다고 생각합니다. 때로는 돈에 대한 탐욕 때문에 인간관계가 악화되어 인생이 파국으로 치닫는 경우도 많습니다. 승자가 되기 위해서는 끊임없이 경쟁자를 물리치고 때로는 불법까지 저지르며 수많은 사람들의 희생을 감수해야 하기 때문입니다. 우리는 대기업 회장들이 불법을 저질러 감옥에 가는 것을 심심치 않게 볼 수 있습니다. 그래서 부자들은 버는 만큼 고통과 고뇌에 시달린다고 할 수 있습니다. 또한 로또 복권에 1등으로 당첨된 사람들 대다수가 돈 문제로 싸움이 일어나 파국을 맞이하였다는 것은 돈으로 행복을 살 수 없다는 것을 여실히 보여줍니다. 그래서 돈만 많으면 된다는 생각부터 지워야 합니다.

행복은 돈보다도 좋은 인간관계에 기초한다고 볼 수 있습니다. 아무리 가진 것이 많아도 인간관계가 나쁘면 매사에 긴장되어 세상사는 즐거움이 사라지지만 돈이 없어도 인간관계가 좋으면 얼마든지 행복하게 살 수 있습니다. 그래서 돈 때문에 인간관계를 무시하면 결코 행복하기 어렵습니다.

인간은 사회적 동물이므로 어울려 살 때 가장 행복할 수 있습니다. 그런데 어떤 사람은 록펠러는 부자이기 때문에 그럴 수 있고 자신은 가진 것이 보잘 것이 없어 그럴 수 없다고 변명할 수 있습니다. 허나 꽉 쥐려고 태어난 인간이 남에게 내 주는 것은 말처럼 결코 쉽지 않습니다. 그래서 철학자이자 대부호였던 세네카는 "주는 것이 쉽다고 생각하는 자가 있다면 잘못이다. 기분 내키는 대로 돈을 뿌리는 것은 어떨지 몰라도, 적어도 숙고한 끝에 재물을 내준다면 주는 일은 매우 어려운 일이다."고 하였습니다. 부자가 아니더라도 인간의 강한 소유욕 때문에 돈을 선뜻 내준다는 것은 그만큼 어렵다는 것입니다. 특히 부자들 중에는 아주 탐욕스런 사람이 많아 남에게 베푸는 것을 극도로 싫어하는 경향이 있습니다.

허나 우리는 혼자 살 수 없습니다. 아무리 경쟁 사회라도 형제가 있고 한편으론 친구가 있고 이웃이 있어야 살맛이 납니다. 왜 우리보다 훨씬 가난한 방글라데시 사람들이 우리보다 더 행복하다고 느낄까요? 그들에게는 아직도 나누는 미덕이 살아있기 때문이라고 생각합니다. 그들은 빵을 사면 모르는 사람에게도 나누어 주는 미덕이 살아있습니다. 그런데 왜 우리는 나만 잘 되면 된다는 생각으로 쥐려고만 하는지 우리 자신이 천박한 자본주의 논리에 빠져 있는지 생각해 보지 않을 수 없습니다. 아무리 돈이 좋은 세상이지만 친구가 있고 이웃이 있어야 결국 나 자신도 있는 것이 아니겠습니까? 그래서 루소는 "함께 웃고 나누었던 추억과 함께 나눈 불행은 사람들의 마음을 결합시킨다."고 하였습니다. 같이 어울려 동고동락할 때 그만큼 행복지수가 높아가고 불행할 때는 불행이 반감되는 것입니다. 이게 인간관계에서의 어울림의 법칙입니다. 같이하면 행복은 배가 되고 불행은 반으로 줄어드는 것입니다. 우리가 애경사를 될 수 있으면 성대하게 치르

는 것도 바로 이런 어울림 법칙 때문입니다. 그래서 칼 힐티도 만족스런 삶을 살기 위해서는, "자기의 수입 중에서 설령 소액이라 해도 일정한 액수를 자선적인 목적을 위해서 쓰는 것부터 시작해야 한다."고 하였습니다.

우리는 가까운 사람들과 함께 즐거움을 나눌 때 가장 큰 행복감을 느낄 수 있지만 그걸 알면서도 소유에 대한 강박관념 때문에 남에게

베푼다는 것이 결코 쉽지 않습니다. 먼저 나누려면 일단은 선의지도 있어야 하지만 자기 자신이 적은 것에 만족할 줄 알아야 합니다. 사치하는 사람은 아무리 부자라도 자기 쓰기에 바쁘기 때문에 남을 도울 여력도 생각도 없습니다. 그러나 스스로 작은 것에 만족할 줄 알아야 남을 생각할 여유가 생기는 것입니다. 그래서 톨스토이는 만족할 줄 알아야 남을 생각한다고 다음과 같이 말하고 있습니다.

> 아무리 많은 것을 가지고 있어도 작은 것에 만족할 줄 모르는 사람에게는 자비라는 것이 없다. 적은 것에 만족하는 사람만이 자비로울 수 있다. 자비의 전제조건은 작은 양에 만족하는 일이다.

먼저 나누기를 실천하기 위해서는 자신의 물건부터 살펴보고 자신이 소유한 물건 중에 잘 쓰지 않는 물건들이 있다면 그것들을 정리해 주변에 나누어 주는 것에서 시작해야 합니다. 먼지 쌓이도록 가만히 묵혀 둘 것이 아니라 아깝더라도 과감히 나누어 주는 것이 나눔의 시작입니다. 쓰지도 않으면서 쓸데없이 신경 쓰는 것보다 나눔을 통해 얻을 수 있는 행복감이 훨씬 낫다고 생각합니다. 남에게 주는 것은 단순한 의지만으로 되지 않기 때문에 이런 실천을 통해 습득하지 않으면 넘치더라도 결코 남에게 주는 것이 쉽지 않습니다. 그러나 일단 남에게 주는 것이 습득되면 그것은 인생 최대의 기쁨이 됩니다.

인간이 가장 아름다울 때가 언제라고 생각합니까? 바로 인정이 넘치는 인간미가 있을 때라고 생각합니다. 또 언제 인간의 모습이 가장 추악하다고 생각합니까? 바로 자신의 탐욕을 위해 약자를 짓밟을 때라고 생각합니다. 또 죽을 때 가장 후회하는 것은 무엇이라고 합니까? 남을 괴롭히고 죽였을 때라고 생각합니다. 그래서 톨스토이는 "끊임없이 보다 좋은 사람이 되어간다. 여기에 인생의 진실한 사업이 전부 포함되어 있다."라고 하였습니다. 톨스토이 말처럼 우리도 인생의 진실한 사업을 하려고 한다면 돈만 벌려고 하지 말고 인간미 넘치는 매력적인 사람이 되도록 노력해야 한다고 생각합니다.

어울림의 철학은 행복한 삶을 위해서는 어울림을 원칙으로 합니다. 좋은 인간관계를 형성하려면 무엇보다도 상대에게 베풀 수 있는 인간미가 있어야 합니다. 돈은 많은데 상대방을 위해 누구에게든 돈은 쓰지 않는 냉혈한은 행복한 삶을 살 수 없습니다. 그래서 철학자 베이컨은 "자랑하기 위한 부는 결코 안 된다. 바르게 얻고 성실히 쓰고 기꺼이 나누고 만족스럽게 남길 수 있도록 해라."고 말하였습니다. 프랭클린의 《덕의 기술》에도 '프랭클린의 선택은 무엇인가'에 대해 남에게 베푸는 덕스런 삶이 프랭클린의 사명임을 다음과 같이 기술하고 있습니다.

> 자신의 이익만 인식할 뿐 다른 사람의 이익을 생각하지 못하면서
> 행복을 찾아 자신을 파멸의 길로 몰고 가는 사람이 많다.
> 역사는 권력과 영화를 좇았으나
> 불명예와 멸시의 길을 걸은 왕들의 이야기를 기록한다.
>
> 대중매체는 부와 명성을 좇다가
> 치욕과 감금의 길을 걸은 재능 있는 사람들의 이야기를 기록한다.

개인의 경험은 쾌락을 좇았으나

변덕과 낭비의 길을 걸은 친구와 사랑하는 이들의 이야기를 기록한다.

모든 인간의 경험은 우리가 원하는 것을 얻기 위해

어리석고 가치 없는, 혹은 해로운 경우에 빠진다면

중요한 일을 성취하는 데 필요한 마음의 정화와 행동의 자유를 박탈당함을 보여준다.

잘못된 이기심을 추구하는 자연스러운 본능을 극복하기 위해,

프랭클린은 부자로 죽는 것보다 쓸모 있는 사람으로 살며

얻는 것보다 많이 베풀고

인기를 얻는 일보다는 옳다고 믿는 일을 행하고

개인의 이익보다 대중의 이익을 앞세우며

비록 자신의 지위와 재산을 버리더라도

다른 사람에게 해로운 일에는 결코 빠지지 않는 쪽을 선택했다.

어울림 철학은 자신을 위해서라도 남에게 빵 한 조각이라도 기꺼이 나누어 줄 것을 권고합니다. 만일 가진 것이 없으면 석가모니 가르침처럼 마음으로 정성을 다하고 몸으로 공양하며 훤한 얼굴과 즐거운 낯빛, 부드러운 말을 하여 상대를 대하는 것도 또 하나의 나눔이며 베풂입니다. 우리는 사랑의 실천이 남을 위하기도 하지만 자신을 위한 일이기도 하다는 것을 알아야 합니다.

돈의 철학

돈은 처음에는 번거로운 물물 교환 대신 물품 교환의 수단으로 만들어졌습니다. 그것은 처음에는 소유하기 위한 것이 아닌 사용하기 위해 존재해 왔습니다. 물물 교환의 시대에는 불필요한 물품을 소유할 필요가 없었습니다. 노동의 대가로 받은 생산물을 가지고 필요한 다른 물품으로 교환하던 때에는 지금 당장 불필요한 물품은 오히려 짐이 될 뿐이었습니다. 가볍고 소유하기 편리한 화폐가 등장하면서 돈은 교환 수단을 넘어서 점점 축적의 대상이 되었습니다.

무한한 영리추구를 갈구하는 자본주의는 화폐발달에 힘입어 무한한 자본축적을 할 수 있게 되었습니다. 특히 지금과 같이 신용을 담보로 화폐를 마구 찍어내면서 돈은 더욱 더 무한한 축적이 가능해진 것입니다. 무한한 자본축적이 가능해지자 자본가들은 노동자의 노동을 착취해서라도 자본을 축적하려고 하였습니다. 그래서 마르크스는 이런 부당함을 없애기 위해 능력에 따라 일을 하지만 필요에 따라 분배해야 한다고 주장하면서 돈을 사유하여 축적하는 것보다 공유하여 나누는 것이 모두를 위한 것이라고 주장하였습니다. 그러나 개인주의적 자유주의자들은 자신의 노력으로 번 돈은 자신의 소유라고 강력하게 주장하면서 남에게 나누어줄 수 없다고 강력하게 반발합니다. 우리가 내야 할 세금조차 냉철하게 비판하였습니다. 자산의 공유를 강력하게 반대하는 신자유주의적 정의론자, 로버트 노직은 세금은 자유권과 소유권에 대한 일종의 강탈이라고 다음과 같이 항변하고 있습니다.

> 누군가의 노동의 대가를 강탈한다면 그 사람에게서 시간을 강탈하고 그에게 다양한 활동을 강요하는 것이나 마찬가지다.

'각자에게 각자의 몫'을 주장하는 노직과 같은 자유주의자들에 있어 자산의 소유권은 오로지 개인에게 있기 때문에 개인이 다른 사람의 이익을 위해 희생되어서는 절대 안 된다는 것입니다. 그들은 냉혈동물처럼 공공의 이익을 위해 강제성을 띠는 세금조차 개인의 자유와 소유권을 침해하는 것이라고 주장하고 자신이 번 돈은 오로지 자신만을 위해서 써야 한다고 주장하는 것입니다. 이런 자유주의자들은 아주 합리적인 것처럼 보이지만 실은 합리성을 가장한 냉혈동물처럼 보이고, 인정이나 의협심은 그들에게서는 눈꼽만큼도 찾아볼 수 없는 정글의 법칙의 수호자처럼 보입니다.

문제는 돈이란 것이 그들이 보는 것처럼 그렇게 순순하지 않다는 것입니다. 자신의 노력으로 돈을 벌었다지만 때로는 자신의 능력 이상으로 돈을 벌 수 있는 것입니다. 자신의 능력 이상으로 돈을 벌었다는 것은 무엇을 말하는 것일까요? 그것은 다른 사람의 노력을 훔치지 않고는 불가능하다는 것입니다. 결혼까지 포기하는 비정규직의 서러움은 무엇을 의미하는 것일까요? 마르크스는 이것을 '노동의 착취'라고 말하고 있습니다. 마르크스가 볼 때 자본주의 사회에서의 돈은 노동의 착취를 통해 자본가에 의해 축적되고 인간을 소외시키는 주범이라고 말하고 있습니다. 자본가들이 노동의 착취 없이 순수하게 자신의 노력만 가지고는 막대한 부를 누릴 수 없기 때문입니다. 권력에의 의지를 내세우며 각자도생을 강조하는 니체는 남의 것을 탈취하고 착취하는 것이 인간의 자연스런 본능이라고까지 말하고 있습니다. 톨스토이도 그 당시 농노 제도를 보면서 "부자들은 궁핍과 과도한 노동의 결과로 사망하는 노동자의 괴롭고 비참한 상태를 잘 알면서도(이것을 모르는 것은 불가능하다.) 태연히 노동자들의 생명과 수고를 이용하고 있다."고 하였습니다. 마르크스가 《자본론》에서 "축적은 사회의 부의 세계를 정복하는 것이고, 착취당하는 인간을 학대하는 것이며, 동시에 자본가의 직접적 간접적 지배를 확대하는 것이다."라는 사실을 증명하기 위해 자본가의 견본이라는 고리대금업자(지금은 일종의 금융업)에 대한 루터의 말을 인용하였는데, 그 인용문에서 루터는 "좀도둑들은 발에 족쇄를 차고 있는데 큰 도둑들은 황금과 비단으로 몸을 휘감고 있다."고 말하고 있습니다. 그래서 노자는 "정직한 사람들은 대개 부자가 아니다. 부자는 대개 부정직한 사람이다."라고 결론지었습니다. 플라톤도 "돈은 정직보다는 거짓과 친하다." 라고 하였습니다.

한때 세계 최고의 갑부였던 카네기는 돈을 벌고서 쓰지 않는다면 왜 악취가 난다고 했을까요? 돈에는 인간의 무한정한 탐욕과 그에 따르는 부조리가 들어 있기 때문입니다. 돈을 많이 벌었다는 것은 아무리 그것이 법적으로 정당하다고는 하여도 그만큼 남의 희생 없이는 가능하지 않다는 것을 반증하는 것이 됩니다. 그래서 성경에서도 부자들이 하늘나라 가기가 낙타가 바늘구멍 들어가는 것처럼 어렵다고 말하고 있는 것입니다. 그래서 카네기는 세계적인 갑부임에도 자신의 가족들이 먹고 살 수 있는 돈만 남겨 놓고 미련 없이 자신이 소유한 돈을 모두 사회에 환원시키고 말았습니다. 사회에서 번 돈이니 사회로 환원하는 것이 그에게는 너무도 당연한 것처럼 보였던 것이었습니다.

그는 '모으기만 하고 쓰지 않는 돈은 썩은 고기처럼 매우 악취가 나며 쓰지 않고 죽는 것은 매우 어리석은 일'이라고 단언하였습니다. 노동자와 소비자의 도움 없이 자본가가 부를 누릴 수 없기 때문에 자신이 잘나서만 모든 것을 이루었다고 생각하는 것은 지극히 오만한 생각이라고 말할 수 있습니다. 사회로 돈을 환원하는 것은 자신을 알아주고 베풀어준 사회에 대해 은혜로 보답하는 것이라고 생각합니다. 돈만 벌다가 사형선고를 받은 록펠러가 나눔을 통해 새 인생을 살 수 있었던 것도 돈을 축적하는 것이 주목적이 돼서는 안 되고 결국 번 돈을 쓸 때 행복이 온다는 것을 깨달았기 때문입니다. 그래서 사랑을 위선으로 보는 니체도 "아무리 부자라도 남을 위해 베풀지 모르는 사람은 소금을 치지 않는 진수성찬과 같다."고 말하고 있습니다.

《해리포터》로 일약 부와 명예를 동시에 거머쥔 조앤 롤링은 유명세를 탄 후 아이 우유 값을 걱정하지 않아도 된다는 점에서 행복하였다고 합니다. 하지만 노력에 비해 너무도 큰 재산을 얻어 죄책감을 느끼며 명예로 인해 달라진 인간관계와 유명세 덕에 타인을 의식해야 하는 자신을 보며 소외감을 느낀다고 자신의 심경을 솔직히 토로한 적이 있었습니다. 이런 토로를 한 후 그녀는 세상이 베풀어준 은덕에 보답하듯 자신의 행운을 자선사업을 통해 사회로 꾸준히 환원하고 있습니다.

자선은 단순히 남을 위해서만 하는 것이 아니라고 생각합니다. 자신을 위해서도 필요한 것입니다. 왜 《탈무드》에서는 반드시 자선을 하라고 했겠습니까? 그것은 진정한 행복이란 돈을 축적하는데 있지 않고 인간을 위해 쓸 때 온다는 사실을 알았기 때문입니다. 쾌락과 즐거움을 주는 돈 역시도 나눌 줄 알아야 비로소 행복한 삶의 기초가 되는 것입니다. 칼 힐티도 "항상 금전관계로 만족스런 생활을 하려고 원한다면, 자기의 수입 중에서 설령 소액이라 해도 일정한 액수를 자선적인 목적을 위해서 쓰는 것부터 시작해야 한다."고 말하였습니다. 루소도 진정으로 행복한 사람이 되려면 즐거움과 쾌락을 나누라고 다음과 같이 말하고 있습니다.

> 쾌락에서 그 쾌락에 동반되는 고통을 없애려거든, 쾌락에 대한 독점욕을 버려라. 쾌락을 만인과 함께 나누면 나눌수록 여러분은 그 쾌락을 더욱 순수하게 맛볼 것이다. (중략) 더더군다나 독점적인 쾌락은 쾌락의 죽음을 뜻한다. 진정한 재미란 서민들과 함께 나눌 수 있는 재미인 것이다. 자기만이 재미를 누리려는 사람은 재미라는 것이 없어지고 만다. 내가 내 정원 주위로 쌓아올린 담이 나를 가두는 음산한 울타리가 된다면, 나는 막대한 비용을 들여서 산책의 기쁨을 스스로 포기한 것에 지나지 않는다. 그래서 나는 하는 수 없이 먼 곳으로 산보할 장소를 찾으러 나가야만 할 것이다. 소유라는 악마는 그 손이 닿는 대

로 모든 것을 더럽힌다. 부자는 어디서나 주인이 되기를 원하지만 그는 어디를 가도 주인이 될 곳이 없다. 그래서 항상 다른 곳으로 피해 다녀야만 한다.

이런 철학자들의 충고에도 아랑곳하지 않고 우리들 대다수는 항상 굶주린 사람처럼 '돈' '돈', '돈' 하면서 살며, 여유가 있어도 수전노처럼 움켜쥐고 살려고 합니다. 어려운 친지나 이웃이 있어도 아예 베풀려고 생각하지 않고 오로지 자신이나 자신의 가족만 위해 쓰려고 합니다. 허나 무엇이든 나누며 더불어 살 때 인간은 행복할 수 있습니다. 그래서 다른 사람을 만날 때 돈을 안 쓰려고 노력하기 보다는 쓰려고 노력하는 것이 서로를 위해 좋습니다. 게다가 돈에도 날개가 있습니다. 그래서 있을 때 인심을 써야 합니다. 기회를 놓치면 쓰려고 해도 쓸 수 없습니다. 써야 할 때 쓰지 않으면 철면피라는 오명만 듣게 됩니다. 그래서 베이컨은 "구두쇠 노릇을 하면 안 된다. 부에는 날개가 있다."고 하였습니다. 돈을 벌면 행복을 나눈다는 마음으로 기꺼이 돈을 쓰려고 노력해야 합니다. 죽어서 빈손으로 가는 마당에 누구를 위해 돈을 쌓아놓고 가는 것일까요? 그것은 참으로 어리석고 불행한 일입니다. 궁극적으로는 돈은 쓰기 위한 것이니 죽을 때까지 아낌없이 쓰다 죽는 것이 자신을 위해서도 현명한 것입니다. 그래서 앤드루 카네기는 "인생의 전기는 부를 증대하기 위해 존재하고, 인생의 후기는 부를 나눠주기 위해 존재한다."라고 말하고 있습니다. 이미 카네기의 말을 알고 있다는 듯 소크라테스는 "부자가 자신의 막대한 부를 자랑하더라도 그것을 어디에 어떻게 쓰는가를 알기 전에는 결코 그를 칭찬해서는 안 된다는 것을 명심하라."고 하였습니다.

　자유주의자들의 주장처럼 사적 재산의 소유권과 처분의 문제는 순전히 사적인 문제가 아닙니다. 세상은 혼자 사는 것이 아니라 어울려 살기 때문입니다. 그래서 돈은 단순히 개인적으로 축적하는 것을 목적으로 있는 것이 아니라 자신과 남을 위해 쓰기 위해 있다는 것을 망각해서는 안 된다고 생각합니다. 특히 돈은 더불어 쓰고 나눔으로써 그 빛을 발한다는 것을 우리는 알아야 합니다. 돈에 대한 올바른 이해가 의미 있는 삶을 살게 합니다. 돈을 얼마만큼 소유했느냐가 아닌 돈을 얼마나 바르게 사용하느냐가 중요한 것입니다. 그래서 어울림의 철학은 돈은 단순히 축적의 대상이 아니고 쓰기 위해서 있다는 것을 새삼 강조하고 싶습니다. 어울림을 위해 이웃과 함께 돈을 다 쓰고 죽는 것이 어울림의 돈의 철학입니다. 그래서 잘 벌어서 잘 써야 한다는 노자의 말처럼 잘 쓰고 가는 것이 인생이 아닌가 합니다.

신을 믿는 것이 땡잡은 것인가

기독교는 신의 창조설을 믿는 종교입니다. 창세기에는 하나님이 천지를 창조하시고 창조 마지막 날에 '자신의 형상에 따라' 인간을 만들었다고 했습니다. 그리고 자신을 믿고 따르는 자는 영원한 삶과 행복을 얻을 수 있다고 설파하고 있습니다. 그러나 이런 창조설을 강하게 거부하는 사람들이 있습니다. 고대 그리스 철학자인 크세노파네스는 '의인화된 신'에 대해 '만일 소와 말들이 신을 믿는다면 말들과 소들은 자신들과 유사한 신의 모습을 그릴 것'이라고 비판하였습니다. 니체는 "신은 영원무궁한 시간 속에서 너무 권태로움을 느낀 나머지 재미있게 지켜보려고 자신을 닮은 원숭이, 즉 인간을 만들어 낸 것일까?"라고 창조설을 힐난하였고, 천체물리학자 호킹스는 광활한 우주를 보면서 '외계인은 있어도 신은 없다'고 잘라 말하면서 인간 중심적 창조설을 일축하였습니다.

이 두 상반된 주장을 보면서 결론을 내기란 쉽지 않습니다. 이 광활한 우주에서 유한한 우리들 눈으로 신이 있다는 직접적인 증거도 없고 어디에도 신이 없다는 직접적인 증거도 찾을 수 없기 때문입니다. 그래서 결국 신의 존재는 믿음의 문제로 귀착될 수밖에 없습니다. 사실에 근거한 진리라고 말할 수 없기 때문에 믿음을 통해 얻을 수 있다는 것이 기독교적 진리 개념인 것입니다. 그래서 교리를 정착시킨 교부철학자 아우구스티누스는 "영의 세계는 지각하고 나서 알 수 있는 것이 아니라 믿음으로써 알 수 있는 것입니다."라고 말하면서 '신앙은 바로 믿음'에서 출발한다는 것을 강조하고 있습니다. 또한 〈예레미야〉에는 "여호와를 믿지 않는 자는 천벌을 받고 믿는 자는 복을 받으리라."라고 하면서 신에 대한 믿음을 통해서만 구원이 가능하다고 말하고 있습니다. 기독교에 대한 신랄한 비판자로 악명이 높은 니체도 기독교는 "신앙이란 모든 것을 알아보고 나서 믿는 것이 아니라 무조건 먼저 믿어야 한다고 강요해 왔다."라고 말하면서 기독교의 실체는 바로 믿음이라는 것을 강조했습니다.

신의 존재에 대한 논쟁도 철학에서 뜨거운 감자 중에 하나였습니다. 특히 서양 중세 때는 철학의 역할 중 하나가 신의 존재를 증명하는 것이었습니다. '철학은 신학의 시녀'라고 주장한 스콜라 철학자 토마스 아퀴나스는 믿음을 굳건히 하기 위해 철학을 통해 신의 존재를 증명하려고 백방으로 노력했지만 결국 불완전한 논증만 펼쳤습니다. 경험할 수 없는 존재를 논증만으로 증명한다는 것은 사실상 불가능합니다. 단지 어림짐작의 추론에 불과할 뿐입니다.

이런 신의 존재 증명 방법으로 잘 알려진 인과 증명 방법이 있는데, 세상에는 원인 없는 결과가 없듯이 이 세상을 존재하게 한 원인이 있어야 하니 이 세상을 만든 신이 있어야 한다는 것입니다. 하지만 이런 주장 역시 쉽게 반박할 수 있습니다. 왜냐하면 신을 존재하게끔 만든 또 다른 존재가 있어야 하기 때문입니다. 우리를 창조한 신이 다른 존재에 의해 만들어지니 우리를 만든 신조차 최고의 창조주가 될 수 없습니다. 계속해서 다른 존재에 의해 창조된다는 악순환에 빠지고 맙니다. 즉 순환론이 되풀이 될 뿐입니다. 그러니 이런 논증은 설득력이 없는 것입니다.

또한 십계명을 동굴에서 혼자서 계시 받았다는 모세와 같이 성경에 자주 등장하는 동굴이나 꿈에서 신을 보았다는 계시라는 것도 객관성이 없어 엄밀한 의미에서 증거라고 보기 어렵습니다. 혼자서 계시를 받았다고 하니 그것이 사실인지 아닌지 확인할 수가 없습니다. 그리고 지금은 신의 계시를 직접적으로 받았다는 그런 기적이 일어나고 있지 않아 계시의 신빙성은 더욱 없습니다. 그래서 근대 철학자이자 과학자인 파스칼은 "신이 있다는 것을 증명하는 것은 무리이지만 신이 있다는 것에 내기를 할 수는 있다. 만일 어느 누가 사후 생명의 존재를 믿었는데도, 신이 실제로 존재하지 않을지라도 특별히 손해 볼 것이 없다. 그러나 사후 생명이 존재하는데도 불구하고 이를 믿지 않았기 때문에 손에 넣을 수 있었던 것을 넣을 수 없게 된다면 다시 복원할 수 없다. 그 사람은 영원히 모든 것을 잃게 된다."고 하였습니다. 그리고 나서 "내기에서 이긴다면 땡 잡은 것이고 져도 손해는 없다."고 말하면서 신이 있다고 믿는 쪽이 믿지 않는 쪽보다 낫다고 합니다. 그리고 그는 신비주의자처럼 "신을 모르고서는 행복할 수 없으며, 신에 가까이 가면 갈수록 더 행복하게 되며, 최고의 행복은 신을 아는데 있다."고 결론을 내립니다.

 과연 여러분들 중에는 파스칼의 이 말에 얼마나 동조할지 모르겠습니다. 믿음이 강한 사람들은 파스칼의 이런 논증에 상당한 매력을 느낄 것으로 압니다. 그리고 교회에서 믿음을 권할 때 흔히 사용되는 논증 중 하나입니다. 허나 믿지 않는 입장에서 본다면 파스칼의 내기 논증에 상당히 냉소적일 것으로 생각합니다. 과연 파스칼의 주장처럼 믿는다고 하여 손해 날 일이 없이 행복할 것이라는데 동의하지 않을 것으로 보입니다.

 믿지 않는 사람들은 하나님을 믿고 따르는 것이 행복으로 가는 것에 대해 강한 의구심을 자아낼 것이라고 봅니다. 당장 믿지 않는 사람은 너무나 비대해지는 교회를 보면서 현실적으로 교회에 내는 헌금을 아까워 할 것이라고 생각합니다. 특히 한국 교회는 계명에도 명확히 적시되지 않는 십일조를 강요하다시피 해왔습니다. 한국 교회가 급성장하게 된 배경에는 교회의 이런 부조리가 있었기 때문입니다. 십일조는 구약의 제정일치 시대의 산물로서 마을의 문제를 해결하기 위해 부족 단위의 마을의 공동 자금으로 걷은 것이지 교회 자체에서 걷은 것이 아니라고 생각합니다. 마을에서 걷은 십일조의 일부가 교회로 흘러들어갔을 뿐입니다. 그래서 믿지 않는 사람들은 십일조를 교회에 바치느니 자신을 위해 의미 있게 쓰거나 오히려 불우한 지인을 도와주는 것이 더 보람 있다고 생각할지도 모릅니다.

 게다가 기독교는 인간의 조상 아담과 이브가 지은 죄를 대대손손 물려받아 태어날 때부터 죄를 지고 태어났다는 원죄설 때문에 세상에 대한 두려움과 죄의식에 사로잡혀 불행하게 될 소지가 다분히 있다는 점입니다. 종교가 주는 강한 죄의식으로 인해 스트레스를 받아 삶이 피폐하게 될 소지가 많다는 것입니다. 니체는 "그리스도교는 결국 멀쩡한 사람을 죄의식으로 옭아매고 파멸시키거나 마비 또는 도취하게 만들어 왔다."고 주장합니다. '나는 왜 기독교인이 아닌가?'라는 물음에 대하여 러셀도 "교회 사람들은 스스로를 비하하여 끔찍한 죄인이니 떠들어대는 이야기를 듣고 있노라면 자존심을 가진 사람들이 어떻게 저렇게까지 할 수 있을까 경멸감마저 든다."고 비난하였습니다. 크리스트교 삶을 택한 종교 철학자 칼 힐티조차 죄사함을 받기 위한 "계율은 확실히 무거운 짐이다."이라고 고백하였습니다. 믿는다고 죄의식에 사로잡혀 좁은 문에 들어가는 것은 자칫 불행의 나락으로 떨어질 가능성은 얼마든지 있다고 봅니다.

문제는 그것만이 아닙니다. 과연 '영원한 삶과 행복이 어떻게 가능한가'입니다. 모든 생명체는 태어나서 죽게 되었는데, '왜 인간만은 영생이 가능할까'라는 의구심을 지울 수 없습니다. 더군다나 신의 구원을 받으면 천국에서 영원한 행복한 삶을 살 수 있다고 합니다. 허나 어떻게 인간에게만 사후세계가 있으며 육체가 없는 인간이 어떻게 행복한 감정을 느낄 수 있겠습니까? 그렇다면 천국에서의 행복은 무엇일까요? 육신이 사라진 상태에서 영원한 행복을 느낀다는 것은 상상하기조차 힘든 일입니다. 화장할 때 보면 죽은 사람은 아무런 고통을 느끼지 못하니까요. 그런데도 사후에도 희로애락이 있다고 한다면 죽은 자와 산 자가 근본적으로 다르지 않다는 해괴한 결론이 나오고 맙니다. 희로애락은 산 자만의 특권이고 죽음은 희로애락의 종말을 의미한다고 생각합니다.

이것을 볼 때, 과연 누구도 가보지 않는 영생을 얻는다는 이유로 평생 죄의식과 신의 눈치를 보며 사는 것이 과연 땡잡은 것이라고 장담할 수 있는 것인지 묻고 싶습니다. 우리 현실에는 영원한 것은 없습니다. 만물은 흐르고 흘러 이 세상은 변화무쌍합니다. 아무도 언제 죽을지 모릅니다. 사랑하는 사람조차 언제 떠나갈지 모릅니다. 그러니 영원한 사랑, 영원한 우정, 영원한 행복은 사실상 불가능하며, 그것들은 우리들의 바람일 뿐입니다. 이런 것들은 차가운 세파와 운명 앞에 풍전등화일 뿐이고 만나면 언제든 헤어지게 되어 있습니다. 그래서 진정한 신앙심을 강조한 톨스토이도 "현재의 좋지 못한 상황에서 자신을 구출해달라고 신 혹은 인간에게 애원하는 것은 큰 잘못이라고 생각한다."고 하였습니다.

어울림의 철학은 지금 우리가 살고 있는 세상에서 어떻게 행복할 수 있는가에 관심을 가집니다. 우리가 알 수 없는 저 세상에서의 행복을 추구하지 않습니다. 지금 우리가 살고 있는 세상에서도 행복하게 사는 것이 쉽지 않는데, 저 세상에서까지 가서 행복하게 산다는 것은 상당한 무리가 따른다고 생각합니다. 천국에까지 가서 행복하게 살고 싶다는 것 자체가 마음 약한 인간들의 욕심처럼 보입니다. 그래서 어울림 철학은 파스칼이 신을 믿는 것은 땡 잡은 것이라는 말에 동의하지 않습니다. 그냥 우리가 살고 있는 동안 최선을 다해 사는 것을 우리들의 운명으로 생각하는 것이 바로 어울림 철학입니다. 종교적 믿음도 맹목적일 때 진실을 왜곡하여 인생의 큰 걸림돌이 될 수 있다는 것도 생각하셨으면 합니다.

현재보다 중요한 순간은 없다

여러분 중에는 과거 때문에 상처 받고 다가올 암울한 미래 때문에 괴로워 몸부림쳐 보신 분들이 있을 것입니다. 지금도 많은 사람들이 이런 고통에서 헤매고 있다고 생각합니다. 이런 상황에서 우리는 어떻게 해야 할까요?

무엇보다도 먼저 현재보다 소중한 것은 없다고 생각하는 것입니다. 과거의 상처는 시간이 해결해 줌으로 너무 상실감에 빠져 현실을 외면해서도 안 되고, 당장 먹을 것만 있다면 미래는 큰 걱정을 하지 않아도 됩니다. 그리고 얽힌 실타래는 시간을 두고 해결하면 됩니다. 그래서 불경에서는 "오지 않는 미래를 동경하여 부질없이 애쓰거나, 지난날의 그림자를 좇아 후회만 하고 있다면 베어놓은 갈대처럼 시들어 버린다."고 하였습니다.

사람들은 흔히 꿈을 먹고 산다고 합니다. 그런데 그 꿈이란 무엇이겠습니까? 바로 우리들의 희망입니다. 그럼, 그 희망을 이루기 위해서 우리는 어떻게 해야 합니까? 무엇보다도 현실에 충실해야 합니다. 과거는 이미 지나간 시간이며, 미래는 다가올 시간이지만, 우리는 현재에 살며 현재를 떠나서는 살 수 없습니다. 나라는 존재는 지금 이 순간의 존재입니다.

과거의 틀에 살며 시대를 역행하는 것은 고리타분한 인상을 줍니다. 이로 인해 고립되기 쉽습니다. 아무리 능력이 뛰어난 사람도 하루아침에 시대의 흐름을 바꿀 수는 없습니다. 공자를 추종한 많은 사람들이 세상을 요순시대로 되돌려 놓으려고 했지만 모두가 부질없는 일이었습니다. 구시대의 유물은 그 나름대로 문제가 있어 변화를 수용한 것입니다. 그러니 과거에 집착하는 것은 현재를 희생시키는 것입니다. 설령 과거의 것이 더 좋게 보일지라도 세상이 변하여 사람들의 동조와 관심을 벗어난 것은 복구되기 어렵습니다. 시대를 역행하는 보수는 진보와 발전을 가로막을 뿐 아니라 시대에 뒤쳐져 생존에 위협을 받을 수 있습니다. 그래서 구태의연한 생각을 버리고 현재에 충실하는 것이 무엇보다 중요하다고 생각합니다.

시대가 흐르면 새로운 것을 요구하게 마련입니다. 그러므로 과거 속에 갇혀 있는 생각은 과감히 깨야 합니다. 과거는 성찰과 반성을 통해 보다 나은 현재를 위해 존재하는 것으로 생각해야 합니다. 우리가 역사를 배우는 것도 단순히 과거를 알기 위해서가 아니라 현재를 위한 것입니다. 그래서 베이컨은 "지나가 버린 것은 다시는 돌이킬 수 없다. 그리고 현명한 사람에게는 현재나 장래에 처리해야 할 일이 많이 있다. 그렇기 때문에 지나가버린 문제에 대해서 고민하는 사람은 자기 자신을 소홀히 하는 것과 같다."고 하였습니다.

그럼 미래라는 것은 무엇입니까? 미래라는 것도 알고 보면 희망과 이상을 심어주어 현재를 살찌우기 위해 존재하고 있을 뿐이지 지금 당장 존재하는 것이 아닙니다. 그래서 일리치는 "사람에게는 미래가 없다. 오로지 희망만 있을 뿐이다."라고 하였습니다. 그런데 미래만 바라보고 현실을 등한시 하고 미래에 집착하면 불안감만 증폭시킵니다. 미래에 닥칠 재난이 확실한 것이라면 시간을 두고 빈틈없는 대책을 강구해야겠지만, 그렇지 않은 경우 미래를 지나칠 정도로 걱정하는 것은 그야말로 기우에 지나지 않습니다. 오늘 배가 고프면 오늘 당장 허기를 채우는 것이 우선이지 내일 걱정은 전혀 도움이 되지 않습니다. 다가올 미래에 집착하는 것은 단지 몸과 마음만 괴롭게 하고 시간만 허비하는 것입니다. 그런 시간에 차라리 현실에 최선에 다하는 것이 다가올 미래를 준비하는 것이고 미래의 불안을 더는 길입니다. 그래서 마르크스 아우렐리우스는 미래에 대해 "미래의 일에 대해 너무 걱정하지 말라. 필요하다면 당신의 지금 눈앞에 닥친 일을 처리하는 그 이성으로 미래의 일도 처리하라."고 하였습니다.

현재에는 관심이 없고 과거에 집착하는 것은 이미 떠나버린 것에 집착하는 어리석음의 산물이며, 현실을 무시하고 멋진 미래만을 꿈꾸는 것 역시 망상의 소치입니다. 먼저 지금 이 순간에 충실해야 합니다. 현재만이 살아 있는 현실입니다. 그렇다고 무턱대고 현재에만 충실하라는 말은 아닙니다. 이 순간을 위해 과거를 반성하고 지금의 현실의 바탕으로 미래를 꿈꾸고 성찰하는 자세가 반드시 필요합니다. 인생을 살다보면 실패하기 마련이어서 과거의 잘못을 반성함으로서 현재를 좀 더 성장시킬 수 있고 현재를 기반으로 미래를 설계함으로서 지금 이 순간을 더 높은 곳으로 날아갈 수 있게 할 수 있습니다다. 허나 과거나 미래는 현재를 위한 성찰일 뿐이지 지금 존재하는 것이 아닙니다. 오로지 존재하는 것은 지금 이 순간입니다. 그러므로 과거를 반성하고 미래를 예견하여 현재를 살찌우는 것은 좋지만, 현재를 방해하거나 현재와의 어울림을 거부하는 과거에 대한 집착이나 망상 같은 미래는 머릿속에서 지워야 합니다. 망상은 괴로움의 원천일 뿐입니다.

또한 지금 이 순간에 충실할 때 비로소 지나간 세월이 아름답고 다가올 미래가 희망이 됩니다. 인생은 현재의 연속입니다. 그래서 우리는 하루하루에 충실하면서 큰 즐거움은 없어도 아무 탈 없이 하루가 지난 것에 대해 감사하는 자세가 중요하다고 생각합니다. 우리의 행복은 하루하루 충실할 때 찾아오는 반가운 손님입니다. 그래서 에머슨은 "우리들의 오늘이 일 년 중에서 가장 좋은 하루이며 지금 이 순간이 가장 좋은 한 시간이고 지금 순간이 가장 좋은 한순간이라는 것을 자기 마음속에 새겨두자."고 하였습니다.

인간관계에서도 마찬가지입니다. 톨스토이는 현재가 가장 소중하다면서 "가장 중요한 인간이라고 하는 것은 지금 현재 이 순간에 관계를 맺고 있는 인물이다."라고 말하고 있습니다. 현재가 소중하듯 지금 자기 자신과 관계를 맺고 있는 사람이 세상에서 가장 소중한 사람이라는 것입니다. 일 때문에 혹은 지금 가깝지 않은 관계 때문에 가족을 희생하는 것은 결코 현명한 것이 아닙니다. 일도 어찌 보면 같이 어울려 살기 위해 존재하는 것이며, 과거에 관계 맺은 사람에 대한 연민은 마음의 상처만 키우고 이상형을 바라는 것은 망상에서 오는 고통만 가중시킬 뿐입니다. 그러니 지금 자신과 관계를 맺고 있는 사람에게 최선을 다해서 관계를 맺어가야 하는 것입니다. 가깝다고 함부로 하는 것은 참으로 어리석은 짓입니다. 가까운 사람일수록 더욱 아끼고 사랑해야 합니다. 그것이 바로 나의 인생의 바탕이니까요.

더 나아가 좀 더 나은 삶을 살기 위해서는 현실에 충실하면서도 그것을 토대로 먼 앞날을 내다보는 혜안이 있어야 합니다. 지금 당장 눈앞의 일만 생각하고 먼 앞날에 대한 생각을 등한시하다 보면 가까운 장래에 근심거리가 생기게 됩니다. 세상은 예측하기가 너무나 어렵습니다. 게다가 변화 속도가 너무 빠릅니다. 현실이 변하여 언제 일자리를 잃거나 불이익을 당할지 모릅니다. 하루에도 많은 일자리가 사라지고 생겨나고 있습니다. 그래서 현실에 충실하면서도 현실의 변화에 예의주시하면서 미래를 꾸준히 준비해야 합니다. 보험을 들어 불안한 미래를 대비하듯이 말입니다. 그래서 공자는 "사람이 먼 앞날을 생각하지 아니하면, 반드시 가까운 날에 근심이 생긴다."고 하였습니다.

어울림의 철학은 현실에 충실하면서도 성찰을 통해 과거를 반성하고 미래를 예측하여 보다 나은 현실적인 삶을 지향하는 철학입니다. 우리의 행복은 바로 오늘 하루하루가 만들어낸 기적과도 같은 것입니다. 따라서 행복한 순간을 맞이하고 싶다면 일단 오늘에 최선을 다하는 자세가 중요하다고 생각합니다.

제3장

어떻게 살 것인가

진정한 청춘이란 무엇인가

나이 들면, '청춘'이란 말은 참 설레게 하는 말입니다. 혈기 왕성하여 거칠 것 없는 청춘은 다시는 돌아갈 수 없는 가장 화창한 시기이기 때문입니다. 나이를 먹으면 먹을수록 누구나 다시 한 번 그 시절로 돌아갔으면 하는 바람을 가지고 있습니다. 허나 이런 바람과는 별도로 청춘은 젊은이들만의 전유물인가를 생각해 보고 싶습니다.

플라톤은 "적어도 진실한 인간이라면, 자기가 얼마나 오래 사느냐 하는 것은 문제 삼을 것이 못 된다. 생명에 집착해서는 안 되며, 어떻게 하면 살아가는 동안 가장 훌륭하게 살 수 있는가를 생각해야 한다."고 말하고 있습니다. 나이가 들어도 자신을 가꾸기 위해 꾸준히 정진해야 한다는 말이죠. 그러나 어떻습니까? 나이 들수록 좋게 '늙은 줄 알기'가 참으로 힘들다는 생각이 듭니다. 오히려 나이를 먹어갈수록 추한 사람이 생각보다 많기 때문입니다. 돈밖에 모르며 공중도덕이나 기본 예의범절조차 지키지 않는 사람이 생각보다 많다는 것이죠.

그래서 나이가 많다고 젊은 사람보다 현명하거나 낫다고 결코 단언할 수 없습니다. 자칫 이런 식으로 살다간 오래 산 죄로 잔뜩 욕만 얻어먹을 수 있습니다.

젊음에는 상상력이 꽃 피고 항상 영감이 차 있으며 때로는 광기가 번득여 천재성이 나타나기도 합니다. 그래서 젊음은 세상을 혁신하는 데 주저하지 않습니다. 공자가 "젊은이는 두렵다. 장래 그들이 우리를 따르지 못하리라 누가 단정할 수 있겠는가?"라고 한 것도 혈기 왕성한 청춘은 기발한 상상력과 통찰력을 통해 어른들이 보지 못한 새로운 세상을 여는 무한한 발전 가능성을 가지고 있다고 말하는 것입니다. 허나 "젊었을 때에는 누구나 세계가 자기와 함께 시작되고, 모든 것은 애당초 자기를 위해서 존재한다고 믿기 쉬운 것이다."는 괴테의 말처럼, 젊음은 혈기가 왕성하다 보니 오류를 범하기 쉽습니다. 젊음은 세상의 쓴 맛을 제대로 보지 못해 자기중심적으로 생각하는 아주 나쁜 버릇이 있습니다. 게다가 젊은이는 무언가를 하려 할 때 세상물정도 잘 모르면서 오로지 자신만 믿고 자신이 감당할 수 없을 정도의 일을 하려고 하는 성급함이 있습니다. 목표를 향해 급히 달려가지만 지식과 경험 부족, 그리고 수단이나 방법을 잘 알지 못해 일을 그르치기 쉽습니다. 그래서 젊음은 자칫 세상을 비관하여 극단적인 선택을 할 위험성이 높습니다. 세상은 자신을 위해 존재하지 않는데 자신을 위해 존재하는 양 착각하는 바람에 사랑하는 연인으로부터 버림받듯이 세상으로부터 큰 상처를 받는 것입니다.

산전수전을 경험한 노인이 젊은이보다 현실적 판단에서 앞서는 이유는 노인은 인생사를 통해 세상은 결코 자신의 편이 아니라는 것을 알아차려 젊은이보다 돌다리도 두드리며 신중하게 처신하기 때문입니다. 그래서 나이가 들면 세상 무섭다는 것을 알고 섣불리 무엇을 감행하지 않고 무언가를 하려면 철저히 대비합니다. 노인들은 지금까지 쌓아온 경륜을 통해 지금 우리가 할 수 있는 것과 그것을 풀어갈 수 있는 방법까지도 치밀하면서도 종합적으로 처리할 수 있는 능력이 있습니다. 세상을 살아가는 지략 면에서 노인이 젊은이보다 앞선다고 볼 수 있습니다. 그래서 쇼펜하우어는 "젊은 시절은 통찰력과 상상력이 뛰어난 시기이고, 노년 시절은 통합력과 분별력이 뛰어난 시기이다." 라고 말하고 있습니다.

하지만 나이가 먹었다고 해서 반드시 지혜가 있다고 말하기 어렵습니다. 성찰을 통해 지혜는 갈고 닦아야 하지만 많은 사람들은 현실에 매몰되어 지혜에서 자꾸 멀어져가는 경향이 있습니다. 오히려 사람들 중에는 타성에 젖어 상식과 어긋난 구태의연한 행동을 하기도 하고 세속에 매몰되어 돈밖에 모르는 탐욕스러우면서도 아주 인색한 사람이 되기도 합니다. 또한 눈앞의 이익에 사로잡혀 소탐대실하기 쉽고 아집에 사로잡혀 볼품없는 자신을 내세우면서 남의 말에는 전혀 귀기울이지 않고 큰소리로 말하기도 하며, 노파심에 잔소리가 많아지기도 합니다. 한마디로 나이만 많았지 아이만도 못한 노추한 인간이 되는 것입니다. 지금 노인이 넘쳐나는 시대에 자칫 노인에 대한 혐오 현상이 일어나지 않을까 하는 우려감이 솟구칩니다. 우리는 공원에서 노상 방뇨는 기본이고 여기저기서 노인들의 떠들고 싸우는 소리를 쉽게 볼 수 있습니다. 그래서 소로우는 "나이가 많다는 것이 젊다는 것보다 더 나은 선생이 될 수 없다. 사람은 나이가 들면서 배우는 것보다 잃는 것이 더 많아지기 때문이다."라고 말하고 있습니다. 가진 것도 없는데다 잃은 것이 많으면 사람들은 막가는 것이죠.

게다가 나이가 들수록 육체적 부담을 덜기 위해 편안한 것을 좋아합니다. 허나 몸이 편하고자 일도 하지 않고 운동도 하지 않으면 근력이 떨어져 결국 육체뿐만 아니라 정신을 좀 먹기 쉽습니다. 특히 편한 자세로 앉는 안락의자는 건강에 그리 좋지 않다고 생각합니다. 나이 80세까지 작품 활동을 활발히 하며 열정적으로 살았던 괴테는 다음과 같이 말하고 있습니다.

> 안락이란 어떤 것이든 원래 내 성격에 전혀 맞지 않는다. 내 방에는 소파가 하나도 없다. 나는 언제나 옛날부터 나무의자에 앉아왔지만, 그것도 몇 주일 전부터 겨우 머리받이를 붙였을 정도였다. 안락하고 고상한 가구를 주위에 두면 생각이 정돈되지 않고, 편한 수동적인 상태가 되어버린다. 젊을 때부터 그런 환경에 익숙해져 있다면 별문제이지만, 화사한 방이나 화려한 가구란 생각도 없고, 또 생각을 가지려고도 하지 않는 사람들을 위한 것이다.

플라톤은 "마음이 현실을 만들고 마음을 바꾸면 현실을 바꿀 수 있다."고 하였습니다. 물론 마음을 바꾸기란 결코 쉬운 일은 아닙니다. 무수한 인내와 결단이 따르지 않고는 불가능에 가깝습니다. 그렇지만 삶을 진지하게 생각하고 더 나은 삶을 위해 노력하는 것이 우리의 가장 아름다운 모습이 아닐까요? 나이가 들어도 청춘처럼 산다면 얼마나 멋진 삶을 살까요? 나이가 들었다고 밥도둑이 되지 않고 소박하고 작은 꿈일지언정 꿈을 갖고 공부하고 일하며 보람 있는 인생을 살아가는 것은 인생의 뒤안길에서 생을 아름답게 마무리하는 것이라고 생각합니다.

우리는 나이를 먹을수록 단순히 늙어가는 것이 아니라 삶을 아름답게 가꾸어 자신을 완성해 가는 삶을 살아야 합니다. 인생의 진정한 겨울이란 단순히 늙었다는 것이 아니라 어쩌면 아무런 희망도 없이 외로이 살아가는 것이라고 생각합니다. 나이가 먹었어도 비록 작은 꿈이라도 항상 꿈과 희망을 간직한 채 무언가를 하고자 한다면 그것이야말로 진정한 청춘이라 생각합니다. 평상시 밥 먹고 사느라고 하지 못했던 자신의 꿈을 실현하는 것입니다. 반면 나이가 젊었어도 아무런 희망과 꿈도 없이 그럭저럭 살아간다면 그 사람은 노인과 다름이 없는 '애늙은이'가 되어 간다고 생각합니다. 그래서 공자는 "40-50이 되어서도 이름이 알려지지 않는다면 그 사람은 두려워야 할 것이 없다."고 하였고, "나이 40이 되어서도 남들한테 미움을 받는다면 그는 볼장다 본 사람이다."라고 하였습니다.

하이네는 독일의 대문호 괴테의 청춘을 다음과 같이 찬양하고 있습니다.

> 괴테의 눈은 고령이면서도 여전히 청년시대와 다름이 없는 숭엄한 것이었다. 과연 세월은 그의 머리를 백설로 뒤덮이게는 했지만 밀려드는 나이의 물결이 그 머리를 숙이게 할 수는 없었다. 어느 날이나 그는 그 머리를 자랑스럽게 높이 들고, 입을 열 때의 그는 더욱더 위대해졌다.

제2차 세계대전의 영웅 맥아더가 사무실에 걸어두고 음미하여 유명해진 시인 사무엘 울만의 〈청춘〉을 음미하면 진정한 청춘이 무엇인지를 알 수 있습니다.

청춘이란

인생의 어느 한 기간을 말하는 것이 아니라

마음의 상태를 말하는 것이다.

그것은 장밋빛 뺨, 앵두 같은 입술, 하늘거리는 자태가 아니라 강인한 의지, 풍부한 상상력, 불타는 열정이다.

청춘이란

인생의 깊은 샘물에서 오는 신선한 정신,

유약함을 물리치는 용기, 안일함을 뿌리치는 모험심이다.

 때로는 스무 살의 청년보다 예순이 된 사람에게 청춘이 있다.

우리가 늙는 것은 나이를 먹기 때문이 아니라

이상을 잃어버렸기 때문이다.

세월은 우리의 주름살을 늘게 하지만

열정을 가진 마음을 시들게 하지는 못한다.

고뇌, 공포, 실망 때문에 기력이 땅으로 사그라질 때,

그때 마음은 시들어 버린다.

예순이든 열여섯이든 모든 사람의 가슴 속에는

놀라움에 끌리는 마음, 젖먹이 아이 같은 미지에 대한 끝없는 탐구심, 삶에서 환희를 얻으려 하는 열망이 있는 법.

그대와 내 가슴 속에는
남에게 잘 보이지 않는 그 무엇이 간직되어 있다.
아름다움, 희망, 용기, 영원의 세계에서 오는 힘, 이 모든 것을 간직하고 있는 한 그대는 언제까지나 젊음을 유지할 것이다.

영감이 끊어져 냉소라는 눈에 정신이 파묻히고 비탄이라는 얼음에 갇힌 사람은, 비록 나이가 스무 살이라 할지라도 늙은이와 다름없다. 그러나 높은 곳을 향하여 희망이라는 파도를 탈 수 있는 한, 그대는 여든 살일지라도 영원한 청춘의 소유자일 것이다.

어울림의 철학은 인간의 가장 아름다운 모습은 비록 나이는 먹었지만 청춘처럼 사는 삶이라고 말하고 싶습니다. 늙었다는 이유로 삶에 질질 끌려 다니기보다 끈기와 용기, 그리고 그동안 쌓아온 삶의 지혜를 통해 자신의 열정을 마지막으로 불사르는 것입니다. 그래서 조금이라도 자신의 인생을 아름답게 완성시켜 가는 것입니다. 이처럼 청춘과 황혼과의 조화, 이것이 바로 어울림의 철학이 추구하는 목표입니다.

아내가 죽었을 때
술동이를 두드리며 노래한 장자
어떻게 보아야 할까

우리는 죽음을 무척이나 두려워합니다. 의학이 발달하면 할수록 사람은 죽음이 저만치 있는 것처럼 착각하고 죽음이 두려운 나머지 절망에 빠지기도 하고, 자신은 죽지 않고 천년만년 살 것처럼 착각하기도 합니다. 허나 죽음은 생명체의 숙명입니다. 누구도 피해갈 수 없으니 죽음을 달게 받아들여야 하는 것입니다. 그렇지 않고 죽음을 피하려고 하면 할수록 죽음에 대한 공포로 삶 자체가 고통스러워집니다. 그래서 장자는 아내가 죽었을 때 술동이를 엎어놓고 두드리며 노래까지 하였습니다. 그 광경을 본 친구인 혜시가 술동이를 두드리며 노래하는 장자를 보고 인간의 도리 상 그건 너무 심하지 않느냐고 나무랍니다. 그러자 장자는 다음과 같이 대답하였습니다.

그렇지 않다. 그녀가 방금 세상을 떠났을 때엔 나라고 어찌 슬퍼하지 않았겠는가? 그러나 태초에 본래 생명이 없었다. 또한 생명이 없었을 뿐만 아니라, 형상조차 없었다. 비단 형상이 없었을 뿐만 아니라 본래 어떤 기질도 없었다. 황홀한 가운데 뒤섞이어 변화하는 도중, 기질이 생기고, 기질이 생긴 다음 형상이 생기고, 형상이 차차 변하여 생명이 있게 되고, 이제 다시 역으로 변하여 사망하였다. 이것은 춘하추동 사계와 똑같이 운행하는 일이나 마찬가지다. 내 아내는 우주를 거실로 삼아서 평안히 누워서 잠자고 있는데 내가 엉엉 큰 소리를 내어 통곡을 한다면, 내 스스로 운명을 통달하지 못한 것 같이 생각되었기 때문에 울음을 그쳤다. 아내가 죽었을 때 처음에는 슬펐지만 아내의 죽음에 큰소리로 통곡을 한다면 자기 스스로 운명에 대해 통달하지 못한 것 같아 울음을 그쳤다.

자, 여러분은 장자의 이런 일화에 대해 어떻게 생각하십니까? 아마 한편으론 수긍되기도 하지만 한편으론 수긍하기 어려울 것이라는 생각이 듭니다. 죽음은 자연의 도道이자 섭리이니 마땅히 받아들여야 할 뿐만 아니라 원래대로 인간의 고향인 자연으로 돌아간 것이니 굳이 슬퍼할 필요가 없고 오히려 박수를 보내야 한다는 장자의 변명은 매우 합리적이라고 생각할 것입니다.

그런데 한편으론 설령 죽음이 원래의 고향인 자연으로 돌아갔다고 해도 아내의 죽음에 대해 박수치는 것은 우리 정서상 쉽게 동조할 수 없다고 생각합니다. 아무리 죽음이라는 것이 '자연의 도'라고 해도 아내의 죽음은 자신과의 수많은 인연 때문에 '자연의 도'로서 쉽게 청산될 수 없기 때문입니다. 자연의 도는 평생을 같이한 인간관계의 고리를 끊는 것입니다. 그러니 아내의 죽음이야말로 인간에게는 엄청난 고통을 동반합니다.

정말 사별의 아픔은 '도'를 강조한 장자가 처음에 슬퍼한 것처럼 그리 간단하지 않습니다. 아무리 죽음을 자연의 이치라고 생각해도 보통의 사람들은 아내와 같은 동반자의 죽음 때문에 몇 년 간은 상실감과 함께 큰 우울증에 시달립니다. 생사고락을 같이하며 애증이 교차한 정으로 서로가 중독되었기 때문이라고 생각합니다. 그 중독성은 한 사람의 죽음으로 인해 사라지자마자 엄청난 허전함과 외로움을 몰고 옵니다. 그리고 어떤 때는 밀려오는 그리움에 자신도 모르게 눈시울을 적시며 같이 즐겁게 보냈던 곳을 회상하며 발걸음을 그곳으로 옮기곤 합니다. 허나 그곳에서 사랑하는 이의 모습을 볼 수 없어 더욱 허전함을 느끼고 쓸쓸히 발길을 돌리고 맙니다. 아내의 상실감이 오죽 했으면 실존주의 철학자 마르셀이 사랑하는 아내를 잃고 '진정한 사랑은 상대가 영원하기를 갈망하는 것'이라고 했겠습니까? 다시 살아 돌아오기를 바랐던 것입니다. 그만큼 상실감은 그리움에 사무치게 하는 고통을 줍니다. 이런 사별의 아픔은 인간의 도(道)입니다.

분명 장자와 같은 자연의 도의 입장에서 볼 때 마르셀처럼 아내가 영원하기를 바라는 인간의 도는 어리석음처럼 보일 것입니다. 자연의 도에 따라 누구도 죽음을 비켜갈 수 없으니까요. 허나 때론 자연의 도는 냉정합니다. 언제든 우리의 바람이나 희망을 산산이 조각낼 수 있습니다. 즉 인간이야말로 자연이 내린 참혹한 운명에 취약한 것입니다.

이런 참혹한 운명을 이성적으로 볼 때 당연히 받아들여야 하지만 그렇다고 그런 운명 앞에서 마냥 웃을 수는 없는 일입니다. 인간이기 때문에 슬픈 운명에 당연히 슬퍼하며 아픔을 토로해야 합니다. 그게 인간의 도입니다. 인간은 당연히 인간으로서 맺은 인연 때문에 슬퍼하고 괴로워하지 않겠습니까? 세네카도 "무서운 것은 죽음 그 자체가 아니라 죽음에 따르는 부수적인 인연 때문이다."라는 말을 했습니다. 인연과 인연으로 맺어진 인간사 때문에 우리의 희로애락이 있는 것입니다. 그러니 아내의 죽음에 대해 슬퍼하는 것은 인간으로서 당연한 귀결입니다. 오히려 장자처럼 지나치게 아내의 죽음에 대해 초연해 하는 것은 그리 인간적이지 못하고 자연스럽지도 못한 것입니다.

인간은 자연의 일부이기 때문에 자연의 도를 따라야 하지만 또한 인간이기 때문에 인간의 도도 따라야 합니다. 공자는 자연의 도보다는 인간의 도에 따르기를 희망했습니다. 그래서 아내의 죽음에 대해 슬퍼하는 것이 인지상정이지 아내가 죽어 고향인 자연으로 갔다고 박수치는 것은 결코 사람의 도리가 아니라고 하였습니다. 단지 장자가 말한 자연의 도를 생각하여 그 슬픔을 조금이라도 누그러뜨릴 수는 있다고 생각합니다. 아내가 죽었다고 그 슬픔을 못 이겨 술로 나날을 보내듯이 괴로워하는 것은 그리 현명한 처사가 아니니까요. 그래서 온전한 삶을 위해서는 인간의 삶은 '자연의 도'와 '인간의 도'가 함께 어울려야 합니다. 자연의 도와 인간의 도가 모나지 않고 어울려야 아름다운 인생을 살아갈 수 있는 것입니다.

특히 아내와 같은 사랑하는 사람이 죽었을 때 가장 마음을 아프게 하는 것은 살아생전에 제대로 잘해주지 못했다는 죄책감이 엄습합니다. 있을 때 잘해 주었다면 이런 아쉬움이 남지 않았을 것인데 말입니다. 허나 우리는 어떻습니까? 있을 때는 영원히 함께할 것이라고 착각하여 서로에게 함부로 하는 경향이 있습니다. 어떤 부부들은 한 지붕

두 가족처럼 원수처럼 사는 사람도 있습니다. 그러나 죽음은 이런 삶이 얼마나 어리석은가를 깨닫게 해줍니다. 사별의 아픔이 상실감은 사람의 생명조차 단축시킬 정도로 크기 때문입니다. 그러니 이런 것을 깨닫고 평상시 잘해야 합니다. 다정다감한 말투와 대화, 그리고 배려야말로 부부 생활을 단란하고 아늑하게 합니다.

사람들은 흔히 억만년 천만년 살 것처럼 생각하지만 죽음은 결코 피할 수 있는 필요악적인 존재입니다. 부모님의 장례식을 다 치르고 나면 그 다음은 내 차례가 옵니다. 물론 순서가 얼마든지 뒤바뀔 수 있습니다. 최악의 경우 사랑하는 자식이 먼저 갈 수도 있습니다. 허나 어느 순간 사람들은 너나 할 것이 허망하게 떠나가게 되어 있습니다. 아쉬움을 간직한 채 세상의 모든 것을 내려놓고 떠나갈 것입니다. 세상의 시름이나 고통조차 내려놓고 갈 것입니다. 그 죽음으로 오는 고통은 알고 보면 오롯이 산 자의 것입니다. 그래서 장자의 말처럼 죽음은 결코 나쁜 것도 아니고 피할 것만이 결코 아니라고 생각합니다. 굳이 오래 살려고 발버둥칠 필요도 없다고 생각합니다. 오히려 죽음은 다사다난한 세상의 고통에서 해방된다는 축복의 의미도 갖기 때문에 장자처럼 죽음을 흔쾌히 받아들여야 한다고 생각합니다. 그래서 서양의 자연주의 철학자 루소는 "죽음은 여러분 스스로가 만든 불행에 대한 치료제다. 자연은 여러분이 영원히 괴로워하는 것을 원치 않는다."라고 말하였습니다.

그렇다면 모든 것을 끝나게 해 주는 죽음 앞에선 나는 어떻게 해야 하겠습니까? 죽기 때문에 주어진 삶을 게으르고 나태하지 않게 살아야 하며 남에게 인색하게 살지 않는 겁니다. 왜 사람들은 죽음 앞에서 많은 아쉬움을 남기고 후회스런 눈물을 흘리고 갑니까? 개인적으로는 자신에게 최선을 다하지 않았거나 사회적으로는 남에게 잘 하지 않았기 때문입니다. 한마디로 삶에 대한 책무를 게을리한 것입니다. 적어도 의미 있고 가치 있는 삶을 살기 위해서는 열심히 살면서도 다른 사람과 어울릴 수 있는 삶을 살아야 하는 것이죠. 허나 많은 사람은 술로 허송세월을 보내거나 나만 잘살면 된다는 식으로 살다 죽음에 임박해서 후회의 눈물을 흘리는 것입니다. 그러니 우리는 인생은 자연이 준 선물이라고 생각하고 후회스런 삶을 살지 않도록 평상시 진지하게 노력하는 것이 중요하다고 생각합니다. 더 나아가 인생의 동반자인 부부끼리 최대한 아껴주고 배려하는 것이 죽음을 맞이하는 우리의 훌륭한 태도가 아닐까 합니다. 속된 말로 '있을 때 잘 해야'하는 것이죠.

레오나르도 다 빈치도 "잘 지낸 하루가 행복한 잠을 자게 하듯이 잘 보낸 인생은 행복한 죽음을 맞이하게 한다."고 하였습니다. 어울림의 철학은 우리는 죽어야 한다는 사실을 직시하고 죽는 날까지 오늘 하루 최선을 다해 후회 없는 삶을 살 것을 추천합니다.

왜 자연의 퉁소 소리를
들으려 하지 않는가

사람들은 도시 생활에 지쳤을 때 자연을 찾습니다. 자연은 본래 인간의 고향이어서 그런지 매우 편안하고 안락할 때가 많습니다. 자연 속에 있다 보면 잠시 인간 세상의 번거로움과 고뇌를 잊게 하기도 하는 청량제 역할을 합니다. 그래서 시끄럽고 번잡한 도심을 떠나 산에 가면 산새 소리가 마냥 좋기도 합니다. 사람들이 요란한 문명을 떠나 자연을 즐겨 찾는 것도 바로 자연이 주는 이런 즐거움 때문입니다.

자연을 찬미하는 장자는 "대지가 기운을 토해내면 그것이 바로 바람이다. 바람이 일면 대지의 모든 구멍이 소리를 내지 않는 것이 없다. 산림이야말로 훌륭한 연주자다."라고 하면서 대지의 퉁소 소리를 듣고 있노라면 무아지경에 빠진다고 하였습니다. 서로우도 "나는 올빼미들이 존재한다는 것을 기뻐한다. 그들이 인간들을 위해 천지 같고도 미치광이 같은 울음을 울게 하라. 그 소리는 빛이 들지 않는 늪과 숲에는 기막히게 어울리는 소리이며, 인간이 알지 못하는 광대하고도 미개

발된 자연이 있다는 것을 암시한다."고 하였습니다.

그러나 세상 어디에나 방해꾼이 있게 마련입니다. 어떤 사람들은 산에 와서도 인간의 요란한 퉁소 소리를 크게 틀어 대지의 그윽한 퉁소 소리를 듣지 못하도록 방해하기도 합니다. 아침부터 듣기에도 거북한 트로트 음악을 크게 틀거나 뉴스를 크게 틀고 다니는 사람을 보노라면 정말 한심스러운 생각마저 듭니다. 어찌 산에 와서도 애써 자연의 퉁소 소리는 듣지 않으려 하고 인간의 퉁소 소리만 고집하고, 그것도 모자라 자연의 퉁소 소리를 듣고자 하는 사람을 방해하는 것인지 참으로 볼썽사나운 광경입니다. 하지만 우리 주변에서는 이런 일들이 빈번히 일어나고 있다는 것입니다. 이러할 때 그 당사자는 자신이 '인간 공해'라는 사실을 모르거나 잘못된 사실을 전혀 깨닫지 못하고 이러한 행동을 하는 것 같다는 생각이 듭니다.

공자는 "지혜로운 사람은 물을 좋아하고, 어진 사람은 산을 좋아한다."고 하였습니다. 공자의 말처럼 끊임없이 흐르는 물의 흐름을 보고 인생의 지혜를 깨닫고, 세상을 품어주는 산의 후덕함을 보고 어진 마음을 키울 수 있다고 생각합니다. 그런데 왜 사람들은 이런 이치도 모르고 산에 와서도 굳이 대지의 퉁소 소리를 마다하고 듣기에도 거북한 인간의 퉁소 소리만 고집하는지 모르겠습니다. 참으로 인간 공해가 아닐 수 없습니다. 고요한 산새를 즐겼던 법정 스님은 일찍이 도시의 공해로 새들이 사라져가는 안타까움을 다음과 같이 말하고 있습니다.

숲과 새들이 있고 감로천이며 연못이 있는 다래헌이지만 무더운 여름 날이면 문득문득 산 생각이 난다. 그때마다 시냇물 소리를 그리워하며 속으로 앓는다. 훌쩍 찾아갈 산이 없어 날개가 접히고 만다. 요즘의 산사에는 그 풋풋한 산 냄새를 맡을 수가 없다. 관광 한국의 깃발 아래 그 그윽한 분위기가 사라져 가고 있다. 이래서 뜻있는 수도승들은 명산대찰을 등지고 이름 없는 산야에 묻힌다. 도시의 공해로 인해 새들이 어디론가 사라져 가듯이. 안타까운 일이다. 정말 안타까운 일이다.

우리는 자연에 오면 자연을 즐길 줄 알아야 한다고 생각합니다. 자연은 인간 공해를 치료하는 치료제이기도 합니다. 문명 생활에서 지친 심신을 치료하는 치료제 역할을 하는 것이 바로 자연인 것입니다. 그래서 자연을 즐길 줄 모르면 몸과 마음이 지치고 병들기 마련입니다. 이런 사실도 모르고 자연의 통소 소리를 거부하는 것은 그리 현명한 처사가 아니라고 생각합니다.

어울림의 철학은 문명적인 생활을 하면서도 자연적인 생활을 즐길 줄 아는 조화로운 생활 태도를 권장합니다. 헌데 산에 갈 때만이라도 인간의 통소 소리만 요란하게 즐기는 볼썽사나운 광경을 보고 싶지 않지만, 그것이 작은 바람에 불과할 때가 생각보다 많다는 것입니다. 그런 사람을 만나지 않은 날은 정말 '운수 좋은 날'이라고 생각합니다. 그래서 자연 예찬론자 소로우는 지금도 문명에 찌든 인간들에게 "깨어 있는 눈으로 자연을 관찰하고 귀를 기울여 자연의 소리를 듣도록 하라."고 외치고 있는 듯합니다.

칸트는 왜
'목적의 왕국'을 건설하고자 했는가

우리는 '칸트'하면 인간적으로도 시계추 같은 규칙적인 생활을 하는 이미지 때문에 엄숙하고 엄격한 철학자라는 인식을 가지고 있습니다. 이것은 약속을 했으면 반드시 지켜야 한다는 그의 의무론적 철학적 신념과도 일맥상통합니다. 칸트는 철학적 신념만큼이나 엄숙하면서도 정말 어렵고 딱딱한 철학자라는 생각을 갖지 않을 수 없습니다. 실제로 칸트의 철학적 명성과는 정반대로 칸트 이후 철학은 대중에게서 멀어지게 되었다고 해도 결코 틀린 말이 아닐 것입니다. 일반인들 입장에서는 칸트의 저서를 단 한 줄도 제대로 읽어내기 어렵기 때문입니다.

하지만 왜 칸트를 위대한 철학자라고 말할까요? 그것은 칸트가 철학을 통해 정말 맑고 깨끗한 세상을 만들려고 노력했기 때문이라고 생각합니다. 칸트는 서양에서 공자처럼 도덕이 망가지면 인간성은 바닥에 떨어진다는 것을 새삼 일깨우며 순수하고 깨끗한 인간다운 세상을 건설하기 위해 철학적 토대를 만들고자 노력한 철학자입니다. 이런 생각만 가지면 칸트의 난해한 철학도 별 어려움 없이 접근할 수 있다고 생각합니다.

그럼 한 번 시작해 보겠습니다. 칸트는 우리가 추구하는 이익이나 행복보다는 엄숙하고도 숭고한 삶을 위해 '이성적'이라는 존엄한 존재가 되기를 바랐습니다. 그럼 왜 우리는 그렇게 되어야 할까요? 칸트의 대답은 간단합니다. 우리는 이성적이고 도덕적인 존재로 태어났기 때문입니다. 칸트는 인간의 위대함에 대해 《실천이성비판》에서 다음과 같이 서술하고 있습니다.

> 내가 그것들을 생각하는 것이 잦고 또한 길면 길수록 언제나 더욱 더 새롭게 다가오는 감탄과 외경으로 내 마음을 채우는 것이 두 가지가 있다. 그것들은 나의 위에서 빛나는 하늘의 별과 내 안에 있는 도덕 법칙이다. 전자는 수많은 다양한 세계에서 드러나는 것으로서 동물적 피조물로서 나 자신의 중요성을 완전히 소멸시킨다…… 반면에 후자는 지성을 소유한 존재인 나 자신의 가치를 나의 인격성을 통하여 무한히 높인다.

칸트는 비록 우리는 광활한 우주에 비하면 아주 작고 미세한 존재지만 인간이 위대한 것은 바로 인간이 지닌 고유한 이성을 통해 인간 내면의 도덕 법칙을 통찰하여 인격성을 무한히 높일 수 있기 때문이라는 것입니다. 인간이 다른 동물보다 존엄하다고 말할 수 있는 것도 이성적 성찰을 통해 다른 동물보다 도덕적이고 숭고한 삶을 살 수 있기 때문입니다.

헌데 세상은 어떻게 돌아갑니까? 사람들은 그다지 도덕적이지 않습니다. 때론 동물보다 추할 때도 많습니다. 탐욕에 물들어 진흙탕 싸움을 하고, 권력을 위해 전쟁을 불사합니다. 대다수 사람들이 도덕을 가르치고 배우지만 도덕보다는 자신의 이익과 행복을 추구하는 경향이 강합니다. 특히 탐욕스런 자본주의는 이익의 극대화를 추구하여 사회적 긴장과 갈등을 과도하게 일으키며 세상을 극도로 피곤하게 만들고 있습니다.

칸트가 살았던 18세기는 어떤 시기입니까? 계몽주의 시대로 이성의 힘과 인류의 무한한 진보를 믿으며, 시민의 자유를 억압하는 절대왕정을 거부하고 사회를 개혁하려는 계몽주의가 전 유럽을 뜨겁게 달구던 시대였습니다. 특히 자본가의 핵심 세력인 상공인들은 자유를 외치며 자신들을 천하게 여기는 세습의 굴레를 과감히 벗어던지고 누구라도 자유롭게 이익과 행복을 추구하며 살 수 있는 세상을 열려고 혁명을 꿈꾸던 시기였습니다. 그래서 인간관계도 신분적 세습을 벗어나 이익과 행복을 위한 계약적 인간관계로 점차 변하기 시작합니다. 바로 칸트가 살던 그 시대는 사회계약설이 꽃을 피우던 시절이었습니다.

그런데 이러한 계약적 인간관계는 지나치게 자신의 이익과 행복을 강조한 나머지 타인의 이익과 행복을 수단으로 대할 수밖에 없는 역설에 빠지고 힘에서 밀려난 대다수의 개인들은 소수의 승자에게 종속되는 결과를 가져오고 말았습니다. 자유 경쟁 시대가 열리며 인간의 탐욕은 극대화되어 '힘 있는 자'의 세상이 열리고 만 것입니다. 착취가 노골적으로 정당화되어 이성주의 시대에 전혀 이성적이지 않은 상황이 전개되는 것이죠. '이성의 간계'가 난무하고 이성은 강자의 이익을 대변하는 역할만 하고 있을 뿐입니다. 이미 유럽은 황금을 찾아 식민지 개척에 나섰고 흑인들을 잡아다가 노예로 삼으며 막대한 부를 축적하였습니다. 전혀 인간다운 세상과는 거리가 멀었던 것입니다. 혁명에 성공한 자본가 세력들은 결국 자신의 이익과 행복을 위해 자유주의를 부르짖으며 인간 세계에서 도덕을 버리고 약육강식이라는 밀림의 법칙을 합법화한 것입니다. 그러면서 도덕은 완전히 땅에 떨어지고 '힘'과 '약육강식'의 세상이 열리게 됩니다. 19세기 서양의 제국주의 시대가 막을 올린 것도 이익과 행복을 극대화하기 위한 방안이었습니다.

이런 광경을 목격한 경건주의자인 칸트는 인간이 이성적인 동물이라면 적어도 이런 야수와 같은 비도덕적인 인간 세상은 있어서는 안 된다고 생각한 것으로 보입니다. 그래서 그는 자신의 이론을 전개하기에 앞서 도덕을 통해 쾌락과 행복을 극대화하려는 쾌락주의에 대해 신랄하게 비판합니다. 그는 어떤 경우라도 인간을 목적으로 삼아야 하지 자유를 앞세워 쾌락이나 행복을 위한 수단으로 삼아서는 안 된다고 주장합니다. 칸트가 볼 때, 쾌락과 행복을 도덕의 기준으로 삼는 것은 인간 본연의 권리마저 포기하는 것이나 다름이 없었습니다. 왜냐하면 인간이 쾌락이나 행복을 목적으로 삼는다면 사람들은 인간을 먼저 생각하기보다는 쾌락이나 행복을 먼저 생각하게 되고, 쾌락과 행복을 앞세우면 인격과 인간성은 사라지기 때문입니다. 이익을 위해 거짓말을 밥 먹듯이 하고 인간성을 기반으로 하는 가장 소중한 부부관계나 친구관계마저도 쾌락이나 이익을 얻기 위한 존재로 전락하게 되고 맙니다. 친절하고 정직한 것도 사람 그 자체가 좋아서가 아니라 이익을 위해 그렇게 하는 '계산된 사랑'에 불과합니다.

이렇게 되면 세상은 어떻게 되겠습니까? 세상에 믿을 놈 하나 없고 우리들은 약육강식이라는 틀 안에 갇혀 참으로 피곤한 삶을 사는 겁니다. 이익만을 위한 계산된 삶은 인간끼리 갈등이 일어나고 싸우는 근원이 되며, 인간을 쾌락이나 행복의 수단으로 전락하게 되는 인간 소외 현상이 만연하게 되어 인간의 불행이 시작되는 것입니다. 우리 사회에서 갑질 문화가 극성을 부리는 것도 바로 이런 계산된 삶에서 시작한 것입니다. 그러니 칸트는 인간다운 세상이 되려면 인간 위에 그 무엇을 놓아서는 안 된다고 생각했습니다. 칸트에게는 첫째도 인간, 둘째도 인간입니다. 절대 행복이나 쾌락, 그리고 돈이 인간보다 먼저여서는 안 되는 것입니다. 인간 위에 그 무엇인가를 놓는 것은 인간성을 타락시켜 스스로 불행을 자초하는 것입니다. 그래서 칸트는 행복이 곧 선이 아니며, 이익이 덕이 아님을 《도덕 형이상학 서설》에서 다음과 같이 말하고 있습니다.

> 누군가를 행복하게 만드는 것은 그를 선하게 만드는 것과 전혀 다른 것이며, 이익 추구에 신중하고 약삭빠르게 만드는 것은 덕이 있는 사람으로 만드는 것과는 사뭇 다르기 때문이다.

이처럼 칸트는 공자처럼 덕을 강조하며 도덕이 근본적으로는 행복과는 무관하다고 말하는 한편, 도덕적인 삶을 위해 인간을 항상 목적으로 대해야 한다고 다음과 같이 말하고 있습니다.

너는 너 자신의 인격에 있어서나 아니면 다른 모든 사람의 인격에 있어서 인간성을 단지 수단이 아닌 항상 동시에 목적으로서 대우하도록 행위하라.

위의 칸트의 문구에서 '단지 수단이 아닌 항상 동시에 목적으로서'라는 대목에 주목해야 합니다. 인간은 수단인 동시에 목적적 존재인데 계약적 인간관계에서는 인간을 수단으로만 대하지만 인격적으로는 목적으로 보아야 한다는 것입니다. 그래서 인간을 단순 수단이 아닌 항상 동시에 목적으로 대우하라고 했던 것입니다. 칸트는 목적의 왕국을 건설함으로서 계약적 인간관계에서 오는 인간 소외를 막으려는 도덕적 장치를 마련한 것입니다.

이처럼 계약적 인간관계가 성행하는 속에서 '목적의 왕국'을 건설하려는 칸트의 사상은 너무나 인간적인 사상이라고 생각합니다. '인간을 수단이 아닌 항상 동시에 목적으로 대우하라'는 이 말을 들으면 계약적 인간관계로 인해 갑질문화가 만연한 지금의 상황에서 볼 때 마음이 저절로 숙연해집니다. 왜 우리는 돈과 쾌락에 몰두한 나머지 인간 스스로의 존엄성을 깨고 있는지 인간에 대한 자괴감이 들곤 합니다. 그러니 잘사나 못사나 누구나 외롭고 힘겨운 삶을 살 수밖에 없습니다. 그래서 칸트는 '오로지 선한 것은 선의지뿐'이라고 하면서 인간다운 세상이 되기 위해서는 일단 우리는 스스로 선의지를 가져야 하는 것을 강조합니다. 인간성을 위해 의무감을 갖고 철저히 노력하지 않으면 인간은 조금도 착해질 수 없는 것입니다. 대다수 사람들이 돈과 쾌락을 좇는 것도 이익에 눈이 멀어 선의지도 없을 뿐 아니라 선하면 손해 보는 것 같아 착해지려는 노력을 게을리 하기 때문입니다. 그래서 칸트는 오로지 선한 것은 선의지라 말하며 선의지 없이는 누구도 착해질 수 없다는 것을 강조하고 있습니다. 정신력이 굳건하지 않으면 착해질 수 없다는 것입니다.

뿐만 아니라 사람들이 나태하고 게을러서 이성의 탐구를 멀리할 뿐만 아니라, 또 한편으론 비겁하여 알면서도 도덕을 실천하지 않으려고 한다는 것입니다. 이런 게으름과 비겁함 때문에 성찰하여 자신의 인생을 스스로 인도하기 보다는 다른 사람이나 또는 집단이 만들어 놓은 거대한 이익 체제 속에서 머물거나 혹은 맹종하며 살아가는 것을 선호합니다.

왜 사람들이 철학보다는 종교를 좋아할까요? 칸트는 사람들이 종교에 쉽사리 안주하는 것도 스스로 노력하여 어렵게 인간의 길을 가기보다는 이미 신이 깔아 놓은 멍석에 앉아 신의 축복을 받고 사는 것이 편안한 길처럼 보이기 때문이라는 것이죠. 결국 칸트는 의무감을 저버린 복을 구하는 종교는 진정한 종교가 아니라는 것입니다.

칸트는 노력하지 않는 사람의 정신 수준은 아이의 그것과 크게 다르지 않다고 봅니다. 이런 사람은 나이가 들어도 공자가 말한 '생명의 도둑'처럼 몸은 성인이지만 정신은 아이만도 못한 사람들입니다. 칸트는 세상에는 이런 개돼지 같은 사람이 생각보다 많기 때문에 세상이 탁하고 '목적의 왕국'을 건설하는 것은 결코 쉽지 않다는 것을 알고 있었습니다. 칸트는 대다수 사람들은 쾌락이나 이익을 좇는 사람들이기 때문에 누구도 쉽게 그 길을 가려고 하지 않으려 한다는 것을 알고 있었다고 생각합니다.

그렇지만 칸트는 이런 암울한 상황에서도 결코 포기하지 말아야 한다고 합니다. 포기하는 것은 스스로 인간이기를 거부하고 하이에나와 같은 동물로 전락하는 것입니다. 지금과 같은 자유주의 시대에는 이익을 앞세우다 보면 '나'만 있고 '너'는 없으며 '권리'만 있고 '의무'는 없습니다. 그러니 지금과 같이 이익을 탐하는 사회에서는 일말의 양심조차 찾아보기 어렵습니다. 그래서 칸트는 "성숙한 자유를 위해서는 엄격함이 요구된다."라고 하였습니다.

칸트는 진정 인간이 되고자 한다면 자신의 권리만 앞세우기보다는 '숭고한 의무여!'를 외치며 그것을 향해 나아가는 것이 가장 인간답게 사는 유일한 길이자 희망이라고 말하고 있습니다. 비록 인간 세상이 타락의 길을 가고 있지만 '숭고한 삶'을 살자는 칸트의 메시지는 인간의 욕심 많은 세상에서 우리의 순순한 마음을 일깨우는 훈훈한 정신이라고 생각합니다. 우리는 보다 나은 인간 세상을 살고자 한다면 "인간성을 수단이 아닌 항상 동시에 목적으로 대우하라."는 칸트의 말을 되새겨 돈과 이익만 생각하지 말고 인간을 최고의 목적으로 생각하는 우리의 순수성을 잃지 않도록 노력해야 한다고 생각합니다. 그러면 이익 사회에 만연한 탐욕과 갑질 문화가 어느 정도 해소되리라 생각합니다.

어울림의 철학은 칸트처럼 결코 이익과 행복만을 추구하는 것을 거부합니다. 비록 자신의 안위를 위해 인간이 이익과 행복을 떠나서 살 수 없지만 그렇다고 진정한 행복을 위해서도 인간성을 포기할 수 없습니다. 인간성을 회복하는 것은 너와 나를 동시에 위하는 길입니다. 그래서 우리는 이익과 행복을 추구함과 동시에 칸트의 말처럼 반드시 그에 걸맞게 책임과 의무를 지키며 인간성 역시 지키려고 노력해야 한다고 생각합니다.

 강한 책임감은 훌륭한 삶과 인격의 징표입니다. 그래서 더더욱 이익과 행복은 책임과 의무를 별개로 하려고 해서는 안 됩니다. 우리는 개인이자 동시에 사회인이니까요. 어디에도 순수한 개인도 순수한 사회인도 없습니다. 모두다 개인인 동시에 사회인인 겁니다. 개인만이 실체라는 사회명목론과 사회만이 실체라는 사회실재론이 모두가 틀린 것입니다. 그래서 개인이기 때문에 개인의 이익과 행복을 추구하면서도 동시에 사회의 구성원이기 때문에 사회적 책임과 의무를 다해야 합니다. 그래야 비로소 서로가 더불어 살고 인격이 존중받는 건전한 사회가 될 것이라고 확신합니다.

 칸트의 '목적의 왕국'은 지나친 개인주의로 이익만 추구하는 척박하고 삭막한 사회에서 어떻게 하면 인간성이 조금이나마 훈훈한 세상을 만들 수 있을까 하는 엄숙하고도 치밀한 철학적 산통에서 나온 것이라 생각합니다. 철학적 산통이 없이는 우리가 나아가야 할 방향을 잃으므로 칸트는 반드시 철학을 통해 철학적 사고를 배워야함을 강조하고 있습니다.

공자의
'덕을 훔치는 도둑'과 '생명의 도둑'

공자는 '정치(政)는 곧 바름(正)'이라고 말했습니다. 정치가들과 고위 공직자들뿐만 아니라 모두가 바로 서야 나라가 바로 설 수 있다는 말입니다. 정치가는 정치가답게, 국민은 국민다울 때 세상이 제대로 돌아간다는 말입니다.

허나 지금 대한민국은 어떻습니까? LH 직원들의 투기 사건을 계기로 적폐를 청산하고 '바름正'의 기준이 되는 공정성의 가치를 강조한 문재인 정부에서도 편법과 반칙이 통한다는 사실이 밝혀지면서 '이게 나라냐'라는 자조 섞인 분노가 온 나라를 뒤덮었고, 지금의 윤 정부는 '공정'과 '상식'을 강조하면서도 가장 비상식적이고 공정하지 못한 강압 정치를 하고 있습니다. 자신을 둘러싼 의혹은 은폐하면서 하루가 멀다하고 협치를 받아야 할 야당에 대한 압수수색이 이루어지고 있습니다. 겉으로는 법치주의를 강조하지만 자신의 권력을 다지고 정적을 제거하기 위한 수단으로 법을 활용하면서 민생은 완전히 뒷전으로 밀리고 있는 인상을 지울 수 없습니다. 이런 잘못된 정국 운영 때문에 윤석열 정부는 임기 초반부터 윤석열 퇴진 운동이 활발히 일어나고 있으니 바람 앞에 촛불 신세나 다름이 없습니다. 조금이라도 야당과의 대화를 하고 민생을 돌보는 정치를 했다면 이런 일이 결코 일어나지 않았을 것입니다. 지금의 정치는 덕이 실종된 패도정치로 밖에 보이지 않습니다. 이것은 공자가 강조한 바른 정치를 무시한 결과이고, 세상이 온통 '덕을 훔치는 도둑들의 세상'이라는 인상을 지울 수가 없습니다. 우리는 지금 완전히 '인간의 도가 실종된 나라'에서 살고 있는 셈입니다.

왜 사람들이 바른 길을 가지 않는 것일까요? 바로 이익에 눈먼 탐욕 때문이라 생각합니다. 세상에 바른 길을 가지 않는 것은 정도를 무시하는 세상의 욕심쟁이들이 활보하기 때문입니다. 지금 이 나라는 빈부격차가 자꾸만 벌어지는 데도 부자감세를 추진하여 부자들을 더욱 부자 되게 만들고 난방비 폭탄으로 가난한 자들은 추위에 떨게 만들며 고독과 가난에 시달리는 노인을 구제하기 위해 만든 노인일자리까지 없애고 있습니다.

이것을 볼 때 권력자와 부자들의 탐욕은 끝이 없어 보입니다. 만족을 모르는 인간의 탐욕은 세상을 혼란에 빠뜨리는 주범입니다. 특히 이익을 탐하는 자본주의 사회는 그야말로 탐욕이 사회의 동력 역할을 하고 있습니다. 빚을 권장하여 집을 사게 하여 은행과 건설사만 배불리게 하고 있습니다. 자본주의를 먹여 살리는 성장과 발전의 뒤에는 어김없이 무서운 탐욕이 도사리고 있습니다. 그래서 공자는 나이 먹을

수록 〈탐욕〉을 경계하라고 다음과 같이 말하고 있습니다.

> 군자가 경계해야 할 것이 셋이 있으니, 젊어서는 혈기가 안정되어 있지 않기 때문에 여색을 경계하고, 장년기가 되어서는 바야흐로 혈기가 왕성하므로 싸움을 경계해야 하고, 노년에 이르러서는 혈기가 쇠했기 때문에 탐욕을 경계해야 한다.

공자는 나이가 들어서도 탐욕에 빠져 세속에 아첨하고 불의를 일삼는 위선자들은 '덕을 훔치는 도둑'이라고 말하고 있습니다. 그리고 인간이 해야만 하는 도리를 팽개치고 이익을 탐하는 자들을 '소인배'라고 하였습니다. 공자는 도덕이 땅에 떨어져 백성들의 삶은 아랑곳하지 않고 자신의 이익과 권세만을 탐하는 소인배들을 보면서 "얼굴빛은 위엄이 있으면서도 속이 유약한 것, 소인에 비유하여 말한다면 담벼락을 뚫고 담을 넘는 좀도둑과 같다."라고 한탄하면서 "소인들 사이에서 근엄하다고 우대 받는 자는 덕을 훔치는 도둑이다."라고 하였습니다.

이들은 자신의 이익을 얻기 위해 세상에 아부하는 자로서 겉으로는 대중의 지지를 받으며 의젓하게 행세할 수도 있습니다. 또한 자기의 이익과 명예를 위해 남을 중상모략하고 불의를 저지를 수도 있습니다. 대통령을 포함하여 국회의원과 공기업 직원, 고위 공직자들의 편법과 불의를 보면 공자의 말이 딱 맞아떨어지는 것 같습니다.

이처럼 나라의 신뢰성이 무너지고 도덕이 힘을 잃으면 세상에는 이익을 탐하는 소인배와 덕을 훔치는 도둑들이 득세하기 마련이고 그만큼 백성의 삶은 피폐해지고 어려워집니다. 그래서 결국은 백성들의 원망을 사고 그 사람들은 역사적 죄인이 되고 맙니다. 그래서 공자는 덕을 훔치는 도둑들과 소인배에게 "이익을 좇아 일을 행하면 반드시 원망을 산다."라고 말한 다음 "작은 이익을 탐하지 말라. 작은 이익에 매달리면 큰일을 이루지 못한다."고 충고하고 있습니다. 그러면서 진정 사람을 얻는 방법은 이익이 아니라 '덕'이라고 다음과 같이 말하고 있습니다.

> 제나라 경공이 말 4천 필을 갖고 있었으나, 그가 죽었을 때 사람들은 그를 칭송할만한 것을 찾지 못했다. 백이와 숙제는 수양산 밑에서 굶어 죽었지만 사람들은 아직도 그들을 칭송하고 있다. 시경에 이르기를 "사람들이 칭송하는 것은 부가 아니라 남다른 덕이다."라고 함은 바로 이를 두고 한 말이다.

공자의 이 말은 진정으로 인정받고 싶다면 자신의 이익을 위해 부를 탐할 것이 아니라 다른 사람에게 덕을 베풀어야 하며, 다른 사람으로부터 진정한 찬사를 받으려면 다른 사람을 생각하고 배려해야 한다는 것입니다. 곧 덕이 있어야 세상 사람들로부터 진정으로 추앙받을 수 있다는 이야기입니다.

문제는 이런 사실도 모르고 날뛰는 탐욕스럽고 무례한 소인배들이 넘쳐난다는 것이죠. 혈기만 믿고 날뛰는 인간도 인간이지만 나이는 먹었어도 전혀 덕이 없는 인간이 세상에는 많다는 것이죠. 공자는 나이는 먹었지만 조금도 덕이 없는 사람을 '생명의 도둑'이라고 말하고 있습니다. 공자는 자신을 보고도 쭈그려 앉아 아는 체도 하지 않고 보고만 있는 옛 친구인 원양을 '생명의 도둑'이라고 다음과 같이 말하고 있습니다.

"자네는 어렸을 때에도 공손하지 못했고, 자라서도 이렇다 할만한 일도 하지 않더니 늙어서도 여태 죽지 않았으니 생명의 도둑이야." 라고 하며 지팡이를 들어 그의 정강이를 두드렸다.

공자는 원양의 어머니가 죽자 가서 장례를 도와주었지만 원양은 자신의 모친 관 위에 올라가 노래를 불렀다고 합니다. 원양이 젊어서는 그럴 수 있다고 해도 나아가 들어도 전혀 변화가 없이 무례함을 범하니 공자는 그를 '생명의 도둑'이라고 하였습니다. 공자는 원양이 태어나지도 말았어야 할 인간, 살 가치도 없는 인간으로 보았던 것입니다.

도덕성을 강조하는 공자의 가르침은 도덕성이 바닥을 드러낸 지금에 더욱 필요한 사상이 아닐까 싶지만 실현성이 그다지 많지 않습니다. 대다수 사람들은 탐욕을 강조하는 자본주의에 몰두한 나머지 이익을 추구하는데 급급할 뿐만 아니라 그런 자신이 '덕을 훔치는 도둑'인지 '생명의 도둑'인지를 성찰하지 못하기 때문입니다.

그렇다고 포기할 수는 없습니다. 어울림의 철학은 도덕이 세상을 이끄는 주요 원동력이 될 수는 없지만 그래도 도덕이 땅에 떨어지는 순간 우리 인생도 끝없이 추락한다는 사실을 말하고 싶습니다. 이익을 탐하는 사회일수록 엄숙하고 엄격한 도덕도 한편에선 살아있어야 합니다. 그래서 칸트는 "성숙한 자유를 위해서는 엄격함이 요구된다."고 하였습니다.

이익과 도덕이 어울리는 사회가 건전한 사회이며 우리가 가야할 길입니다. 도덕성은 건전한 사회의 전제 조건이며 도덕성을 무시한 실용주의는 자기만 잘 살면 된다는 천박한 이기주의의 부산물입니다. 그래서 어울림의 철학은 이익과 도덕이 함께 동행하고 어울리기를 바라는 철학입니다. 마이클 샌델도 지금이 경제중심의 자본주의 사회지만 정의로운 사회가 되기 위해서는 도덕적 가치가 필요하며 도덕적 갈증이 해소되어야 함을 새삼 강조하고 있습니다.

덕은 사업의 근본이다

이익을 강조한 자본주의 사회에서 '도덕'하면 왠지 고리타분하다는 생각을 하게 됩니다. 허나 왜 공자나 소크라테스와 같은 옛 스승들이 '덕'을 그렇게도 강조하였는가를 다시 한 번 생각해 볼 때라고 생각합니다. 왜일까요? 세상이 아무리 변해도 덕이라는 것은 세상을 살아가는데 있어서 사업의 근본이 되기 때문이라고 생각합니다.

덕은 인간이 지켜 나가야 할 길이라는 뜻에서 도덕(道德)이며 같은 운명 공동체로서 자기 자신을 넘어 다른 사람에 대한 동정심이나 배려가 담겨 있습니다. 그래서 굳이 군자가 아니더라도 사람으로서 정도를 가기 위해서는 반드시 가야할 길이라고 생각합니다. 도덕은 인간 세상을 살아가는데 필요한 어울림의 기초가 되는 셈입니다.

이것을 증명이라도 하듯 최근에 하버드 교수 마이클 샌델도 "도덕이 개입하는 정치는 회피하는 정치보다 시민의 사기 진작에 도움이 된다. 더불어 정의로운 사회건설에 기반이 된다."고 말하면서 정의조차 도덕에 기초하지 않으면 안 되며 '정치도 도덕에 기초해야 함'을 새삼 강조하고 있습니다. 즉 인간 세상이 바른 길을 가기 위해서는 "순전히 개인적인 관점에서만 좋은 삶을 정의하는 태도를 멀리하고 건전한 시민 덕성을 배양해야 한다."고 말하고 있습니다.

샌델은 이익을 강조하는 시장원리로서는 심한 불평등으로 인해 더 이상 정의를 실현할 수 없다고 말했습니다. 불평등과 빈부격차는 사회 구성원을 분리하여 어울림을 방해하기 때문입니다. 사람들은 탐욕스런 자본주의 시장 경제에 빠져 공동선을 추구하는 시민 의식이나 남에 대한 생각은 눈꼽만큼도 생각하지 않는 성향이 강해 세상은 참으로 차갑고 야박한 '차가운 회색지대'로 변해가고 있습니다. 그래서 세상에는 도덕과 정의가 실종되고 한편으론 반칙과 술수가 난무하고 있습니다. 부자가 되는 것이 곧 행복이라는 환상에 빠져 공공선을 생각하는 덕에 대해서는 조금도 생각하지 않고 성공을 위해서라면 물불 안 가리는 피곤하고 파렴치한 세상에 살고 있습니다. 그래서 마이클 샌델은 "경제중심의 사회가 낳은 폐해는 심각하다. 도덕적 해이와 거짓말, 각종 로비와 공직자의 부패, 경제인의 각종 특혜와 비윤리적인 이권개입, 일반 시민의 도덕 불감증 등 경제논리에 가려 어느 정도의 비도덕은 묵인할 수 있다는, 근거가 빈약한 관용이 사회 저변에 광범위하게 퍼져 있다."고 말하면서 정의로운 사회가 되기 위해서는 '도덕적 갈증'을 채워야 함을 강조하고 있습니다.

왜 지도자에게 엄격한 도덕이 중요합니까? 바로 그 사람에게 나라와 국민을 생각하는 선의지가 있는가, 즉 덕이 있는가를 판단하는 기준이 되기 때문입니다. 만일 푸틴과 같은 부도덕한 사람이 대통령이 된다면 어떻게 되겠습니까? 선의지가 전혀 없는 사람에게 권력을 주면 도둑에게 무기를 주는 것이나 다름이 없다고 생각합니다. 이미 우리는 덕이 없는 권력, 이명박 박근혜 정부를 통해 얼마나 선의지가 없는 인간이 무서운가를 실감했습니다. 권력자의 사익을 위해 권력을 농단하기 때문입니다. 촛불 혁명을 통해 국정 농단을 막았지만 우리는 다시 이런 문제에 부딪히고 말았습니다. 그만큼 세상은 탁하고 언제든 파리 떼가 우글거릴 수 있다는 증거입니다. 홍자성은 선의지 없는 배운 도둑질의 무서움을 다음과 같이 말하고 있습니다.

> 마음의 본바탕이 깨끗해야 바야흐로 책을 읽고 지혜를 배울 수 있다. 그렇지 않으면 한 가지 선행을 보아도 지혜를 훔쳐 사욕을 채울 것이고, 자기의 잘못을 덮으려고 할 것이다. 이는 곧 원수에게 무기를 빌려 주고, 도적에게 양식을 주는 것과 같다.

우리 서로가 어울리는 세상이 되려면 덕이 있어야 하고 정의가 전제되어야 합니다. 인간 세상은 하나의 거대한 관계라고 해도 결코 틀린 말은 아니기 때문입니다. 공자나 소크라테스가 일찍이 도덕 사회를 건설하려고 했던 것도 관계와 관계로 맺어진 어울림의 세상에서 덕이 없이는 누구도 행복한 세상을 살기 어렵기 때문입니다. 덕이 없는 세상은 오로지 승자만이 활보할 수 있는 약육강식이 횡행할 것입니다. 허나 누가 영원한 승자가 될 수 있을까요? 그래서 아리스토텔레스는 우리가 행복하고 살기 좋은 어울림의 세상을 만들려면 "정의로운 행동을 함으로써 정의로워지며 절제 있게 행동함으로써 절제 있게 되며 용감한 행위를 함으로써 용감해진다."고 말하면서 선의지를 갈고 닦아 계속해서 덕을 길러나갈 것을 강조하고 있습니다.

그런데 덕을 기르기가 결코 쉽지 않습니다. 이익을 강조하는 자본주의 사회에서는 덕보다는 눈앞의 이익을 더 중요하게 생각할 뿐만 아니라 덕이란 단순히 본성적으로 주어지는 것이 아니라 의지를 갖고 끊임없이 이기적인 마음을 억누를 때 비로소 얻어지기 때문입니다. 대다수 사람들이 덕이 없는 것도 당장 돈을 벌려고만 열심이지 덕을 닦는 데는 별도로 노력하지 않기 때문입니다.

허나 덕이 없는 인간이 어떻게 크게 성공할 수 있을까요? 지금 당장은 덕이 없이도 성공할 수 있지만 시간이 지나면서 덕이 없는 추악한 모습이 드러나면 곧바로 추락의 길을 가게 됩니다. 추락에는 끝이 없어 한순간에 몰락할 수 있습니다. 그래서 아무리 높은 자리에 가도 성공하기 위해서는 기본적으로 덕을 갖추어야 합니다. 진정으로 성공한 사람은 온갖 술수를 써서 돈을 많이 번 사람이 아니라 살아 있을 때 정도를 가 죽어서 다른 사람으로 칭송받는 사람이기 때문입니다. 돈을 많이 벌었지만 다른 사람으로부터 칭송받지 못하고 그의 추한 행동에 비난을 받고 산다면 어찌 진정으로 성공하였다고 할 수 있겠습니까? 그래서 공자는 "덕이 있는 자는 외롭지 않으니, 반드시 이웃이 있기 마련이다."고 하였습니다. 70인의 제자가 공자를 따른 것처럼 유덕자(有德者)에게는 반드시 사람들이 모여들기 때문입니다. 그러니 진정으로 성공하고자 한다면 자신의 이익만 챙기기에 급급하지 말고 덕을 갈고 닦아 남에게 베풀 수 있는 기본적인 인간미를 갖추어야 한다는 것입니다.

인간미를 갖추는 것은 겉으로는 다른 사람을 위한 것으로 보이지만 실은 상대방의 호응을 얻어내기 때문에 자기 자신을 위한 길이기도 합니다. 그래서 홍자성은 "덕은 사업의 근본이니, 근본이 단단하지 않고서는 그 집이 오래가지 못한다."고 하였습니다. "장사란 이익을 남기기보다 사람을 남기기 위한 것이며, 사람이야말로 장사로 얻을 수 있는 최고의 이윤이고, 따라서 신용이야말로 장사로 얻을 수 있는 최대의 자산이다."라는 거상 임상옥의 말을 보면 이익을 추구하는 장사에도 덕이 있어야 함을 강조하고 있습니다. 당장 눈앞의 이익에 눈 먼 덕이 없는 사람은 오래 장사할 수 없다는 이야기입니다. 따라서 어울림의 철학은 긴 안목을 보고 사업을 할 때도 덕이 근본이며 인생살이 자체도 덕스럽게 살려고 노력해야 함을 다시 한 번 강조하고 싶습니다.

진정한 성공이란

사람들은 누구나 사회적 성공을 꿈꿉니다. 성공이 부와 명예, 그리고 권력까지도 가져다주기 때문입니다. 특히 지금과 같은 승자독식주의 문화는 더욱 성공에 집착하도록 만들고 있습니다. 성공하면 무엇이든 얻을 수 있지만 실패하는 날에는 삶의 기반조차 흔들리기 때문입니다. 그래서 성공을 위한 자기 계발서가 대단한 인기를 얻고 있습니다. 자기 계발만 잘 하면 얼마든지 성공할 수 있다는 신념을 심어주기 때문입니다. 반대로 한 때 인기 있었던 철학과 같은 인문학은 인기가 형편없습니다. 인문학은 성공에 앞서 우리들의 삶의 전체를 성찰하며 반성하는 학문이기 때문입니다. 반성은 성공을 지향하는 자기 계발서처럼 세상을 긍정적으로만 보지 않고 때로는 비판적으로 고찰합니다. 자기 계발서가 지향하는 성공조차 비판적으로 고찰하는 것이 인문학의 특징인 것입니다. 그러니 성공을 지향하는 사회에서 인문학의 인기는 예전만 못합니다.

자기 계발서가 인기 있는 만큼 지금 사회는 성공 신드롬으로 꽉 차 있습니다. 그 열풍에 힘입어 누구나 성공 신화의 주인공이 되고자 합니다. 허나 성공은 그리 만만하지 않습니다. 경쟁이 너무나 치열하여 성공하기도 쉽지 않을뿐더러 어디까지가 성공인지를 정확히 모르기 때문입니다. 대개의 경우 일차적 성공은 확실한 기회를 얻기 위한 발판이지, 확실한 성공이라 단언할 수 없습니다. 사람들은 일차적 성공을 진정한 성공이라 착각하여 긴장의 끈을 늦추고 안락함에 빠져들어 패가망신하는 경우가 많습니다. 돈 좀 벌었다고 건방떨다가 곧바로 곤두박질치는 경우가 다반사인 것입니다.

성공을 확실히 다지기 위해서는 일차적 성공을 기회로 삼고 더욱 긴장하여 일에 전념해야 비로소 반석 위에 오를 수 있습니다. 그래야 진정 사회적으로 성공할 수 있고 큰 명성을 얻을 수 있습니다. 적어도 자기가 이루고자 하는 일에 최소한 10년 이상은 다져야 기반을 다질 수 있는 것입니다. 3년도 되지 않아 돈 좀 벌었다고 성공의 축배를 마시는 것은 현명한 처사가 아닙니다. 처음 성공했다고 해서 긴장의 고삐를 늦추는 것은 다 잡은 고기를 놓치는 것과 크게 다를 바가 없습니다. 천하를 제패한 칭기즈 칸이 거대한 제국을 세우고 나서도 화려한 궁전을 짓지 않고 부하들과 함께 움막생활을 한 것도 첫 성공에 만족하여 안락함에 빠져들지 않기 위해서입니다. 허나 진시황은 아방궁을 짓다가 바로 나라가 망하지 않았습니까? 대다수 사람들이 일차적 성공을 진정한 성공으로 알고 흥청망청하다가 끝없는 추락을 하는 경우를 수도 없이 볼 것입니다. 적어도 무언가를 했을 때 5년 이상 지나야 겨우 자리잡는다고 할 수 있습니다. 아무리 처음에 잘 되어도 바짝 긴장하지 않으면 추락을 면할 수 없다는 사실을 반드시 기억해야 합니다. 좀 잘 나간다고 하여 팔방미인처럼 이것저것 벌리다 보면 쪽박 찰 위험이 커집니다. 그러니 자리를 굳건히 잡을 때까지는 경거망동하지 않아야 합니다.

그러나 아무리 조심하고 조심해도 성공은 누구에게도 쉽게 그 실체를 드러내지 않는 법입니다. 성공이란 것은 수많은 실패를 거듭하여 최악의 순간까지 가도 깜깜 무소식일 때가 많습니다. 한번 쓰러져 다시는 일어나지 못하는 사람도 부지기수입니다. 쓰러져도 다시 일어나고 또 다시 쓰러져도 엄습하는 자살을 이겨낼 강인한 용기와 인내 없이는 맛보기 힘든 것이 바로 우리네 성공입니다. 남 보기엔 쉬워도 당사자는 피 말리는 날을 지새워 일군 것입니다. 그만큼 경쟁이 치열하고 나보다 뛰어난 사람이 많다는 이야기입니다. 그래서 실존주의 철학자 키에르케고르는 "인생에서 진정한 승리란 조심스레 쌓아올린 공든 탑이 한순간에 무너졌을 때 처음부터 다시 시작하는 것이다. 절망에 대한 가장 훌륭한 치료약은 바로 희망이다."라고 말하고 있습니다. 처칠도 "성공이란 실패를 거듭해도 결코 열정을 잃지 않는 것이다."라고 말하였습니다.

허나 아무리 열정을 가지고 뛰어도 사회적 성공은 아무나 할 수 있는 것이 아닙니다. 하늘이 도와주지 않으면 혼자 힘으로는 이룩할 수 없다고 봅니다. 세상의 덕도 보아야 비로소 성공을 맛볼 수 있습니다. 너무 빨라도 너무 늦어도 성공하기 어렵습니다. 그래서 무한 경쟁 사회에서 성공을 바라는 것은 낙타가 바늘구멍으로 들어가는 것만큼 어렵습니다. 사람들이 너도 나도 성공하기를 바라지만 그것은 장자가 말하는 것처럼 '오리 다리가 학 다리가 되기'를 바라는 것과 크게 다르지 않습니다. 특별한 재능이나 끼를 타고나지 않은 평범한 우리들이 살아갈 수 있는 것이란 성공보다는 큰 그르침 없이 '무탈하게 사는 것'입니다. 홍자성은 "세상을 살아가면서 반드시 성공하기만을 바라지 마라. 그르침이 없으면 그것이 바로 성공이다."라고 말하고 있습니다.

그런데 이 시점에서 다음과 같이 묻고 싶습니다. '사회적 성공만이 진정한 성공일까?' 하는 것입니다. 사람들이 흔히 찬양하고 성공했다고 말하는 생활은 단 한 가지, 즉 돈을 많이 벌었다는 것이 일반적입니다. 허나 사회적으로 성공하고도 많은 사람들로부터 원망과 지탄의 대상이 된다면 우리는 그것을 과연 진정한 성공이라고 말할 수 있을까요? 톨스토이는 "부자의 만족은 가난한 자의 눈물로 만들어진다."고 하였습니다. 즉 남을 착복하지 않고는 큰 부자가 될 수 없다는 것입니다. 큰 부자가 되고도 세상 사람들의 입 방망이에 오르내린다면 그것을 우리는 진정 성공했다고 말할 수 있겠습니까?

진정한 성공은 '세상에 필요한 소금'이 되고 그 소금으로 인해 많은 사람들이 행복해 할 때 진정한 성공이 아닐까 합니다. 그것은 단순히 사회적으로 성공하여 부와 권력을 많이 쌓은 일신상의 성공이 아니라 다른 사람에게 많은 것을 베풀어 사람들로부터 존경 받고 찬사 받는 것이 진정한 성공이라고 생각합니다. 우리나라 재벌들이 욕을 많이 얻어먹는 것도 회사 돈을 횡령해서라도 돈을 가지려고만 하지 남에게 베풀려고 하지 않기 때문입니다. 그런 재벌에게는 사는 데 필요한 물질만 필요로 했지 삶의 진정한 영혼이 없었던 것입니다.

허나 진정한 성공은 무엇이겠습니까? 진정한 성공은 다른 사람에게 비친 옷이 아니라 영혼인 것입니다. '화려한 멋쟁이'보다는 '기품 있는 영혼'을 가진 사람이 진정으로 성공한 사람인 것입니다. 가진 것은 적어도 다른 사람에게 기쁨을 주어 찬양받는 사람이 진정으로 성공한 사람입니다. 에머슨은 진정한 성공이 무엇인지를 다음과 같이 말하고 있습니다.

성공이란 무엇인가?

성공이란 자주 밝게 웃는 것이다.
지성인으로부터 존경을 받고,
아이들로부터 인정을 받는 것이다.
정직한 비평에 감사할 줄 알고,
나쁜 친구의 배반도 참아낼 줄 아는 것이다.
아름다움이 무엇인지를 아는 눈을 갖고,
다른 사람의 좋은 점을 찾아낼 줄 아는 것이다.

아이를 건강하게 기르거나,
한 뙈기의 정원을 가꾸거나,
주변 환경을 좋게 만듦으로써
좀 더 좋은 세상을 만들고 떠나는 것이다.

내가 살아있기에 단 하나의 생명이라도 행복해지는 것,
그것이야말로 진정한 성공이다.

에머슨은 나로 인해 '단 하나의 생명이라도 행복해지는 것'이 진정한 성공이지 나만 잘 먹고 잘 사는 것이 진정한 성공이 아니라고 한 것입니다. 더 나아가 늘 실천하여 인생을 마감할 때 축복받는 사람이 진정으로 성공한 사람이라고 생각합니다. 사람들은 갓 태어난 아이에게 축복을 보내지만 아이가 커서 어떻게 될지는 아무도 모릅니다. 겉으로는 성공한 것처럼 보이지만 남을 사기쳐서 얼마든지 그렇게 될 수 있습니다. 그래서 《탈무드》에서는 "진정한 축복은 태어날 때가 아니라 죽음이란 영원한 잠에 들어갈 때 보내야 한다."고 했습니다. 그러므로 진정으로 성공한 사람은 죽고 나서 다른 사람들로부터 찬사를 받는 사람이고 사회적으로 성공하고도 많은 사람들의 원망과 지탄의 대상이 되는 사람은 진정으로 실패한 인생을 산 사람인 것입니다. 벤저민 프랭클린의 다음의 글은 진정한 성공이 무엇인지를 확실하게 말해주고 있습니다.

누구나 사람들로부터 자신의 가치를 인정받고 그들에게 존경받고 싶은 열망은 있지만, 옳은 방법으로 인정받고 존경받는 사람이 적은 것은 걱정스럽고 슬픈 일이다. 이런 숭고한 야망을 그릇되게 추구하는 일이 너무나 흔하다. 중요한 사람이 되려고 공부에 매진하거나 부를 좇는 사람도 있고, 재치 있고 매력적인 사람이 되어 인정받으려는 사람도 있다. 하지만 덕과 비교해 볼 때, 재치나 부, 외모, 학벌이란 무엇인가? 우리가 매력적인 사람을 좋아하고, 공부를 많이 한 사람을 칭송하며, 부유하고 힘 있는 사람을 두려워하는 것은 사실이지만, 덕이 있는 사람은 숭배하고 사랑한다. 이것은 자연스러운 일이다. 그만큼 덕

있는 사람은 흔하지 않기 때문이다. 부지런히 선행을 하면서 자신을 훌륭하게 가꾼다면 덕이 있는 사람이 늘어나겠지만, 선함이 없는 훌륭함이 존재할 수 있다는 생각은 대단한 착각이다. 덕을 갖추지 않는 훌륭한 사람이란 결코 있을 수 없다.

어울림의 철학은 사회적 성공이 진정한 성공이 아니라 덕스럽게 살면서 남에게 미소와 희망을 주어 죽을 때 박수갈채를 받는 것을 진정한 성공이라고 정의하고 싶습니다.

피론의 돼지

노자는 '어리석게 살라'고 다음과 같이 말합니다.

> 사람들은 영리하지만, 나는 도리에 어둡고 어리석다. 나는 정처 없이 출렁이는 바다이며, 그냥 스쳐가는 바람이다. 사람들은 모두 능력 있지만, 나는 우둔하고 촌스럽다. 나는 사람들에게서 멀어져 자연이라는 어머니 품에 안기리라.

노자는 세상의 이치처럼 의욕적이고, 영리하고, 능력이 있다고 결코 행복할 수 없다고 말하고 있습니다. 우리의 생각과는 정반대로 이야기를 하고 있습니다. 우리는 능력 있고 영리해야 행복할 수 있다고 생각하는데, 노자는 오히려 세상에서 어리석게 살 때 진정으로 행복하게 살 수 있다고 말하고 있는 것입니다.

노자의 진의를 알기 위해 우리들의 평범한 일상을 먼저 살펴보기로

하겠습니다. 우리는 걱정 없이 사는 경우가 거의 없다고 생각합니다. 정도 차이는 있지만 있으면 있는 대로, 없으면 없는 대로 걱정거리를 달고 삽니다. 때로는 걱정 때문에 힘들어 하고 고통스럽고 우울하게 시간을 보내는 때가 많습니다. 문제는 걱정을 한다고 해도 걱정거리가 풀리는 것도 아니라는 것입니다. 오히려 걱정하면 할수록 우울증이 더 심해지고 강박관념에 시달리게 됩니다. 왜 우리는 풍요로운 세상 속에서도 이렇게 걱정을 하며 살까요?

사색의 철학자 몽테뉴는 '피론의 돼지'라는 이야기를 통해 인간의 얄팍한 지식이 때로는 근심과 걱정의 근원 중의 하나라고 말하고 있습니다. 그리스 철학자 피론은 여행 중 사나운 폭풍을 만났습니다. 사람들은 파도가 배를 집어삼킬 듯이 맹렬하게 몰아치자 두려워하며 모두가 허둥댔습니다. 자신조차 마땅히 방법을 찾지 못했던 피론은 모두가 허둥대며 두려움에 떨던 그 와중에도 유일하게 평정심을 잃지 않고 평화로운 모습으로 잠자고 있는 존재를 발견합니다. 바로 돼지였습니다. 폭풍우에 대해 알고 있는 인간은 폭풍우가 무서워 안절부절 못하고 허둥댔지만, 폭풍우를 모르는 돼지는 폭풍우에 개의치 않고 편안하게 단잠을 즐기고 있었던 것입니다. 불교나 철학자들이 '무지는 악의 근원이자 불행의 근원'이라 하지만 오히려 인간의 얄팍한 지식이 불행의 근원이고 세상에 대한 무지가 행복의 근원이 되고 있는 셈입니다. 이런 사실을 통해 몽테뉴는 지식이라는 것도 인간을 고문하기 위한 것은 아닌지 다음과 같이 반문하고 있습니다.

인간에게 이성이 있는 것은 우리를 고문하기 위해서라고 감히 결론을 내도 괜찮을까? 만약 우리가 지식을 얻게 되어, 오히려 그것을 얻지 않았더라면 누릴 수 있었을지도 모르는 평정과 안식을 잃게 된다면, 그리고 그 지식이란 것이 우리의 처지를 피론의 돼지보다 더 열악하게 만든다면, 지식이란 것이 대체 무슨 소용이 있겠는가?

분명 인간은 지구상의 다른 존재와는 달리 생각하는 존재입니다. 과거와 현재, 그리고 미래까지 생각하는 존재입니다. 인간이 다른 동물보다 우월한 위치를 갖는 것도 바로 이런 '생각하는 힘' 때문이라고 생각합니다. 그래서 인간은 어떻게든 자신의 운명도 좋은 방향으로 바꾸려 노력을 합니다. 불철주야 배워서 성공신화의 주역이 되고자 발버둥치는 것이죠. 그러니 인간의 고민이 많을 수밖에 없는 것입니다. 생각이 많은 만큼 걱정도 고민도 커지는 것입니다. 반면 피론의 돼지처럼 생각이 짧은 동물들은 그런 걱정을 하지 않습니다. 우리 인간처럼 잘 살고 오래 살려고도 노력하지도 않습니다. 그냥 주어진 여건에 맞추어 살아갈 뿐입니다. 죽음조차 운명처럼 받아들입니다. 단순하기 때문에 살아가면서 그만큼 고민도 없고 걱정거리도 없는 것입니다.

반면 우리는 어떻습니까? 인생에 언제 불어 닥칠 줄 모르는 폭풍우를 두려워하며 의욕적으로 공부하고 불철주야 일을 하지만, 그것은 결코 우리를 행복하게 하지 않습니다. 무수한 경쟁 관계를 뚫고 물질을 쌓으면 쌓을수록 행복할 것이라는 우리들의 막연한 생각은 인간관계를 약육강식의 관계로 만들며 우리를 더욱 외롭고 병들게 하고 있습니다. 이러한 그릇된 삶의 양식을 고쳐줘야 할 종교와 학교는 오히려 무지만도 못한 지식을 확대 재생산하고 있을 뿐입니다. 인간의 지식은 불행의 근원인 욕망과 탐욕을 벗어나게 하는 것이 아니라 그것을 만족시키기 위한 수단으로 전락한지 오래 됩니다. 그러니 대다수의 인간들의 삶은 폭풍우를 만난 인간들처럼 고달프게 삽니다. 먹을 것이 넘쳐나도 인간들의 삶은 전쟁터를 방불케 하는 것이죠. 그래서 노자는 "지혜가 나타난 뒤에 커다란 거짓이 생겼다."고 역설적으로 말하고 있습니다. 많이 알면 알수록 욕망이 커져 만족할 줄도 모르고 절제할 줄 모르니 배운 도둑놈들이 넘쳐난다는 것입니다.

게다가 인간의 지식이나 생각은 완벽한 것이 아닙니다. 대체로 인간의 지식이란 인간의 짧은 시각에서 성립되는 경우가 많습니다. 지금에 와서는 말도 안 되는 소리이지만 옛날에는 지구가 평탄하고 우주의 중심이라고 생각했습니다. 그래서 인간의 지식이라는 것이 때로는 소용이 없을 뿐만 아니라 오히려 해악이 되는 경우가 발생하는 것입니다. 아직도 성령의 힘으로 코로나를 극복할 수 있다는 목사들의 몰지각한 행동이 사회의 지탄을 받는 것도 인간의 어설픈 지식이 더 큰 불행을 몰고 온다는 것입니다.

이런 어설픈 지식 때문에 욕심과 허영심에 빠져 하지 않아도 될 쓸데없는 걱정을 하고 삽니다. 우리는 먹을 것을 쌓아놓고도 굶어 죽을까 걱정하고 어차피 죽어야할 운명이지만 늙지 않고 오래 살기를 바랍니다. 어떤 사람은 죽지 않는 영원한 삶을 갈망하기도 합니다. 특히 눈부신 과학의 발달은 사람들로 하여금 불로장생을 꿈꾸게 합니다.

하나 이런 인간의 희망은 쓸데없는 걱정거리만 만든다고 생각합니다. 어차피 인간은 죽음을 피할 수 없습니다. 언제 내 목숨이 다할지 누구도 예단할 수 없기 때문입니다. 물론 어느 정도는 노력에 의해 자신의 운명을 바꿀 수 있지만 아무리 노력한들 나이 들면 늙게 되고 때가 되면 가는 것이 우리네 인생살이입니다. 불로초를 먹고 영원한 삶을 추구했던 진시황도 나이 50에 목숨을 내놓아야 했습니다. 그는 죽어서도 황제처럼 살려고 거대한 지하무덤을 만든 아주 어리석고 포학한 황제였습니다. 인류 문화유산 중에는 이런 어리석은 생각으로 만들어진 바벨탑들이 많습니다.

인간이 어린아이와 같이 순수할 때는 성철 스님의 말처럼 '산'을 산으로 봅니다. 그러나 나이가 들어 세상의 이치를 알게 되는 순간 그 사람은 더 이상 '산'을 산으로 보지 않습니다. 세속적 가치에 물들면 영리해지면서 '산'을 더 이상 산으로 보지 않고 돈으로 보기 시작합니다. 그러면서 인간 세상은 욕심 많은 세상이 되어 불행해지며 혼탁하게 변하는 것입니다. 투기가 시작되고 자연은 돈벌이를 위해 마구 파헤쳐지고 인간 세상은 전쟁터를 방불케 합니다. 그러니 그 속에 사는 인간은 폭풍우를 만난 인간들처럼 불안하게 사는 것입니다. 있는 사람은 더 많은 것을 가지려고 걱정하고 없는 사람은 굶어죽을까 걱정하는 것입니다. 그래서 쇼펜하우어는 "우리는 행복과 쾌락에 대한 허망한 기대를 가득 안고 세상에 태어나지만, 이윽고 운명에 의해서 모든 계획이 허사가 되고, 터무니없는 재앙을 입고, 이 세상에서 자기 소유라고 할 만한 것은 하나도 없으며, 모든 것이 운명의 손에 달려 있다는 것을 깨닫게 된다."고 하였습니다. 법정 스님도 "사실 나는 이 세상에 아무 것도 갖고 태어나지 않았다. 살만큼 살다가 이 지상의 적에서 사라져 갈 때도 빈손으로 갈 것이다."라고 말했습니다.

진정 어리석은 사람은 누굴까요? 우리는 빈손으로 가는데도 세속적 가치에 매몰되어 돈에 목매달고 사는 사람들입니다. 노자가 '어리석게 살라'고 한 말은 정말 어리석게 살라는 말이 아닙니다. 세속적 가치에 너무 얽매이지 말고 진정한 깨달음을 통해 '산'을 산으로 보라는 말이라고 생각합니다. 그러니 알고 보면 노자의 '어리석게 살라'는 말은 진정한 깨달음을 통해 얻은 삶의 지혜입니다. 노자의 '어리석음'은 단순히 어리석은 것이 아니라 일반인보다 훨씬 고차원적인 지혜인 것입니다. 노자와 궤를 같이하는 서양의 자연주의자 루소도 "인간은 지식을 가지면 가질수록 그만큼 많은 오류에 빠지므로 오류를 피하는 유일한 방법은 무지하게 사는 것이다. 판단하지 마라. 그러면 결코 오류를 범하지 않을 것이다. 이것은 자연의 교훈이자 이성의 교훈이기도 하다."라고 충고하고 있습니다.

노자는 우리가 지나치게 세속적 가치에 매달릴 때 우리의 얼굴에는 해맑은 미소가 사라지고 과도한 스트레스로 인해 행복한 잠조차 잘 수 없을 것이라고 경고하고 있습니다. 진정 피론의 돼지처럼 근심과 걱정거리를 줄이고 행복한 단잠을 자려고 한다면 "사람들은 무엇이든 남아돌 만큼 가지고 있지만 나만은 모든 걸 잃어버린 것 같네."라는 노자의 말처럼 세속적 가치에 너무 매달리지 말고 때로는 세속적 가치에 어둡고 무지하게 살 줄 알아야 하지 않을까 생각합니다.

한발 더 나아가 장자는 "세상이 너무나 위험할 때는 쓸모없는 인간이 되라."고 다음과 같이 말하고 있습니다.

곧은 나무는 먼저 잘리고 달콤한 샘물은 먼저 말라 버리는 법이니, 선생께서도 자신의 지식과 지혜를 감추고 어리석은 척하며 깨끗한 몸가짐으로 밝게 행동하여 떳떳하면 아무런 해도 입지 않을 것이오.

장자의 이 말은 어려운 시기를 사는 훌륭한 방책으로 마음속에 반드시 새겨둘 말이라고 생각합니다. 특히 세상이 전쟁이 났을 때처럼 우여곡절이 많을 때는 어느 정도 세상과 등지고 사는 것이 안전한 것입니다. 현명하고 똑똑한 인간은 쓸모가 있기 때문에 전쟁터에 끌려가는 것처럼 고단한 삶을 살 뿐만 아니라 유능하면 그만큼 적이 많아져서 위험성에 많이 노출되기 쉽습니다. 높은 자리가 위험한 것도 바로 지위가 높을수록 적이 많아지기 때문입니다. 반면에 어리석어 쓸모가 없어 보이는 인간은 누구도 거들떠보지 않기 때문에 전쟁터에 끌려갈 이유도 없습니다. 그래서 장자처럼 자연을 벗삼아 유유자적할 수 있고 누구도 적으로 생각하지 않아 안전하고 편안한 삶을 살 수 있습니다. 어리석어 쓸모가 없이 보인다면 목숨을 위태롭게 하는 분쟁에서 벗어나 얼마든지 한가로움을 즐길 수 있는 것입니다.

삼성 그룹과 현대 그룹의 경우처럼 뛰어난 경영인 중 젊은 나이에 안타깝게 떠난 이들이 있습니다. 이들은 성공만 생각해서 불철주야 일만 했지 인생의 한 축인 한가로움의 중요성을 몰랐기 때문이라고 해도 과언이 아닙니다. 일주일에 분쟁 없는 하루만 즐길 수 있어도 이런 불행은 얼마든지 피할 수 있습니다. 허나 유능하기에 한가로움을 즐길 수 없어 과도한 스트레스로 인해 몸이 망가지고 만 것입니다. 운명은 때로 세상물정에 밝은 쓸모가 많은 사람에겐 짧은 생을 부여하고, 어리석게 보여 쓸모가 없는 인간에게 오랜 삶을 부여하기도 합니다. 그래서 당시 칠순을 넘긴 장자는 "내가 잠시라도 쓸모가 있었다고 한다면, 이토록 오래 살 수 있었는가?"라고 반문하였습니다.

　어울림의 철학은 지나친 세속적 가치를 추구하지 말고 때론 세속적 가치와 어느 정도 거리를 두고 어리숙하게 사는 것도 편안한 삶을 살 수 있는 하나의 방법이라고 말하고 싶습니다. 욕심 많은 세상에서 단순하게 살 수 있는 능력이야말로 진정으로 자유롭게 살 수 있는 능력자라고 생각합니다.

한비자의 비애

우리는 '법대로' 하자는 말을 자주합니다. 특히 법조인들이 이런 말을 자주 씁니다. 그런데 현실은 법의 취지와는 완전히 다른 방향으로 가고 있을 때가 많습니다. 왜 그럴까요? '법대로' 하자는 말이 법치주의를 실현하기 보단 법을 자의적으로 집행하여 권력자를 비호하는 수단으로 사용될 수 있기 때문입니다.

한때 우리나라에 유행하는 말이 있었습니다. 그것은 다름 아닌 '유전무죄, 무전유죄'였습니다. 탐욕스런 부자들은 교묘하게 법망을 피하여 부정 축재를 일삼았지만 그들은 엄정해야 할 법의 심판마저도 빗겨갔습니다. 빵을 훔친 생계형 좀도둑은 엄정한 심판을 받았지만 수십억 아니 수천 억을 훔친 큰 도둑은 무죄 판결을 받거나 설령 유죄 판결을 받아도 경제 발전에 기여한다는 명목으로 사면으로 풀려나는 세상이었습니다. 그래서 유행한 말이 '유전무죄, 무전유죄'였고, 이것은 우리 사회가 그동안 정말 정의롭지 못한 비양심적인 사회라는 것을 단적으로 보여주고 있습니다.

그런데 검사출신 대통령 윤석열 정부가 들어서면서 '검사이면 무죄, 검사 아니면 유죄'라는 신조어가 생기고 있습니다. 특히 대장동 사건과 관련하여 검사 출신 곽상도 전 의원 아들이 퇴직금으로 받은 50억 원이 뇌물이 아니라는 무죄 판결이 나오면서 회자되기 시작한 것입니다. 검사 출신들은 검사들의 비호를 받으면서 50억을 받고도 무죄 판결을 받게 하지만 검사와 사법 개혁을 주장하며 대척점에 선 사람들, 특히 조국 전 장관 집안은 상장 때문에 검사들의 무자비한 압수수색에 집안 자체가 풍지박살이 나고 말았습니다. 조국 장관도 결국 유죄 판결 받았고, 부인은 이미 유죄 판결을 받고 형 집행 중이며, 딸은 자격증을 취득하고도 의사를 포기해야 하는 상황으로 내몰린 것입니다.

이런 상황에서 검찰 출신 변호사 정순신이 아들 학교 폭력과 관련하여 국수본부장취임 하루 만에 사의를 표명하는 일이 벌어졌습니다. 아들이 고등학교 시절 학교폭력을 행사했는데도 불구하고 버젓이 서울대학교에 입학하였다는 것입니다. 표창장 때문에 온 가족이 풍지박살 난 것과 완전 대비되는 사건입니다. 폭력을 쓰고도 서울대에 입학했다는 것에 서울대학교 자체도 지탄과 자성의 소리가 터져 나오고 있습니다. 서울대학교는 지성의 전당이 아닌 지식의 전당으로 전락한 것입니다. 이것은 '법대로'를 주장하는 사람들이 검찰 권력을 이용하여 자식에 대한 잘못된 사랑을 정당화했기 때문에 발생한 것입니다. 또 이런 사람을 대통령이 국수본부장으로 임명하였으니 민심이 사나워질 수밖에 없습니다. 이런 검사들의 행태를 보고 '헌법 위에 윤법'이 있다는 조롱 섞인 비판이 나오고 지금의 정부가 검찰 독재 공화국이라고 하는 비판이 쏟아지는 이유입니다.

한비자는 이런 혼란은 세상에 나라를 갉아 먹는 5종류의 좀벌레들이 있기 때문에 발생한다고 합니다. 그들은 하나 같이 권력을 가졌거나 권력에 빌붙어 사는 벌레들이라고 하면서, 그 좀벌레들은 지금으로 보면 탐욕스런 정치가, 사리사욕에 눈 먼 재벌, 권력을 비호하는 학자와 양심을 파는 법조인, 여론을 호도하는 언론, 권력에 아부하는 고위공무원과 장성이 이에 해당한다고 볼 수 있습니다. 이들은 국가의 요직에 앉아 온갖 이권을 챙기며 나라의 근간을 갉아먹어 조만간 나라를 위태롭게 한다는 것입니다. 한비자는 "군주가 이 다섯 좀벌레를 같은 무리들을 제거하지 않고 올바른 사람을 기르지 못하면, 비록 천하에 패배하여 멸망하는 나라와 영토가 줄어 멸망하는 조정이 있다 해도 조금도 이상할 것이 없다."고 하였습니다.

그런데 이런 사실을 모를 리 없는 인간들이 왜 좀벌레처럼 사는 것일까요? 한비자는 인간이 욕망을 가지고 태어났기 때문에 이기적으로 흐르기 쉽고, 이기적이기 때문에 자신에게 이익에 되는 일에는 용감하게 달려가지만, 자신에게 이익이 없거나 손해가 되는 일에는 냉정하게 되돌아선다고 말합니다. 사람들이 부자를 좋아하고 가난한 사람을 멀리하는 것은 부자는 자신에게 이익이 될 수 있지만, 가난한 사람은 자신에게 부담만 되기 때문이라고 하였습니다. 한비자는 사람들이 달려가는 용기의 근원이 이익이라고 다음과 같이 말하고 있습니다.

> 뱀장어는 뱀을 닮았고, 누에는 곤충의 애벌레를 닮았다. 사람이 뱀
> 을 보면 놀라고, 여자들은 애벌레를 보면 소름이 돋는다. 그러나 누에
> 를 치는 여인들은 누에를 사랑스럽게 돌보고, 어부는 뱀장어를 손으
> 로 잡는다. 그것은 이로움이 있기 때문이다. 눈앞에 펼쳐진 이익을 보
> 면 누구나 용감해지기 마련이다.

이처럼 인간이 이익을 좋아하는 것은 인간이 욕망을 가지고 태어났기 때문입니다. 물론 욕망 자체가 삶의 원동력이므로 악한 것은 아니지만 인간의 욕망은 사람을 이기적으로 만든다고 하였습니다.

한비자는 사람들이 어떤 것을 사랑하는 것도 이타적이기 때문에 그러는 것이 아니라고 말합니다. 어떤 것을 사랑하는 것이 자신에게 이익이 되기 때문에 그것을 사랑하는 것이지 그 자체를 사랑하는 것이 아니라고 합니다. 의사가 환자를 돌보는 것도 환자가 좋아서가 아니고, 교사가 학생을 가르치는 것도 학생이 사랑스러워서가 아닙니다. 변호사가 범죄인을 사랑하는 것도 범죄인이 돈이 되기 때문이라는 것입니다. 한비자는 인간이 이익에 따라 행동함을 다음과 같이 말하고 있습니다.

> 왕량은 말을 사랑했고, 월나라 왕 구천은 사람을 사랑했다. 구천이
> 사람을 사랑한 것은 전쟁에 쓰기 위해서고, 왕량이 말을 사랑한 것은
> 타고 다니기 위해서였다. 의사가 남의 상처를 빨고 남의 나쁜 피를 빼
> 내는 것은 혈육의 정이 있어서가 아니라, 그렇게 함으로써 많은 이익
> 을 얻기 때문이다.

그러면서 한비자는 사람들이 이익을 좇는다면 이가 돼지 피를 빨기 위해 다투는 것처럼 다툼은 불가피하다고 하였습니다. 그래도 사람이 적고 먹을 것이 많을 때는 먹을 것이 많으므로 다툼이 적고 사이좋게 지냈는데, 이런 때는 사람을 사랑하라는 공자의 인의나 묵자의 겸애가 통했다고 하였습니다. 먹을 것이 풍족했기 때문에 힘써 일하지 않아도 되었고, 경쟁을 하지 않아도 되었고, 여유가 있어 나누어 먹을 줄도 알았습니다. 그래서 엄히 상벌로 다스릴 필요도 없고 굳이 사랑하라고 가르치지 않아도 음식을 나누는 미덕을 실천할 수 있었습니다. 하지만 인구가 기하급수적으로 늘어나고 먹을 것이 부족해짐에 따라 인심은 각박해지고 다툼은 심해졌습니다. 사람은 많은데 음식은 적고, 힘써 일하는데도 양식이 부족하여 경쟁과 전쟁은 불가피하게 된 것입니다. 국가가 탄생한 것도 바로 먹을 것을 얻기 위한 전쟁의 결과입니다.

이런 혼란을 극복하고 나라의 부국강병을 도모하고자 한다면, 한비자는 일단 법을 바로 세워 행동에 따라 상벌을 분명히 해야 한다고 합니다. 공을 기르기 위해 잘 한 일에 대해서는 상을 주지만, 잘못된 일을 막기 위해서는 강하게 처벌하여 다시는 그런 일을 없도록 해야 한다는 것입니다. 그래서 한비자는 법을 제정하여 상벌을 밝히는 일이 나라를 구하는 일이고 나라를 발전시키는 원동력이라고 하였습니다. 이런 생각을 기초로 한비자는 법으로 다스리는 법치국가를 확립하고자 하였습니다.

오늘날, 사사롭고 잘못된 것을 버리고 공적인 법치로 나아가 백성들을 편안하게 하고, 나라를 잘 다스리기 위해서는 공평무사한 법을 시행해야 한다. 그래야만 군대가 강해지고 적은 약해질 것이다.

한비자는 '법은 어떻게 만들어져야 하는가'라는 물음에 사람들에게 이익이 될 수 있도록 만들어져야 한다고 합니다. 법에 따라 행동했을 때 자신들에게 이익이 된다면 강제적으로 법을 집행하지 않아도 스스로 알아서 법에 따른 행동을 하게 될 것이지만, 법에 따라 행동을 했는데 손해가 온다면 법을 지키지 않을 것이라고 하였습니다. 그래서 법을 만들 때에는 반드시 모두에게 혜택이 돌아갈 수 있도록 이치에 맞게 법을 제정해야 하고, 법을 간략하면서도 소상하게 하여 백성들이 쉽게 법을 이해하고 따를 수 있도록 해야 한다고 하였습니다. 그리고 한비자는 법이 이치에 맞게 만들어지고 간결하고 상세하면, 법은 백성들에게 잘 드러나 반드시 지켜지게 되어 있으니 이치에 맞게 상벌을 적절히 운영하면 반드시 나라를 일으킬 수 있는 계기가 된다고 하였습니다.

문제는 법으로 나라를 다스리기 위해서는 강력한 힘이 없이는 불가능하다는 점입니다. 법은 강제성을 생명으로 하기 때문에 힘이 동반되지 않으면 법을 시행할 수 없습니다. 특히 세상에는 약자를 핍박하고 겁탈하는 악의를 품은 자들이 활보할 수 있음으로 힘이 없는 정의는 실현할 수 없습니다. 그래서 한비자는 통치자는 강력한 힘을 가진 군주여야 한다고 하였습니다.

이런 점은 서양 근대에 강력한 군주제를 주장하는 마키아벨리와 궤를 같이 합니다. 그런데 마키아벨리는 한비자보다 한발 더 나아가니다. 군주란 항상 사자와 같은 날카로운 발톱과 이빨을 가질 수 있는 것이 아니기 때문에 여우같은 간계를 쓸 줄 알아야 한다고 주장합니다. 힘이 없을 때는 간계를 부려 자신의 세력을 만들고 사회 혼란을 일으키는 적들로부터 일단 자신을 보호해야 한다는 것입니다. 그리고 힘이 생기면 그 때부터 국민의 이익과 행복을 위해 그 힘을 써야 한다고 주장합니다. 그래서 군주는 사자의 발톱과 여우의 털을 쓴 사람이 되어야 한다는 것입니다.

분명 법으로 다스리자는 한비자의 생각은 일리 있다고 생각합니다. 인간 세상의 반쪽은 악의가 득세하므로 그 악을 절단하기 위해서는 강력한 법을 만들어 악의 싹이 커나가지 못하도록 해야 합니다. 악의 싹이 거세지면 법으로 감당하기 어려우니 악의가 세상을 판치기 전에 법으로 악의를 차단하면 안정된 세상을 만들 수 있습니다.

허나 '법대로'를 강조하는 법치주의는 법을 집행하는 사람들이 자의적으로 집행하여 법의 취지를 무색하게 할 수 있는 문제점이 있습니다. 특히 강력한 힘을 가진 권력자는 권력을 위해 마음대로 법의 칼을 휘두를 수 있는 위험이 언제든 있습니다. 그러므로 권력자들이 3권 분립처럼 마음대로 법을 만들어 집행하지 못하도록 하는 제도적 장치를 만드는 것이 중요합니다. 3권 분립이 되었다고 해도 삐뚤어진 권력자가 나타나면 민주주의는 순간에 무너질 수 있습니다. 미국의 트럼프가 그랬고, 지금 우리나라도 그런 위험에 처해 있습니다. 지금 윤 정부에게 검찰 독재 공화국이라는 오명이 씌여진 것도 바로 권력자가 자의적인 권력 행사를 하고 있기 때문입니다.

또한 지나친 법치주의는 세상을 너무나 차갑게 만들 수 있습니다.

법에는 관용이 없을 뿐 아니라 다양하고 복잡한 인간 세상을 법으로만 해결할 수 없기 때문입니다. 인간은 악의가 없이 실수할 수도 있고 어쩔 수 없이 빵을 훔칠 수도 있습니다. 이런 것들은 법보다는 어느 정도 관용적인 도덕으로 풀어가야 합니다. 이런 것까지 법의 잣대로만 엄격하게 해결하려는 것은 법으로 사람을 잡는다는 비난을 피할 수 없습니다. 법은 인간을 위해 있지 인간 위에 법이 있을 수 없습니다. 강한 법치주의는 법으로 사람을 잡는 주객이 전도되는 오류를 범할 수 있습니다.

왜 예수가 간음한 여자를 용서하고 안식일 날 기적을 행하고 다니며 몸소 사랑을 실천하고 다녔습니까? 그러면서 간음한 여자를 돌로 쳐 죽이고 안식일을 무조건 지켜야 한다는 유태인의 엄한 율법을 왜 폐하려 했습니까? 그것은 사랑, 즉 용서와 관용이 없는 율법은 너무나 잔인했기 때문입니다. 누구나 실수를 할 수 있는데 법이 너무나 강하면 억울한 사람이 많아집니다. 세상의 다양성을 포용할 수 없기 때문입니다. 작은 실수조차 용서하지 않는 무관용의 원칙이 적용됩니다. 그래서 예수는 이웃에 대한 사랑을 통해 율법을 무조건 지켜야 한다는 율법주의 문제점을 사랑으로 해결하고자 한 것입니다.

예수는 유태인들이 간음한 여자를 용서하고 안식일에 기적을 행하는 예수를 보고 율법을 폐하려 한다는 비판에 대해 자신은 '율법을 폐하러 온 것이 아니라 율법을 완전하게 하러 왔다'고 응수합니다. 인간에 대한 사랑이 없는 율법주의는 진정한 의미의 법치주의가 아니라는 것입니다. 완전한 의미의 법치주의가 되려면 기본적으로 인간에 대한 사랑이 전제되어야 한다는 것입니다. 그것은 인간이 악하기만 한 것이 아니기 때문입니다. 세상에는 법 없이도 살 수 있는 사람들이 얼마든지 있습니다. 이런 사람들이 실수했다고 무조건 처벌만 하는 것은 능사가 아닙니다. 세상을 자칫 얼어붙게 할 수 있습니다. 그러니 법으로만 사람들을 옥죌 필요는 없습니다. 때론 잘못을 했어도 사랑과 관용으로 용서할 필요가 있는 것입니다. 그러므로 강력한 법을 앞세우는 것은 법으로 사람을 잡는 우를 범할 수 있습니다.

법치주의를 강조하는 한비자 사상을 좋아했던 진시황이 망한 이유를 보면 쉽게 알 수 있습니다. 법치주의를 천명한 진나라 법이 너무 강해 백성의 원성을 샀기 때문입니다. 진나라를 무너뜨리고 한나라를 재건한 유방도 하급 공무원 시절 국가가 시행하는 공사장에 인부들을 인솔하는 책임자였는데, 장마로 인해 강을 건널 수 없어 제 날짜에 데려갈 수 없었습니다. 결국 유방과 인부들은 사형당하는 것이 두려워 유방을 대장으로 삼고 반란에 참가하였습니다.

진시황의 무시무시한 법 때문에 죽으려다 살아난 유방은 진시황의 법치주의의 문제점을 간파하고 결정적인 승부수를 던집니다. 유방은 정적인 항우보다 진나라를 먼저 점령한 다음 재빨리 모든 진나라 법을 폐지하고 "살인자는 사형에 처하고, 상해를 입힌 자와 재물을 훔친 자는 그에 상응하여 처벌한다."는 간략한 3가지 법이라는 약법삼장(約法三長)이라는 단순한 법령을 만들어 공포하니, 가혹한 수많은 법에 시달린 백성들은 유방을 대환영하였고 그것을 발판으로 결국 아방궁을 불태우며 약탈을 일삼아 민심을 잃은 항우를 물리치고 황제의 자리에 앉게 되었습니다. 이것은 법으로 다스린다고 해도 법으로만 다스려서는 안 된다는 것을 단적으로 보여주는 역사적 사실입니다.

이런 반란들로 인해 진나라는 결국 망하게 됩니다. 결국 진나라가 망한 것은 공사장에 제 날짜에 도착하지 않으면 사형에 처한다는 무시무시한 법령 때문이었습니다. 그러니 만리장성과 아방궁을 쌓기에 골몰했던 진시황은 수많은 반란에 부딪혀 곧바로 망하게 되었던 것입니다. 오히려 강한 법이 나라를 무너뜨린 셈입니다.

진시황이 한비자를 무척이나 좋아하여 한나라를 침략하여 한나라 왕족인 한비자를 데려왔습니다. 하지만 진시황은 한비자가 법령을 만들 때는 모두에게 이익이 되도록 법령을 만들어야 한다는 충언을 듣지 않았고, 법을 통치자에게 이득이 되는 쪽으로 만들어 스스로 무덤을 판 것입니다. 진시황이 그렇게도 좋아했던 한비자를 죽인 것도 명목상으로는 한비자와 동문수학한 이사의 모함으로 죽었다 하나, 결국에는 진시황의 폭정에 불만을 품은 한비자의 비협조적인 태도를 보고 한비자가 자신의 생각과 다르다는 것을 알아서 그랬던 것처럼 보입니다. 그렇다면 한비자의 죽음은 참으로 억울하고 안타까운 죽음처럼 보입니다. 권력자의 권력에 대한 집착과 탐욕이 한비자의 비애를 낳은 겁니다. 민주화가 많이 이루어진 오늘날까지 독재자들이 활보하는 것도 법치주의 미명 아래 진시황처럼 자신의 권력과 탐욕을 위해 법을 만들고 사냥개를 두어 정적을 감시하고 제거하기 때문입니다.

그리고 더 큰 문제는 통치자가 능력도 능력이지만 도덕성이 없으면 진정한 법치주의를 실현할 수 없다는 것입니다. 법은 정의를 실현하기 위한 것이지만 민의를 왜곡하는 수단이 될 수도 있는 것입니다. 나라의 국정 농단은 어제 오늘이 아닙니다. 법이 없어서 국정 농단이 일어나는 것은 아닙니다. 측근도 측근이지만 진시황처럼 통치자가 도덕성이 없으면 측근들의 사탕발림에 넘어갈 뿐만 아니라 측근들을 끌어들여 법망을 교묘히 이용하여 국정을 농단하는 것입니다. 즉 표적 수사를 하여 권력을 공고히 하고 정적을 제거하는 것입니다. 그러니 한비자처럼 모든 것을 법으로만 해결하려고 하는 것은 그리 현명한 방법이 아닙니다.

지도자라는 사람은 지도자로 선출되기 전에 엄정한 도덕의 검증을 받아야 합니다. 그래야 국정농단을 막을 수 있습니다. 그리고 법이라는 것도 기본적으로는 인간을 위한 윤리와 도덕의 토대 위에 서야 법으로 사람 잡는 것을 미연에 방지할 수 있습니다. 윤리성이 없는 법은 패도일 뿐입니다. 그래서 법이란 것도 힘도 힘이지만 도덕의 토양 위에 설 때 참 의미를 가진다고 생각합니다. 마이클 샌델도 법을 토대로 권력을 사용하는 "정치는 도덕에 기반을 두어야 한다."는 것을 강조하고 있습니다. 법과 도덕, 힘은 서로 다른 것이지만 나라가 제대로 돌아가려면 각자 따로 놀지 말고 서로 의기투합하여 삼위일체가 될 때 비로소 사회가 올바로 돌아갈 수 있는 것입니다. 법과 도덕, 힘은 다 같이 어울려 함께 작동해야 합니다. 그렇지 않으면 나라가 산으로 갑니다.

때론 여우의 탈을 쓸 줄 알아야

왜 우리는 착하기만 해서는 안 될까요? 세상은 항상 정의가 지배하지 않고 얼마든지 사악한 자가 활보할 수 있기 때문입니다. 아무리 법이 있고 경찰이 있어도 범죄는 끊이지 않고 있습니다. 그리고 법이라는 것도 항상 정의로운 것이 아닙니다. 법도 대개는 강자의 편에 서 있다고 말할 수 있습니다. 약자에 대한 착취가 합법적으로 이루어질 수 있다는 것입니다. 그래서 항상 착하기만 해서는 손해만 보고 살기 십상입니다. 사랑을 하고 양보를 잘 하는 사람보다 욕심 부리고 악착같은 사람이 잘 사는 이유가 바로 여기에 있습니다.

게다가 인간은 결코 이성적이지도 선하지도 않습니다. 착함과 이성은 우리들의 도덕적 희망사항일 뿐이며 세상의 반은 악한 쪽에 서 있다고 말하고 싶습니다. 선신과 악신이 인간 마음속에 지킬 박사와 하이드처럼 공존하고 있는 것입니다. 그래서 세상은 혼란스럽기 그지없습니다. 우크라이나 전쟁과 같은 크나큰 사건 사고가 끊이지 않고 기쁨을 주는 훈훈한 뉴스보다는 인생의 비애를 느끼게 하는 참담한 뉴스가 대세를 이룰 정도입니다.

이처럼 세상의 반절이 악한 쪽에 서 있다면 선하게만 살 수는 없는 법입니다. 선한 사람은 쉽게 속는데, 그것은 어리석어서가 아니라 착해서 남을 쉽게 믿는 마음이 있기 때문입니다. 제 1차 세계대전이 일어났을 때, 성자라는 간디마저도 인도의 자치와 독립을 약속한 영국의 간계에 넘어가 영국에 협조하는 어리석은 행동을 하고 말았습니다. 전쟁이 끝났을 때 인도는 독립은커녕 더 가혹하게 승전국인 영국의 핍박을 받았을 뿐입니다. 간디는 너무나 순수한 나머지 인간 속에 숨어 있는 야수 같은 본능이 있다는 것을 간과하고 말았던 것입니다. 수많은 인도인이 영국을 위해 희생했지만 기껏 돌아온 영국의 보답은 인도에 대한 탄압이었던 것이었습니다.

이런 인간의 이기적인 추악한 본능은 욕심으로 가득 차 있어서 절대 손해를 보지 않으려 할 뿐만 아니라 다른 사람을 속이거나 권리를 침해해서라도 자신의 욕심을 채우려 합니다. 악한 사람이 선한 사람을 공격하는 것도 인간의 이런 간악한 속성 때문입니다. 심지어 힘이 부족할 때는 파당을 만들어 걸림돌이 되는 착한 사람들을 제거하려고 합니다. 때로는 자신의 권력을 공고히 하려고 전쟁까지도 불사합니다.

이런 악착스러운 근성 때문에 착한 사람보다 악한 사람이 잘 사는 경우가 많습니다. 그래서 무슨 일이 잘못되었을 때는 그 일로 인해 누가 이익을 얻는지를 잘 살펴야 합니다. 그래야 악인들의 간계에서 벗어날 수 있습니다. 한비자는 도를 터득한 사람이 중용되지 못하는 이유는 "도를 터득한 선비가 임금에게 아뢰려 해도, 측근에 있는 대신이 사나운 개처럼 달려들어 물어뜯고 임금의 귀를 가리기 때문이다."고 하였습니다.

  이런 세상의 이치를 알지 못하고 선량하기만 하여 다른 사람에게 양보하기만 하면 착한 사람은 더욱 악인으로부터 공격을 받습니다. 악한 사람이 공격해 오는데도 양보와 배려로 맞서는 것은 오히려 자신이 파멸의 나락으로 떨어지게 되는 우를 범하고 맙니다. 자신과 자신이 몸담고 있는 사회의 자유와 행복을 위해서는 때로는 도덕과 진리를 과감히 버려야 합니다. 사악한 존재와는 힘과 간계로 맞서지 않으면 살아남기 어렵기 때문입니다. 죽은 자는 말이 없기 때문에 어떻게 해서라도 생존해야 합니다. 그러므로 선한 사람도 힘이 있을 때는 '이에는 이'로 맞서 상대의 사악한 의지를 꺾어야 하며, 힘이 없을 때는 술수를 써서라도 악으로부터 자신을 지켜야 합니다. 니체의 말대로, '원수를 사랑하라'는 가르침은 전혀 현실에 맞지 않으며 오히려 악인에게 핍박 받는 것을 당연한 것으로 받아들이는 꼴이 됩니다. 처음에 비폭력을 주장한 만델라도 백인의 무자비한 폭력에 대응하기 위해 힘에는 힘과 술수로 맞서야 한다고 다음과 말하고 있습니다.

    이제까지 백인 정부는 우리의 온유함을 약점으로 삼아 왔습니다. 그러나 우리는 굴복하지 않을 것입니다. 이제 이용 가능한 모든 수단을 동원해 우리 민족, 우리 미래, 우리 자유를 쟁취하는 것 외에는 다른 선택의 여지가 없습니다. 나는 승리의 그날까지 여러분과 나란히 서서 차근차근 정부에 대항해 투쟁해 나갈 것입니다. 내 생애 마지막 날까지 여러분과 함께 평화를 위해 투쟁할 것입니다.

만델라를 보면서 세상의 반쪽은 힘과 부정의가 지배하고 있다는 사실을 가슴 속 깊이 새겨야 합니다. 선한 사람이 승리하기 보다는 간사하고 파렴치한 자들이 승리하는 경우가 적지 않은 이유 또한 세상의 반을 힘과 부정의가 지배하기 때문입니다. 특히 간사한 자들은 뒤통수를 때리거나 잠자는 사람의 심장을 노리기 때문에 선의지를 가지고 정정당당하게 행동하는 사람보다 승리할 확률이 그만큼 높습니다. 파렴치한 권력자가 많은 것도 악을 축으로 삼는 사람들이 그만큼 많다는 반증입니다. 세상은 어느 정도 반칙이 통하기 때문입니다. 왜 복서들 중에 마빈 헤글러처럼 심판을 믿지 않고 죽기 아니면 살기 식으로 처절하게 싸우겠습니까? 심판이 매수되었기 때문입니다. 더욱 안타까운 일은 아무리 사악한 의지를 품고 있는 자라도 승리한 순간 영웅이 되지만, 패배자는 정의를 품고 있어도 패배자로 기억될 뿐입니다. 그래서 마키아벨리는 사악한 의지를 추방하기 위해서는 때로는 '사자의 가죽을 쓰기도 하고 여우의 털을 뒤집어 쓸 줄 알아야 함을 힘주어 말하고 있습니다.

어쨌든 경쟁 사회에서 승리하는 것이 매우 중요합니다. 경쟁 사회에서 패배는 처참한 것이고 변명해도 소용이 없습니다. 정당성은 승리자의 몫이기 때문입니다. 송나라 양공은 강을 건너는 적을 치는 것은 도의가 아니라 하며 적이 강을 건넌 뒤 전쟁을 하다가 패하고 말았습니다. 양공은 전쟁에서 도의만 내세우다가 자신을 따르는 군대와 자신의 목숨까지 잃은 어리석은 군주였던 것입니다. 전쟁은 최악의 생존게임입니다. 무조건 승리해야만 살아남을 수 있습니다. 속여서라도 이겨야 하는 것입니다. 그래서 손자는 "전쟁이란 속이는 도이다."라고 하였습니다.

때로는 승리는 수단을 정당화하기도 합니다. 인류 역사는 많은 부분이 힘으로 정당화된 역사입니다. 승리자는 역사의 주인공이 되고 패배자는 역적이 되는 것입니다. 그러므로 정의롭지 못한 부조리한 사회에서 수단의 정당화만 논하는 것은 참으로 어리석은 일이라고 생각합니다. 때론 술수를 써서라도 불행을 몰고 오는 사악한 집단에 강력히 맞서 그들의 사악한 의지를 잠재워야 합니다. 그래서 그라시안은 "힘으로 되지 않을 때는 수완을 발휘하고, 이 길이 아니면 저 길로, 용기의 대로로 갈 수 없으면 술수의 샛길로 빠지라."고 하였습니다. 마키아벨리도 "관습에 따르지 않고 지나치게 선과 정의만 내세우면 부정하고 불의한 인간에 의해 파멸 당할 수도 있다."고 경고하고 있습니다.

하지만 때론 술수가 정당하더라도 술수를 남용하는 교활하고 약삭빠른 인간이 돼서는 안 된다고 생각합니다. 승리가 항상 부조리한 행동을 정당화시켜주는 것은 아닙니다. 세상의 한쪽에는 엄연히 정의와 도덕이 살아 있기 때문입니다. 만일 승리하고도 교활함이 만천하에 드러나는 날이면 불신을 초래하고, 때로는 상대를 복수심에 불타게 하여 자신을 파멸의 구렁텅이로 몰아갈 수 있으며, 궁극적으로는 역사의 심판을 받아 영원한 악인으로 낙인찍힐 수 있습니다. 그래서 일단 경쟁을 하더라도 정정당당하게 맞서는 태도를 원칙으로 삼아야 합니다. 비열한 방법을 써서 승리한 것은 불명예스러운 일이며 패배한 것이나 진배없다고 해도 과언은 아닐 것입니다. 그래서 최후의 카드가 아니면 이런 야비한 방법은 사용하지 말아야 합니다. 그것도 자신의 안위보다는 바른 길을 가기 위해 사용해야 합니다.

우리가 추구하는 어울림의 철학은 최악이 아니면 항상 극단을 피하는 것을 권장하는 철학입니다. 그래서 인간관계술을 설파한 한비자는 "꾸며서 사람을 속이기보다 서투를지라도 진심을 다하는 것이 좋다."고 충언하고 있습니다. 술수를 쓰라는 그라시안도 "비록 세상에 속임수가 횡행하고 있다고 하더라도 속임수를 쓴다는 평을 듣지 마라. 신중함은 지니되 교활함은 버려라."고 말하고 있습니다. 이것은 비록 세상이 더럽다 하더라도 될 수 있으면 정도를 가려고 노력하면서 상황에 따라 임기응변과 융통성이라는 기질을 발휘해야 한다는 것을 의미한다고 볼 수 있습니다. 어울림의 철학은 비록 융통성의 기질을 주장하지만 근본적으로는 반칙보다는 정도를 지향하는 철학입니다.

어울림의 철학은 포스트모던 윤리이다

지금까지 살펴본 것처럼, 철학자들은 어떻게 살 것인가에 대한 물음에 대한 나름대로의 다양한 삶의 방식을 주장하였습니다. 동양의 노자와 장자, 그리고 서양의 루소와 같은 자연주의자들은 인간의 탐욕으로 인해 빚어지는 사회악의 뿌리가 되는 지나친 경쟁을 피하고 자연 속에 묻혀 마음 편안하게 사는 방법을 제시하였습니다. 쾌락주의자들은 인간은 욕망의 산물이므로 욕망을 만족시킬 때 오는 쾌락과 행복을 추구할 것을 강조하였습니다. 반면 사회성을 강조한 벤담과 밀의 공리주의는 쾌락은 추구하되 개인의 차원을 넘어서서 다수의 쾌락과 행복의 극대화를 삶의 원리로 제시하였다. 그러면서도 에피쿠로스나 밀은 육체적 쾌락으로 인해 많은 고통을 당할 수 있으니 정말 인간다운 인간이 되려면 육체적이고 물질적인 쾌락보다는 정신적인 쾌락을 추구해야 한다고 하였습니다.

이에 반해 공자와 칸트와 같은 인간주의자들은 쾌락과 행복이라는 달콤한 사탕을 찾기 이전에 먼저 인간부터 되는 것이 사람의 도리라고 생각하였습니다. 인간은 혼자 사는 것이 아니니 더불어 살기 위해서는 권리 이전에 의무나 도리를 해야 인간다운 삶을 살 수 있다고 하였습니다. 니체는 우리가 처한 현실을 직시하고 무한 경쟁 사회에서 살아가는 방식은 공자와 칸트가 강조한 도덕을 넘어 남이 어떻든 무엇에도 굴하지 않는 불굴의 힘을 가지고 자기만의 세계를 창조해 나가라고 충고하였습니다. 동양의 한비자는 인간은 이기적일 뿐만 아니라 세상은 우리의 욕망을 만족시킬 수 없는 투쟁의 장이므로 강력한 법을 통해 다스려야 세상이 바로 설 수 있음을 강조하였습니다. 그리고 마키아벨리는 세상은 선한 곳이 아니기 때문에 때로는 힘과 술수를 써야 한다고 말합니다.

　이외에도 많은 철학자들이 삶에 대해 이야기하고 있지만 아무리 유명한 철학들이라 해서 인생 전반에 대해 속시원하게 대답해 준 것은 아니라고 생각합니다. 그들 역시 자신들 나름대로의 세상을 바라보며 자신의 가치를 주장하고 있을 뿐입니다. 그들이 비록 우리들이 생각하지 못한 부분까지 체계적으로 엮어 세상을 바라보는 눈을 주었지만, 그렇다고 인생 전반의 문제를 속시원하게 해결해 주지 못한다고 생각합니다.

　그들 또한 나름대로 문제점은 있습니다. 노자와 장자처럼 자연적인 삶을 강구하자니 사회적인 삶을 등져야 하고, 쾌락주의자들처럼 쾌락적인 삶을 추구하자니 진정으로 행복한 것 같지 않고, 공자와 칸트처럼 인간적인 삶을 추구하자니 이익을 추구하는 사회에서 현실과는 동떨어진 삶을 사는 것 같고, 니체처럼 현실적인 권력에의 의지를 강조하며 살자니 왠지 히틀러처럼 폭력적인 삶을 정당화하는 것 같은 딜레마에 처한다고 볼 수 있습니다. 또 한비자처럼 강력한 법으로 다스리라고 하지만 자칫 진시황이 그랬던 것처럼 '법으로 사람 잡는 꼴'이 될 수 있습니다. 마지막으로 마키아벨리가 주장한 것처럼 힘과 권모술수를 쓰자니 정도를 가지 않는 사악한 인간으로 낙인찍힐 수 있습니다.

철학자들의 주장들은 나름대로의 체계를 갖고 있음에도 왜 이런 문제점이 생기는 것일까요? 그건 앞의 어울림 철학에서 강조한 것이지만 그들의 주장이 세상을 너무나 단순화하였기 때문입니다. 세상은 모든 요소가 혼재되었지만 철학자들은 하나의 요소만 가지고 인생의 복잡한 문제를 해결하려고 했습니다. 단순화의 오류에 빠진 것이죠. 우리들의 삶은 욕망에서 출발하지만 더불어 살아야 하기 때문에 욕망만을 좇아 살기 어렵습니다. 또 욕망 자체가 행복하게 하는 것도 아닙니다. 자칫 불행의 씨앗이 될 수 있습니다. 그러니 하나는 해결할 수 있는데 그것으로 인해 또 다른 문제가 발생하는 것입니다.

이런 철학 상의 문제점에도 불구하고 어떻게 살 것인가에 대한 해법을 찾는 것이 전혀 불가능한 것은 아니라고 생각합니다. 그들의 좋은 점과 문제점을 동시에 생각하면서 종합 정리하다보면 '어떻게 살 것인가에 대한 실마리를 얼마든지 얻을 수 있기 때문입니다. 비록 서로 다른 철학체계지만 그들의 서로 다른 체계를 포용하여 보완한다면 우리들이 살아가야 할 방향을 비록 완전하지는 못하더라도 얼마든지 끌어낼 수 있습니다.

자연주의자들은 자연, 쾌락주의자들은 쾌락과 행복, 인격주의자들은 인격과 양심, 패도주의자들은 힘과 때론 강력한 법, 그리고 술수를 삶의 최고의 자리에 놓았습니다. 하지만 인간으로서 살아가는 데 있어서 무엇 하나 놓칠 수 없는 가치를 가진 것입니다. 자연은 인간의 모태여서 자연을 저버리고 살 수는 없고 그래서 때로는 자연에 순응하고 사는 것은 당연한 것으로 보입니다. 또한, 인간은 욕구를 가지고 태어난 존재이므로 쾌락이나 행복을 완전히 저버리고 살 수는 없는 노릇입니다. 쾌락과 행복을 저버린 삶은 아무리 그것이 고상한 이념을 갖고 있더라도 삶을 무미건조하게 만들 수 있습니다. 그래서 욕망을 가진 인간으로서 쾌락과 행복을 추구하는 것은 어찌 보면 당연한 일이라고 생각합니다. 그러나 쾌락과 행복만을 추구할 수는 없습니다. 인간 세상은 서로가 어울려 살아야 하는 사회적 존재이므로 자신의 쾌락이나 행복이 다른 사람의 희생을 강요할 수 있기 때문입니다. 그래서 쾌락을 추구하면서도 다른 사람의 인격이나 인간성을 침해하지 않도록 인간의 도리와 의무를 반드시 지키도록 해야 하는 것입니다.

또한 하루하루가 전쟁 같은 세상에서 경쟁이 격화되고 있으니 현실적으로 힘이나 능력이 없으면 살아남기 어렵습니다. 그래서 불굴의 의지를 갖고 힘을 기르는 것은 경쟁 사회에서 우리들의 중요한 생존 조건일 수밖에 없습니다. 그래서 권력에의 의지를 갖고 험난한 여정을 이겨내라는 니체의 말 또한 굉장한 설득력을 지니고 있습니다. 힘없는 도덕이나 양심은 아무런 쓸모가 없으니까요. 니체가 도덕을 폐기처분한 것도 바로 힘 앞에서는 도덕이라는 것이 아무런 쓸모가 없기 때문이라고 생각했기 때문입니다.

그리고 사회의 안전과 번영을 위해 법으로 다스려야 한다는 생각도 지나친 경쟁과 힘의 남용으로 악의와 범죄가 횡행하는 사회에서 당연하다고 생각합니다. 정의를 지향하는 법이 없으면 극도로 혼란에 빠져 그 누구도 발을 뻗고 잘 수 없습니다. 그래서 사회의 안녕과 질서 유지를 통해 법으로 나라를 다스리는 것은 당연한 귀결이라고 생각합니다.

마지막으로 마키아벨리처럼 악하고 부조리한 사회에서 살아남기 위해서는 술수를 적절히 쓸 줄 알아야 한다는 것입니다. 이건 우리들의 상황이 최악인 경우에 써야 되는 극약처방입니다.

이처럼 철학자들의 중요한 삶의 원리로서 말한 자연, 쾌락과 행복, 인격과 양심, 힘과 법, 그리고 술수 등은 살아가는데 있어 꼭 필요한 것들입니다. 그것은 인간의 생활 방식이 다양해서 어떤 하나의 체계로만 설명할 수 없기 때문입니다. 인간은 때론 대립하면서도 협력해야 하므로 서로 모순되는 것으로 보이는 쾌락과 인격, 도덕과 힘 등이 모두 필요한 것입니다.

인간은 자유를 누릴 수 있는 자아를 가진 존재지만 동시에 사회적 존재로서 경쟁해야 하고, 그러면서 다른 사람에게 피해를 주지 않아야 할 의무적 존재이기도 합니다. 1인 3역을 하는 것입니다. 한 인간으로서 이런 다양한 삶의 요소, 때론 모순처럼 보이는 다양한 요소를 갖다 보니 참으로 어떻게 살아야 할지 막막할 따름입니다.

어떤 때는 약속을 지키는 것조차 난감할 때도 많습니다. 쾌락주의 입장에서 약속을 지키자니 손해 볼 것 같고 의무론적 입장에서 보면 약속을 지키지 않자니 욕을 얻어먹을 것 같고, 어찌해야 좋을지 알 수가 없는 것입니다. 이럴 때는 어떻게 해야 할까요? 칸트와 같은 의무론적 입장에서 손해를 감수하고 무조건 약속을 지켜야 할까요? 아니면 쾌락주의자들처럼 자신의 이익을 위해 무조건 약속을 어겨야 할까요? 가장 좋은 방법은 손해가 너무 크다면 도리 상 사정을 구하고 약속을 지키지 않거나 손해가 미미한 것이라면 그냥 약속을 지키는 것이 낫겠죠. 이처럼 하나의 원칙만을 고집하지 않고 여러 원칙을 고려하여 행동해야 모가 나지 않는 삶을 살 수 있고, 무조건 약속을 지키지 않는 패륜적 행위나 약속을 지켜 큰 피해를 당하는 어리석은 최악의 상황을 피할 수 있으니까요.

세상이 갈등 요소가 되는 다원적 측면이 있으니 서로가 어울려 모나지 않도록 하는 것이 바로 세상 사는 지혜입니다. 다차원의 세계에서 하나의 원칙만 고집하는 것은 어리석은 것입니다.

바로 이것이 우리들의 삶의 문제를 해결하는 방법을 시사하는 것이라고 봅니다. 우리는 서로 다른 이들의 사상을 다 포용하여 종합하고 상황에 맞게 처신하는 것입니다. 이것은 포스트모더니즘 시대에 걸맞는 참다운 윤리라고 생각합니다. 포스트모더니즘은 세상을 과거처럼 하나의 원리로 설명하거나 이것 아니면 저것이라는 이분법적으로 사고하는 것을 거부하며 다원적으로 세상을 볼 것을 강조하고 있습니다. 세상이 한 가지 요소로 구성되어 있는 것이 아니므로 좀 복잡하고 번거롭지만 당연히 세상의 다양성을 포용하고 다원적으로 세상을 풀어가려고 노력해야 한다는 것입니다. 세상을 살다 보면 우리에게는 자연, 쾌락과 행복, 인격과 양심, 그리고 힘과 법, 그리고 술수 등이 모두가 필요합니다. 과거의 철학자들처럼 하나의 요소만 가지고 인생의 밑그림을 그리려는 것은 복잡한 현실을 설명하기에는 역부족이므로 이 모두를 삶의 중요한 요소로 받아들여야 한다는 것이 내가 생각하는 포스트모던의 윤리입니다.

　플라톤은 일찍이 서로 다른 요소들의 조화야말로 우리가 나가야 할 방향이라고 하였습니다. 그는 인간이라면 누구나 가지고 있는 욕망과 기개, 그리고 이성이 서로 조화를 이루는 것이야말로 선이자 정의를 실현하는 것이라고 보았고, 반면에 그렇지 않으면 악이자 정의롭지 않은 것이라고《국가》에서 다음과 같이 말하고 있습니다.

> 그렇다면 정의롭지 못한 것은 분명히 이들 세 부분 사이의 일종의 내분 상태이며 다른 부분의 역할에 대한 참견과 간섭이고 어떤 부분이 부당하게도 영혼 전체를 지배하려고 함으로써 생기는, 영혼 전체에 대한 일종의 반란이 아니겠는가? 이렇게 반란을 일으키는 부분은 본성상 지배를 받는 것이 적절하고 반면에 다른 부분은 지배를 받는 것이 아니라 지배를 하는 것이 오히려 적절할 것인데도 말이네. 우리는 이러한 일을, 즉 세 부분들 사이의 혼란과 방황을 정의롭지 못한 것으로 또한 무절제와 비겁 그리고 무지라고, 즉 전체적인 악덕의 상태라고 부르게 될 것이라고 나는 생각하네.

　세상은 하나의 원리나 요소들로 구성된 일차원적 공간이 아니라 서로 대립하고 상충하는 원리나 요소들로 구성된 다차원적인 공간이라는 것을 이해하는 것이 무엇보다도 중요합니다. 이것을 어떻게 조화롭게 만드느냐가 관건인데, 살아가는데 있어서 삶의 지혜가 왜 중요한지를 알 수 있는 대목이라고 생각합니다. 그 때 그 때 상황에 따라 달라질 수 있는 것입니다. 그래서 우리는 살아가면서 끊임없이 성찰하며 지혜를 갈고 닦아 그것들이 멋들어지게 조화를 이루며 살 수 있도록 노력해야 합니다. 그렇지 않으면 우리들의 삶은 어리석고 무의미한 삶을 살 것입니다.

  인생은 지혜로운 만큼 가치 있는 삶을 살 수 있습니다. 어울림의 철학은 이런 지혜로운 삶을 살 수 있도록 도와주는 인생 철학입니다. 노력은 여러분의 것입니다.

제4장

어떻게 처신하고 살 것인가

사람을 어떻게 대할까

인간은 만남으로 살아간다고 해도 결코 틀린 말이 아닙니다. 세상은 사람과 사람 사이의 관계들로 이루어지기 때문입니다. 그래서 어떤 사람을 만나 어떻게 대하느냐에 따라 인생이 완전히 달라질 수 있습니다. 허나 사람을 만나 좋은 인간관계를 맺기란 그리 쉬운 일이 아닙니다. 사람마다 특성이 다른데다 인간은 가면까지 써서 그 사람의 실체를 알기 어렵기 때문입니다. 사람 중에는 좋은 사람도 많지만 낯빛은 좋은데 인간성이 바닥이어서 믿다가 큰코다치게 하는 사람도 많습니다. 그래서 로마 황제이자 철학자인 마르크스 아우렐리우스는 "처세술은 무용보다 씨름에 가깝다. 왜냐하면 예측할 수 없는 불의의 공격에 대비하여 항상 꿋꿋이 서 있어야 하기 때문이다."라고 하였습니다.

그렇다면 우리는 어떻게 사람을 대해야 할까요? 사람마다 성품이 각기 다르기 때문에 온화함과 강함이라는 상반된 대처법이 필요하다고 생각합니다. 착한 사람을 대할 때는 진실하고도 너그럽게 대해야 하지만, 악한 사람에 대해서는 거리를 두고 냉정하고 엄격하게 대해야 한다고 생각합니다. 착한 사람은 상대방에게 이익을 주려하지만 악한 사람은 남을 등쳐먹으려고 하기 때문입니다. 그렇다고 너무 엄하게 대하거나 또는 너무 너그럽게 대하지 않도록 조심해야 합니다. 너무 엄하면 반감을 살 수 있고, 너무 너그러우면 올라타기 때문입니다. 그래서 엄하면서도 부드러움을 잃지 않아야 하며 너그러우면서도 엄함을 잃지 않아 엄함과 부드러움이 항상 조화를 이룰 수 있도록 노력해야 합니다.

그리고 선한 정도, 악한 정도에 따라 정도를 달리 해야 한다고 생각합니다. 착한 심성이 강하면 온화함의 정도가 엄함보다 많게, 반대로 악한 심성이 강하면 엄함이 온화함보다 많게 대하고, 보통의 사람은 강온을 섞어가며 그 때 그 때 상황에 따라 대해야 한다고 생각합니다. 그래서 홍자성은 "착한 사람을 대할 때는 마땅히 너그러워야 하지만, 악한 사람을 대할 때는 마땅히 엄해야 하며, 평범한 사람을 대할 때는 너그러우면서 엄해야 한다."고 말하고 있습니다.

그런데 조심할 것은 온화함과 강함을 구사할 때도 정도를 지키는 것이 무엇보다도 중요하다고 봅니다. 너무 한쪽으로 치우쳐 지나치지 않도록 경계를 해야 한다는 것입니다. 너그러우면서 관대하게 대할 때도 정도가 지나치면 좋지 않은 결과를 가져옵니다. 쇼펜하우어 말대로 '지나치게 관대하고 다정하면 상대방은 무례해'지는 습성이 있기 때문입니다. 또 엄하게 할 때도 너무 가혹하게 꾸짖지 않도록 조심해야 합니다. 아무리 잘못을 했어도 상대방이 감당할 수 있을 정도로 적당히 꾸짖는 것이 좋습니다. 그렇지 않으면 반발이 거세게 일어나 목숨이 위태로울 수 있습니다.

  사건사고 중에 많은 살생은 거친 꾸지람에 반발해서 일어난다는 것을 우리는 반드시 상기할 필요가 있습니다. 특히 격한 어조로 반복해서 자존심을 심하게 망가뜨리는 말을 하지 않도록 자신의 감정을 조절하면서 상대를 책망하는 것이 자기 자신을 위해서도 좋습니다. 책망할 때도 반드시 나쁜 말만 하지 말고 먼저 좋은 점도 말하면서 나중에 꾸짖어야 효과를 발휘할 수 있습니다. 인간관계를 다스리는 핵심 기술인 처세술은 사람에 따라 부드러움과 엄격함을 조화롭게 다스리는데 있다고 생각합니다. 부드러움과 엄함의 조화, 이것이야말로 어울림 철학의 인간 관계론의 출발점입니다.

인간관계술의 핵심은 무엇인가

하루가 다르게 경쟁이 치열한 상황에서 보다 편안하고 성공적인 삶을 살기 위해 우리는 어떻게 하면 좋을까요? 한마디로 적을 최대한 적게 만들고 자기 사람을 많이 만들려고 노력하는 것이 좋다고 생각합니다. 주변에 자기 사람이 없고 적이 많으면 그만큼 살기가 고되고 피곤할 뿐만 아니라 자칫 생존까지 위태로울 수 있기 때문입니다. 반면에 자기 사람이 많으면 지인의 도움으로 보릿고개도 쉽게 넘을 수 있습니다.

성경에서는 '원수를 사랑하라'고 했지만 그것은 너무나 현실성이 없다고 생각합니다. 니체의 말처럼 천성적으로 원수를 사랑하기도 어렵거니와 원수를 사랑하다가 자칫 내 자신이 다칠 수 있기 때문입니다. 그것보다는 평상시 '적을 최대한 적게 만들고 자기 사람을 많이 만들려고 노력하는 것'이 더 현실적이라고 생각합니다.

그럼, 적을 만들지 않으려면 가장 먼저 할 일이 무엇일까요? 바로 상대를 남들에게 비난하지 않도록 노력하는 것이 중요하다고 생각합니다. 그런데 사람들은 대체로 어떻습니까? 사람들은 모이면 남들의 좋은 점보다는 남들을 욕하는 경향이 강합니다. 이것은 알량한 자존심이 하는 일이라고 생각합니다. 그래서 사람이 못날수록 평상시 일그러진 자존심을 치켜세우려고 욕설까지 섞어가며 주변의 사람들을 비난하는데 열을 올립니다. 특히 자신보다 잘난 사람들을 안주 삼아 비난합니다. 그래야 자기 자신이 그 사람보다 잘난 것처럼 보이니까요. 홍자성은 이런 인간의 저질스런 특성을 "열 마디 말 중에서 아홉 마디가 맞아도 신기하다고 칭찬하지 않으면서, 한 마디 말이라도 어긋나면 탓하는 소리가 사방에서 들려온다."고 꼬집고 있습니다. 그만큼 사람들의 인심이 사납다는 것입니다.

대다수 사람들이 자기 잘난 맛에 살기 때문에 당연한 현상이지만, 그렇다고 이것을 마냥 즐길 수만은 없습니다. 흔히 직장인들이 스트레스를 푸는 가장 흔한 방법으로 틈만 나면 상사와 동료직원을 안주 삼아 비난하는 것입니다. 설령 그 욕이 어느 정도 합리적이더라도 이러한 비난은 결코 자신에게 득이 될 것이 전혀 없다고 생각합니다. 다른 사람을 공격하면 언젠가는 그 화살이 자신에게 되돌아오기 때문입니다. 누군가 자신에 대해 힐난한다면 기분 좋을 사람은 그 누구도 없습니다. 그래서 인간 관계술의 전도사인 데일 카네기는 불화를 피하는 인간관계의 방법으로 "사람들에 대한 비난, 비판, 불평을 삼가라."라고 말하고 있습니다. 설령 동료나 상사가 잘못한 일이 있어도 그것을 굳이 남들에게 알리려고 하는 것은 결코 현명하지 못하다고 하였습니다. 특히 윗사람인 상사의 비밀을 폭로하는 것은 자살행위나 마찬가지라고 생각합니다. 상사에 대한 비난의 화살이 언제든 자신의 심장을 노리는 비수로 바뀔 수 있습니다.

인간은 누구나 실수할 수 있는 법입니다. 남의 실수를 아량으로 받아들이기 보다는 그것에 대해 폭로하는 것을 좋아하는 사람은 자신도 언제든 그 폭로의 대상이 될 수 있습니다. 그래서 평상시 말을 아끼고 가려서 하는 것이 인간관계를 현명하게 이끄는 방법이며 험난한 세상에서 자기를 온전히 보전하는 길이라고 생각합니다. 남의 잘못을 보고도 못 본 것처럼 때로는 바보스럽고 어눌한 것처럼 살아야 한다는 것입니다. 설령 사실이라고 해도 할 말을 다하고 사는 것은 그리 현명하지 않은 것입니다.

게다가 사람들은 문제가 발생하면 자기 탓을 하기에 앞서 남의 탓을 먼저 하는 아주 나쁜 버릇이 있습니다. 문제가 터지면 대체로 자신의 잘못은 거의 생각하지 않고 그 원인과 책임을 상대방에게서 찾아 날선 공격을 하는 것입니다. 자기 잘못에는 후덕하지만 남의 잘못에 대해서는 호된 비난을 쏟아붓는데, 특히 부도덕한 사람들은 아예 처음부터 자기 자신의 잘못은 생각하지 않고 타인의 잘못만을 생각하는 것입니다. 그러나 이것은 아주 위험한 불꽃놀이입니다. 남을 적으로 만들어 자신의 잘못이 폭로되는 날에는 자칫 파멸의 구렁텅이에 빠질 수 있습니다. 그래서 데일 카네기는 원만한 인간관계를 위해서는 자신의 결점부터 고쳐야 한다고 힘주어 다음과 같이 말하고 있습니다.

> 우리가 남을 공격하고 싶을 때, 루스벨트 대통령처럼 '링컨이라면 이런 경우 어떻게 했을까?' 하고 생각해보면 어떨까. 남의 결점을 바로잡

아 주려는 마음은 분명 훌륭하고 칭찬할 만하다. 그러나 먼저 자신의 결점을 고쳐야 하지 않을까? 섣불리 남을 교정하기보다는 자신을 고치는 것이 훨씬 현명하고 또 위험도 적다.

남에게 충고할 때도 아주 조심하지 않으면 상대에게 비난하는 소리로 들릴 수 있으니 충고할 때는 신중에 신중을 기해야 합니다. 충고나 충언은 남이 잘못된 길을 가고 있을 때 이를 바로잡고 바른 길로 이끌기 위해 행하는 말입니다. 그러나 생각보다 충고를 통해 자신의 뜻을 이루기가 쉽지 않습니다. 왜냐하면 충고 자체가 충고하는 자신이 옳고 충고 받는 자는 옳지 않다는 전제가 깔려 있기 때문입니다. 그런데 세상은 다원적이어서 정확한 정답이 없어 누가 옳은지가 명확하지 않습니다. 이런 상황에서 상대에게 강력하게 충언하는 것은 그리 현명한 처사가 아니라고 생각합니다. 충고 자체는 설령 충고가 대다수 옳다고 하더라도 자칫 상대방의 자존심에 상처를 주어 상대방의 분노를 살 수 있습니다. 수많은 충신들이 왕에게 충언하다가 목숨을 잃은 것만 보아도 충언이 얼마나 위험한 불꽃놀이인지를 알 수 있습니다. 그래서 한비자는 "임금에게 이득이 되는 충언은 듣기 거슬리기 때문에 지극히 성스러운 임금이 아니고서는 바로 듣지 않는다. 그러므로 군자는 말하려는 것을 어렵게 여긴다."라고 하였습니다.

뭔가 충고하고 싶거든 상대가 틀렸다고 가르치려 하지 말고 정보를 제공하여 잘못된 점을 스스로 깨닫게 하거나 굳이 충고를 하려거든 먼저 상대의 못한 점을 지적하기 보다는 잘한 점을 칭찬하면서 기분에 거슬리지 않도록 조심해야 합니다. 충고한답시고 다짜고짜 상대의 잘못을 일일이 꼬집으며 가르치려하는 순간 상대를 분노하게 할 수 있습니다. 상대는 충고한다고 하기 보다는 자신을 비난하는 것으로 들리기 때문입니다. 그래서 만약 성심성의껏 충고했는데도 상대방이 받아들이지 않는다면 적당한 선에서 그만두어야 합니다. 그래야 상대방의 분노와 원망을 벗어날 수 있습니다.

인간관계를 좋게 하기 위해서는 타인의 단점을 꼬집거나 충고하기를 좋아하기보다는 역으로 장점을 칭찬하는 것입니다. 상대방과 친구가 되고 싶거나 다른 사람을 자신의 사람으로 만들고자 한다면 무엇보다도 먼저 그 사람의 장점을 보고 인정해 주어야 합니다. 평상시 박수에 인색하기 보다는 박수를 잘 칠 줄 알아야 한다는 것이죠. 그래야 그 사람을 자기 사람으로 만들 수 있습니다. 인간에게는 다른 사람에게 인정받는 즐거움보다 더한 행복이 없기 때문입니다. 실용주의 철학자 윌리엄 제임스도 "다른 사람으로부터 인정받기를 갈망하는 것은 인간의 본성이다."라고 말하고 있습니다. 그래서 상대를 인정해주는 칭찬이야말로 인간관계를 원만히 풀어주는 최고의 열쇠인 것입니다. 그래서 공자도 "군자는 남의 아름다움을 도와 이루게 해주고 남의 악한 점을 선도하여 악을 저지르지 못하게 하지만, 소인은 이와는 정반대다."라고 하였습니다.

허나 주의할 것이 있습니다. 흔히들 칭찬은 고래를 춤추게 한다고 하지만 진정성이 없는 칭찬은 하지 않는 만도 못합니다. 진심에서 우러나오는 칭찬만이 용기와 자긍심을 심어주고 인생의 활력소가 됩니다. 잘한 것도 없는데 괜한 칭찬을 받는다면 어린아이조차 똑똑한 아이라면 그것이 가식이라는 것을 금방 눈치채고 이런 가식적이고 형식적인 칭찬은 오히려 자신들이 능력이 없다는 것을 폭로하는 것으로 생각하여 자칫 자괴감에 빠지게 할 수 있습니다. 반면 분별력이 없는 경우는 칭찬 받았을 때 오히려 우쭐해져 오만과 독선에 빠지기 쉽습니다. 이런 칭찬은 아부나 다름이 없어 파멸에 이르게 할 수 있으니 말도 안 되는 칭찬은 처음부터 하지 않는 것이 좋습니다. 사랑하는 아이라면 더욱 그렇습니다. 그러니 칭찬이 중요하다고 하여 없는 사실까지 만들어 입이 침이 마르도록 칭찬하지 않도록 조심해야 합니다.

사실 칭찬한다는 것은 그리 쉬운 것이 아닙니다. 사람들 자체가 세상을 자기중심적으로 보기 때문입니다. 그래서 싫은 사람의 장점을 발견하는 일은 결코 쉽지 않습니다. 싫은 사람은 눈에 거슬리는 점만 자꾸 눈에 뜨이기 때문입니다.

하지만 공자와 카네기의 말처럼 싫은 사람의 장점을 찾아 바라보고 응원해 줄 수 있다면 빙하처럼 얼어붙은 관계도 얼마든지 풀 수 있습니다. 못생긴 사람도 만나다 보면 좋게 보이듯이 처음에 싫은 사람도 자꾸 적응하다 보면 의외로 괜찮은 사람일 수 있습니다. 원만한 사회생활과 보람찬 삶을 살기 위해서는 싫은 사람이라고 냉담하거나 내치기보다는 한편으론 칭찬과 박수를 보내며 내 사람으로 만들 수 있다는 생각의 전환이 무엇보다도 시급하다고 하겠습니다.

천하를 얻는 것도 알고 보면 사람을 얻는 것이기 때문입니다. "돈을 얻으면 세상의 절반을 얻지만 사람을 얻으면 모든 것을 얻는다."는 말이 있습니다. 그래서 진정으로 세상을 얻고 싶다면 남의 나쁜 점만 보고 남을 욕하기 보다는 최대한 상대의 장점을 보고 칭찬하려고 힘써야 한다고 생각합니다. '욕하는 혀는 독'이지만, '칭찬하는 혀는 보약'이라는 탈무드의 말을 평상시 새겼으면 합니다. 어울림의 철학은 서로가 어울려 아름다운 세상을 만들기를 희망하는 철학입니다. 그러니 남을 욕하려고 하기보다는 칭찬하려고 노력하는 인간이 되기를 희망합니다.

사랑은 만병통치약인가

　근세 철학자 프란시스 베이컨은 "인간 본성 중에는 남을 사랑하려는 은밀한 성향이 있다."고 하였습니다. 이것은 사회적 동물이기 때문에 인간의 마음속에 있는 동정이나 연민 등에서 비롯되는 특성이기도 합니다. 이것은 또한 사람은 사랑 없이는 살 수 없는 가냘픈 존재라는 것을 의미하기도 합니다. 그래서 사람들은 항상 사랑을 갈구하고 사랑이 없으면 왠지 허전하고 고독하여 비참한 생각까지 들기도 합니다. 특히 어린 자녀들은 부모의 사랑을 먹고 자라고 부모들의 사랑 없이는 제대로 성장할 수도 없습니다. 나이가 들어서도 고독만큼 무서운 것이 없습니다. 그래서 사람들 대다수는 '사랑'만큼 좋은 것이 없다는 생각을 합니다. 사랑은 인심이 각박한 세상에서 편안한 안식처를 제공하며 뜻을 같이하는 사람들을 뭉치게 하여 힘든 세상을 극복하는 힘을 주는 청량제 역할을 합니다.

그런데 문제는 마치 사랑을 만병통치약인 것처럼 생각하는데 있다고 생각합니다. 불교에서의 '자비', 기독교에서 '사랑'은 인간 세상의 문제가 결국 사랑으로 풀어질 수 있다고 말하고 있습니다. 하지만 '사랑'은 인간에 필요한 감정이지만 그렇다고 사랑으로 모든 문제가 풀어질 수 없습니다. 사람들이 말로는 '사랑', '사랑'하면서도 왜 사랑을 실천하지 못하는 것일까요? 실천하지 못하면서 '사랑하라'고 외치는 것은 니체가 말하듯이 위선이 아닌지 모르겠습니다.

세상은 한편으로 사랑과 협력이 필요하기도 하지만 삶 자체가 살아남기 위해 보이지 않는 전쟁을 하는 이중적인 모습을 하고 있습니다. 지구가 폭발할 정도로 인간이 많으니 갈수록 사랑이라는 말이 무색할 정도로 우리들의 삶은 치열해지고 각박해지고 있습니다. 갈수록 인심이 죽기 아니면 살기 식입니다. 이건 사회적 동물의 숙명이기도 합니다. 이웃과 더불어 살아야 하기 때문에 이웃을 사랑해야 하면서도 살아남기 위해 이웃과 피 터지는 싸움도 불사해야 합니다. 지금 러시아와 우크라이나 전쟁은 경쟁 사회에서 사는 인간의 숙명을 그대로 보여줍니다. 특히 권력자가 선의가 없으면 언제든 발생할 수 있는 것입니다. 이런 죽고 죽이는 상황에서 사랑 운운하는 것은 그리 현명한 일은 아닙니다. 니체의 말대로 이런 상황에서 사랑은 가식이며 '권력에의 의지'에 따라 힘을 기르는 일이 무엇보다 중하다고 할 수 있습니다.

문제는 또 있습니다. 사랑이라는 것 자체가 결코 이성적이지 않다는 것입니다. 때로는 사랑이 이성과 정의와 대립각을 세울 때가 있습니다. 특히 사랑이 맹목적일 때 더욱 그렇습니다. 그리고 사랑의 감정이 삐틀어질 때 사랑은 파멸을 몰고 오는 경우가 많습니다. 잘못된 사랑은 도리어 사랑의 본질을 파괴하는 것입니다. 우리는 자식에 대한 지나친 사랑으로 자식이 망가지게 하는 경우를 흔히 볼 수 있습니다.

과연 이런 사랑이 진정한 사랑일까요? 그건 진정한 사랑이라고 말할 수 없습니다. 왜 그럴까요? 대개의 사랑은 자기 사랑에서 출발합니다. 가장 흔한 자식 사랑도 결국 자기 사랑입니다. 자식은 자기 분신이기 때문입니다. 망나니도 부모의 입장에서는 예뻐 보이는 법입니다. 그래서 사랑에 취한 부모들은 사랑의 감정에 북받친 나머지 자식이 잘못을 했어도 나무라지 않고 감싸기에 급급합니다. 또한 자식을 고생시키지 않으려고 자식을 위해서라면 과도한 자기희생도 마다하지 않고 감수합니다. 그래서 톨스토이는 "만약 우리들이 우리들 마음에 드는 사람만 사랑하고 우리들을 칭찬하고 장단을 맞추는 사람만을 사랑한다면 그것은 자기를 위한 사랑이다."라고 말하였습니다.

허나 어릴 때 자식들의 잘못을 방치한 부모가 훗날 자식을 큰 범죄자로 만든다는 사실을 기억해야 할 것입니다. 그래서 공자는 '진정한 사랑(인)이란 선악과 정사를 구별하는 사랑'이라고 하였습니다. 에리히 프롬도 자기중심적인 사고에서 벗어난 객관적이고 이성적인 태도야말로 진정한 '사랑'의 전제조건이라고 말하고 있습니다. 분별력을 상실한 사랑은 엄밀한 의미에서 '사랑'이 아니라는 것이죠. 자식의 장래를 생각한다면 지나친 사랑보다는 잘못된 길을 가지 않도록 때로는 엄히 다스리는 편이 자라나는 자식을 위해서도 훨씬 낫지 않을까 생각합니다.

유태인의 부부의 이상적인 모습은 '억세게 강한 아버지'와 '자상하고 인자한 어머니'입니다. 그 의미는 무엇일까요? 성장하는데 있어 연약한 자식을 보호하기 위해 사랑도 필요하지만 경쟁에서 살아남게 하려면 때로는 강하고 억세게 키워야 한다는 의미입니다. 달콤한 음식만 먹이려 하지 말고 거친 음식도 먹여야 한다는 것입니다. 이것이 이성이 동반된 사랑입니다. 자식을 위해서도 사랑만 할 것이 아니라 강한 채찍이 필요하다는 것이죠. 인생에는 경쟁이라는 울타리를 피할 길이 없기 때문입니다. 아무리 경쟁을 피해 자연 속에 숨어도 경쟁을 피할 수 없습니다. 그 때는 자연의 도전에 응전해야 하니까요. 그래서 자식을 위해서라면 억세고 강하게 키워야 합니다.

지나친 사랑은 자식을 연약하게 합니다. 사랑이 도를 넘으면 온실 화초가 되는 것입니다. 그러니 경쟁하는 사회를 살아가면서 무수히 만나는 역경과 난관을 돌파하기 위해 스스로 어려움을 헤쳐 나갈 수 있게 돌처럼 단단하게 키울 필요가 있습니다. 사랑한다고 해서 자식을 위해 최고로 좋은 음식만 먹게 할 것이 아니라 먹기 거북한 거친 음식도 먹게 해야 하는 것입니다. 그래야 험준한 세상에서 살아갈 수 있는 힘이 생깁니다. 또한 음주 사고를 내고 운전자를 바꿔치기 하여 실형을 받은 어느 국회의원의 아들처럼 잘못된 길을 가지 않게 하기 위해서도 채찍으로 엄하게 키워야할 필요가 있는 것입니다. 그렇지만 너무 엄격하면 일탈할 수 있기 때문에 아버지의 강함과 어머니의 부드러움을 병행해야 합니다. 그래서 탈무드에는 "자식이 어릴 때에는 엄히 가르쳐야 하지만, 그렇다고 자식이 두려움을 느낄 정도로 가르치는 것은 옳지 못하다."라고 하였습니다.

게다가 보편적인 사랑은 실천하기도 어렵습니다. 과연 누가 네 이웃을 자신처럼 사랑할 수 있을까요? 말은 쉽지만 실천하기는 불가능합니다. 무한 경쟁 사회에서 자신의 한 몸도 추스르기 어려운 마당에 어떻게 남까지 챙길 수 있단 말입니까? 보통 사람들은 생각조차 하기 힘듭니다. 뛰어난 능력을 가진 사람조차 모두를 사랑한다는 것은 불가능합니다. 자신이 살기 위해서는 때로는 남에게 선의의 피해를 줄 수도 있고 때로는 무관심할 수밖에 없습니다. 남을 사랑할 심적 여유가 없는 것이죠.

더군다나 '원수를 사랑하라'는 말은 너무나 현실과 동떨어진 말입니다. 니체 말대로 인간의 본성과도 맞지 않을뿐더러, 죽기 아니면 살기로 싸워야 하는 상태에서 그 말대로 했다가는 자신이 자칫 목숨을 잃을 수 있기 때문입니다. 그러므로 모두가 먹고 살아야 하는 혹독한 환경에서 남을 자신처럼 사랑하라는 말은 실천하기가 불가능하다고 생각합니다. 원수를 포함하여 모두를 사랑한다는 것은 결코 인간의 영역이 아닙니다. 전지전능한 신조차도 할 수 없습니다.

신은 서로 싸움하는 인간들 중 누구의 손을 들어줄까요? 이라크 전쟁 당시 신은 구약에 등장하는 같은 신인데 '과연 기독교를 믿는 부시의 손을 들어줄까요, 아니면 이슬람교를 믿는 후세인의 손을 들어줄까' 하는 문제가 불거졌습니다. 역사는 부시의 손을 들어주었지만 과연 그것이 신의 뜻일까요? 그러면 왜 신은 후세인을 버렸을까요? 그 누구도 이에 답을 하지 못할 겁니다. 사랑한다는 신이 누구는 사랑하고 누구를 버린다는 것은 말이 되지 않으니까요.

이처럼 모두를 사랑한다는 것은 자기모순에 빠집니다. 그렇지 않으려면 일단 자신부터 사랑해야 합니다. 자신을 사랑해서 자존감을 키워야 의미 있는 삶을 살 수 있으니까요. 남을 위해 희생만 하는 삶은 나중에는 후회스런 삶으로 변합니다. 삶은 자신의 삶인데 평생 동안 자신에게 해 준 것이 없기 때문입니다. 자신이 볼 때 헛살은 것이죠. 한때 기부천사로 유명했던 가수 김장훈 씨가 200억 가까운 기부를 하고 살았지만 나이가 들어 노래활동을 활발히 할 수가 없어 지금은 돈 걱정하면서 셋방에서 힘들게 산다는 안타까운 근황이 전해져 안타까움을 자아내고 있습니다. 이처럼 남을 위한 삶이 결코 나의 희생을 강요하는 상황으로 발전하는 것이라면 바람직하지 않다는 것을 그대로 보여주는 것입니다.

일단 유의미한 삶을 위해서는 먼저 자신을 바로 세워야 하고, 사랑은 그 다음입니다. 그래서 너와 내가 어울려 조화롭게 사는 덕스런 삶으로 나아가야 합니다. 받는 사람이나 주는 사람이나 누구에게든 일방적인 것은 좋지 않은 것입니다. 지나친 과도한 사랑은 상대에게 부담을 주어 배은망덕을 낳기도 합니다. 그래서 사랑은 적당한 선에서 주고받을 때가 최고입니다.

자신에 대한 사랑으로 자존감을 높이고 자신감을 쌓아 자신의 영역이 자리잡으면 자기 욕심만 부리지 말고 주변으로 사랑의 영역을 조금씩 넓혀 가는 것이 우리가 가야할 길이라고 봅니다. 그러니 사랑으로 모든 인간의 문제를 해결한다고 생각하는 것 자체가 잘못된 것입니다. 인간의 영역에는 사랑의 영역보다는 먹고 살기 위해 다투고 싸우는 영역이 더 강하게 작용하기 때문에 일단은 나부터 살고 보아야 하기 때문입니다. 온 세상을 얻고 내 목숨을 잃으면 무슨 의미가 있겠습니까? 니체가 항상 사랑보다 '힘'을 강조한 것도 인간의 본질을 경쟁과 그로 인한 싸움으로 보았기 때문입니다. 그래서 철저하게 기독교인인 칼 힐티도 모든 인간관계를 '사랑'으로 풀 수 없음을 다음과 같이 말하고 있습니다.

> '사랑'이라고 하는 것은 사람을 기만하기 일쑤이며, 또한 때때로 실천하기 어려운 말이다…… 모든 인간을 참되게 사랑하려고 하는 것은 전혀 불가능한 이야기이고, 그것은 심한 환멸과 결국에는 염세주의로 이끌 뿐이다.

우리는 한편으론 사랑하고 협력하면서도 한편으론 경쟁하고 싸움까지 하는 모순적인 삶을 살고 있습니다. 그래서 어울림의 철학은 니체처럼 경쟁에서 이기려고 힘만 기르는 것도 문제지만 종교처럼 사랑으로 모든 문제를 해결하려는 태도도 문제가 있음을 직시하고 서로의 공존을 위해서 힘과 사랑의 적절한 조화가 이루어져야 한다고 말하고 싶습니다.

누구를 위한 하소연인가

　우리는 종종 무슨 일이 잘 안 풀릴 때면 동정 받고 싶은 나머지 지인들에게 자기 신세를 하소연하곤 하는 경우가 많습니다. 여러분 중에도 상대가 듣든 듣지 않든 간에 만나자마자 자신의 신세타령부터 한없이 늘어놓는 경우도 있을 것입니다. 허나 이것은 그리 현명한 처사가 아니라고 생각합니다.

　진정 자신을 위하고자 한다면, 불가피하게 하소연 하더라도 다른 사람에게 자신의 허물이 최대한 드러내지 않도록 조심해야 합니다. 사람들은 흔히 남들로부터 동정 받고자 무의식중에 자기에게 일어난 불미스러운 일을 들추려고 합니다. 허나 그 하소연 속에는 동정할만한 진실도 있지만 자신의 과오도 반드시 있게 마련입니다. 자신에게 좋지 않은 일이 일어났다면 그 속에 운명의 짓궂은 장난이나 남의 잘못만 있겠습니까? 그 속에는 반드시 자신의 잘못이나 부족함이 있을 것이라고 생각합니다.

자식이 잘못 풀렸다고 하소연해 보았자 궁극적으로는 누구에게 화살이 돌아오겠습니까? 자신의 남편이나 아내를 욕해 보았자 무슨 소용이 있겠습니까? 결국은 자기 자신에게 화살이 돌아오게 되는 것입니다. 그래서 자신의 신세를 하소연하는 것은 자신의 잘못을 들추는 것과 별반 다르지 않습니다. 동정 받고자 하소연하면 겉으로는 사람들이 그 진솔함에 감동하는 것처럼 보이다가도 속으로는 좋아라고 박수치는 경우도 많습니다. 겉으로는 남이 자신의 하소연을 잘 들어준다고 해서 좋아하지 말라는 이야기입니다. 얼굴빛을 좋게 하고 자신의 말에 장단을 맞추며 열심히 귀기울이는 것은 일종의 속임수일 수 있습니다. 하소연을 경청하는 속뜻은 상대방의 약점을 안주 삼아 희희낙락거릴 수 있는 이야깃거리와 언제든 상대방을 물고 늘어질 수 있는 약점을 알았기 때문입니다. 그래서 톨스토이는 "불행한 인간은 동정하여 주는 사람의 얼굴을 보기를 즐기며, 자기의 고통을 털어놓고 사랑과 동정의 말을 듣기를 좋아한다."고 하였습니다.

　자신의 허물을 드러내기 보다는 차라리 자신의 잘못을 숨기는 것이 자신을 위해서도 좋습니다. 진실이 때로는 해악을 가져오기 때문에 부부 사이라도, 친구 사이라도, 하소연하다가 자신의 허물을 털어놓는 것은 참으로 바보스런 일입니다. 그 하소연 때문에 자신의 약점과 허물이 노출되어 언제든지 인생을 살아가는데 걸림돌이 될 수 있습니다. 왜 '테스가 사랑하는 이로부터 버림을 받게 되었습니까? 사랑받는 사람에게 자신의 아픈 과거를 너무나 솔직히 말했기 때문입니다.

　좋은 이미지보다 나쁜 이미지가 사람들 사이에 오래 기억되는 법입니다. 그래서 좀 억울하더라도 자기에게 일어났던 좋지 않은 일들을 덮어두는 것이 현명합니다. 아무리 고상한 사람도 결점과 허물이 있게 마련입니다. 이런 잘못을 동정 받고자 하소연한다고 자신의 행적을 들추는 순간 고귀한 체면은 사라지고 추한 몰골이 드러날 수 있습니다. 이로 인해 테스와 같은 불행한 운명에 빠질 수 있습니다.

　게다가 하소연이 지나치면 경멸감마저 불러올 수도 있습니다. 자신의 운명은 어찌되었든 자신이 책임을 져야 합니다. 흔히들 시대가 영웅을 만든다고 하나, 역으로 영웅이 얼마든 시대를 만들 수 있는 것입니다. 특히 걸출한 영웅은 어떤 악조건에서도 분발하여 세상을 자신의 의도대로 만들어갑니다. 그래서 지금 당장 험난한 길을 걷고 있다고 하더라도 운명을 탓하지 않고 스스로 그 고난을 극복하고 밝은 미래를 창조하려 노력해야 합니다.

　그렇지 않고 다른 사람의 동정을 구하고자 하는 자신의 구차한 신세타령은 자신의 의도와는 달리 상대에게 경멸감만 사고 말 것입니다. 사람들은 처지가 딱한 사람을 보면 겉으로는 동정하겠지만 속으로는 상대보다 나은 처지에 안도감을 느끼고 심지어 우월감마저 가지게 됩니다. 그래서 상대에게 무시당하기 쉬울 뿐 아니라 만날 때마다 넋두리하다 보면 경멸감에 만나는 것조차 거부당하게 됩니다. 그래서 그라시안은 "남에게 하소연하지 마라. 하소연은 언제나 우리의 명망을 해친다."고 하였습니다.

　이처럼 남에게 하소연하여 자신의 아픈 곳을 보이는 것은 정말 어리석은 행동이라고 생각합니다. 힘든 세상에서 지인의 동정을 받고자 한 행동이지만 동정은커녕 경멸심만 키운 꼴입니다. 세상은 정말 냉정합니다. 그러니 나 자신도 냉정하게 살 필요가 있습니다. 현재 상황이 매우 힘들고 어렵더라도 동정을 구하고자 하소연하기보다는 자신의 부족함을 인정하고 좀 더 열심히 분발한다면 곧 좋은 일이 생기게 될 것이라고 생각합니다. 그러므로 신세타령을 자제하고 그 시간에 자신의 노력을 충분히 기울여 난관을 극복하고자 노력하는 것이 삶을 살아가는 현명한 태도라고 생각합니다. 하소연은 자신을 해하고 다른 사람과의 어울림을 방해하는 행위이니 어울림의 철학은 가혹한 운명에 동정받고자 하소연하는 것을 금하고 묵묵히 그 거친 운명을 극복하라고 권장하고 싶습니다.

결혼, 무엇이 문제인가

우리는 행복을 위해 결혼하지만 주변을 보면 그다지 행복한 부부를 찾아보기 어렵습니다. 한 지붕 두 가족처럼 마지못해 살거나 부부 싸움을 자주하는 경우를 흔히 볼 수 있습니다. 허나 부부 싸움에는 엄밀하게 승자는 없고 패자만 있을 뿐입니다. 지나친 부부 싸움은 결국 파국을 맞이하게 합니다. 현재 한 해 평균 결혼하는 신혼부부 중 3분의 1 가량이 이혼하고 있다고 합니다. 이것은 우리들이 결혼하는데 그리 현명하지 않았다는 반증이라고 생각합니다.

왜 이런 현상이 일어날까요? 바로 부부관계를 이기적인 소유관계로 착각하여 일어난 현상이라고 생각합니다. 쇼펜하우어는 "모든 애정은 아무리 별나라 모습을 하고 있어도, 실은 성욕이라는 본능에 근거하고 있다."고 말하고 있습니다. 루소도 "사랑은 욕정 없이는 못한다."고 하였습니다. 이처럼 남녀 간의 사랑은 성욕과 종족보전이라는 감정에서 출발한다는 것입니다. 그래서 청춘이 되면 이성異性에 대한 강렬한 갈망이 시작되는 것입니다.

이런 갈망은 결혼하기 전에는 이런 욕구를 만족하기 위해 사랑하는 연인에게 목숨까지도 불사하겠다는 강한 소유욕으로 발전합니다. 허나 문제는 그런 욕구가 그리 오래가지 않는다는 것입니다. 결혼하기 전에는 그렇게 잘 대해 주다가도 결혼하여 소유하고 어느 정도 욕정을 만족하는 순간 쾌락 뒤에 허탈감이 오는 것처럼 상대에게 관심이 멀어지고 함부로 하는 것이죠. 특히 포유동물의 수컷 본능처럼 외연을 확장하려는 남자들에게서 많이 발견될 수 있는 현상입니다. 그러니 결혼하여 어느 정도 성적인 만족을 하는 순간 서로가 민낯을 보게 되는 황당한 일이 벌어지는 것입니다. 결혼의 즐거움은 길어야 2년이라는 말이 여기서 나온 말이라고 생각합니다.

문제는 결혼은 단순히 성적인 만족을 위한 결합이 아니라는 데 있습니다. 성적인 만족은 사랑의 출발점은 되지만 그렇다고 그것이 결혼의 전부는 아니라는 것입니다. 그보다는 자신의 혈통을 보전하려는 남녀 간의 신성한 결합입니다. 그러니 부부는 나만을 위한 결합이 아니고 대를 잇기 위한 두 생명체의 결합이죠. 그 결합으로 인해 둘만의 보금자리가 만들어지고 사회의 기초가 되는 '가족'이라는 신성한 공동체가 탄생하는 것입니다. 그러니 결혼은 남녀 간의 조화가 무엇보다 중요합니다. 조화가 이루어지지지 않고 자꾸만 파열음이 난다면 가족은 해체되어 끝까지 동행하기 어렵습니다.

그럼 부부가 가족 공동체를 이루고 끝까지 갈 수 있으려면 부부는 어떤 길을 가야 할까요? 부부는 서로 가족 공동체가 되는 순간 서로 떨어질 수 없는 관계로 발전합니다. 특히 사랑이 결실을 맺어 자녀를 거느리게 되면 더욱 그렇습니다. 그들만의 신성한 가정을 유지하기 위해 부부는 합심하지 않을 수 없습니다. 그래야 건전한 가정이 탄생하는 것입니다.

그러나 건전한 가정으로 발전하기가 그리 쉽지 않습니다. 부부는 사랑의 이름으로 결합했지만 남남들이 만나 결합한 것입니다. 처음에는 서로 다른 사람이 만나 합심하니 재미나는 생활을 할 수 있습니다. 허나 결혼 생활이 지속되면서 문제가 발생합니다. 경제적 문제를 차지하고도 행복 뒤에는 권태가 따르기 마련이고 서로 다름으로 인해 다툼이 발생하기 시작하는 것입니다. 이런 현상은 부부 관계를 소유 관계로 생각하면서 더 큰 문제가 발생합니다.

처음 남녀가 만날 때는 서로를 존중하려고 합니다. 그것은 상대를 존중하지 않으면 결합할 수 없기 때문이죠. 허나 결합하는 순간 부부는 상대를 소유관계 혹은 지배관계로 착각하는 경우가 많습니다. 그래서 상대를 존중하기보다는 자신의 뜻에 따라 상대가 움직이기를 바라는 경향이 강해집니다. 처음 만날 때처럼 서로를 존중해서 맞추어 가야 하지만 결혼하면서 상대가 자신에게 맞추어 오기를 은근히 희망하는 것입니다. 사랑한다는 이유로 결혼했지만 결국 결혼을 해도 인간 고유의 이기적 심리는 발동하는 것입니다. 사랑도 알고 보면 굉장히 이기적일 때가 많습니다. 자신의 이기적 욕망을 위해 상대를 사랑하는 것입니다. 이렇게 해서 부부 사이가 이기적인 소유관계로 발전하다 보면 부부 사이에 다툼이 발생하고 조금씩 틈이 생기고 그 틈이 커지면 결국 부부는 갈라서게 됩니다.

부부 사이는 엄밀하게 소유 관계가 아닙니다. 가족 공동체를 위해서 자발적으로 결합한 관계입니다. 그러니 결합했다고 해서 상대가 자신의 입맛에 맞도록 처신하라고 요구하는 것은 그리 현명한 처사가 아니라고 생각합니다. 부부는 원래 남남에서 출발했기 때문에 서로를 존중하고 다름을 인정하며 조화롭게 살도록 노력해야 합니다. 결합했다고 자신의 뜻대로 움직이려고 하는 것은 이기적 발상이며 오만한 생각입니다.

소유 의식이 지나치게 강해지면 의부증이나 의처증 환자처럼 상대방을 자기 기준에 맞추게 하고 꼼짝달싹도 하지 못하게 하여 숨막히게 하려고 합니다. 이것은 진정한 사랑이 아니라, 사랑의 가면을 쓴 이기적인 욕심에 지나지 않습니다. 에리히 프롬은 《소유냐 존재냐》에서 사랑이 소유로 변했을 때 일어나는 현상에 대해 다음과 같이 말하고 있습니다.

> 사랑이 소유 양식에서 경험될 때 그것은 자기가 '사랑하는' 대상을 구속하고, 감금하고, 또는 지배하는 것을 의미한다. 그것은 생명을 주는 것이 아니라, 압박하고, 약화시키고, 질식시켜 죽이는 행위이다. 사람들이 사랑이라 '부르는' 것은 대개의 경우 그들이 사랑하고 있지 않다는 현실을 숨기기 위한 말의 잘못된 사용에 지나지 않는다.

사랑이 소유가 되었을 때 나타나는 구속, 감금, 지배의 현상은 의부증이나 의처증으로 나타나기도 하고, 극단적인 행동으로 나타나게 되면 상대방을 때리거나 죽이기도 하는 것입니다. 결국 프롬의 말처럼 소유된 사랑은 진정한 사랑이 아닙니다. 상대를 자신의 뜻대로 하려는 현상의 많은 부분이 '사랑'이라는 이름으로 행해지지만, '사랑하기 때문에', '너를 위해서'라는 명목 하에 행해지는 이러한 폭력은 상대를 자기의 뜻대로 맞추도록 종용하고 상대방이 자신의 뜻대로 해주기를 바란다는 이기적인 야만성을 담고 있습니다. 그것이 이루어지지 않을 때는 성폭력이나 살인 등과 같은 아주 강압적인 행동으로 나타나기도 합니다.

그럼 진정한 사랑은 무엇일까요? 바로 나 자신이 나를 사랑하는 만큼 상대방을 배려할 줄 아는 것입니다. 그래서 진정 사랑한다면 절대 상대방을 소유하려고 해서는 안 되며 무엇보다도 먼저 상대방을 존중하고 배려해 주어야 합니다. 소유 의식에 사로잡혀 무관심하게 행동하는 것을 정당화하거나, 하인처럼 부려먹거나, 의처증 환자처럼 구속하고 감금하는 것은 사랑의 이름을 딴 인간 모욕이자 인간 착취입니다. 에리히 프롬은 진정한 사랑은 소유하는 것이 아니며 사랑의 위대한 힘을 통해 상대방의 자존감을 한껏 고양시켜 생명력을 드높이는 것이고 그것이 결국에는 자신을 힘껏 드높이는 결과를 가져온다고 다음과 같이 말하고 있습니다.

> 사랑은 그것이 '소유' 양식에서 이야기되느냐, 아니면 '존재' 양식에서 이야기되느냐에 따라 두 가지 의미를 갖는다. 우리는 사랑을 소유할 수 있는가? 만약 가능하다면 사랑은 하나의 사물이어야 하며, 우리가 갖고, 점유하고, 소유할 수 있는 실체이어야 한다. 그런데 사실은 '사랑'이라고 하는 사물은 없다. 사랑이란 추상 개념이며, 아마도 여신이며, 이방인일 것이다. 그러나 이 여신을 본 사람은 없다. 실제로 '사랑한다

는 행위'만이 존재한다. 사랑하는 것은 생산적인 능동성과 관련된다. 그것은 인물·나무·그림·관념을 존중하고 알며, 반응하고 확인하고 향유하는 것을 뜻한다. 그것은 생명을 주는 것을 의미하며, 그의(그녀의, 그것의) 생명력을 증대시키는 것을 의미한다. 또한 그것은 자신을 증대시키는 하나의 과정이다.

게다가 부부는 서로 다릅니다. 생각도 다르고 습성이나 습관도 다릅니다. 그래서 근본적으로 같아질 수 없습니다. 인간은 아무리 노력해도 크게 변하기 어렵습니다. 3살 버릇 80살까지 간다는 말은 인간이 변화하기 얼마나 어려운지를 단적으로 보여주는 말입니다. 그래서 이런 차이를 인정하고 그것으로 인해 발생할 수 있는 다툼을 대화로 풀어갈 수 있는 기지를 발휘해야 합니다. 그렇지 않으면 차이로 인한 마찰로 인해 가정에 큰 위기가 올 수 있습니다. 서로 차이를 인정하고 대화를 통해 그 간극을 줄일 때 안정된 가정생활을 영위할 수 있습니다. 생각이 다르다고 소리부터 지르는 것은 결코 현명한 처사가 아닙니다. 그것은 자기 생각에 갇혀 있는 징후일 뿐입니다.

또한 같이 살다보면 서로의 단점이 눈에 띄게 나타납니다. 결혼하기 전에는 좋은 점만 보였지만 같이 살다 보면 전에는 좋게 보였던 것조차 좋지 않게 보이기 시작하는 것입니다. 그래서 기대한 만큼 실망도 클 수 있습니다. 허나 누가 완벽할 수 있습니까? 같이 살려면 상대의 단점을 받아들이고 그것에 익숙해져 서로가 조화를 이루도록 끊임없이 노력해야 합니다. 서로 다른 사람이 만나니 그만큼 인내와 노력이 필요하다는 것입니다. 한마디로 미운 정 고운 정이 다 들어야 비로소 부부가 된다는 것입니다. 그래서 평상시 상냥한 말투와 다정다감한 대화를 나누도록 노력해야 합니다. 자신의 입맛에 맞지 않다고 상대에게 건네는 거친 말투는 상대를 자기중심적 소유 관계로 착각하여 물건 다루듯 상대를 무시하는 오만방자한 마음을 담고 있습니다. 그래서 상대를 모욕하는 듯한 거친 말은 미움과 증오를 낳아 언제나 싸움의 도화선이 되고 이별의 아픔을 낳습니다.

가는 말이 고와야 오는 말도 고운 법입니다. 부드러운 말투와 상냥한 어조에서는 싸움 날 일이 없지만 별 것도 아닌 것을 가지고 거친 말이 오가다 보면 큰 싸움으로 번지고 맙니다. 인간관계에 치명적인 자존심을 건드리는 것이죠. 상대를 진정으로 사랑하고 존중한다면 거친 말이 절대 나오지 않는 법입니다. 지나칠 정도로 자기중심적 소유 관계로 착각하여 상대에게 존중하는 마음이 없기 때문에 거친 말이 자기도 모르는 사이에 튀어 나오는 것입니다.

다시 한 번 말하지만 같은 운명체라고 해도 부부는 분명 소유관계가 아닙니다. 상대를 엄연한 인격체로 인정해야 합니다. 그러니 함부로 해서는 안 되는 것입니다. TV의 부부클리닉 프로그램을 보면 서로 화해가 불가능할 것 같은 부부도 서로를 받아들이고 인정하는 대화를 통해 대부분 문제를 해결하곤 합니다. 부부 간에도 냉정한 이성적 판단이 필요하다는 것이죠. 그래서 에이 모로아는 "부부간의 대화는 외과 수술과 같이 신중하지 않으면 안 된다."고 하였습니다.

그러나 처음부터 잘못된 만남도 있습니다. 첫눈에 반해 서로가 만났지만 '아차!' 하는 경우가 생기는 것입니다. 사랑의 감정에 속아 그만 만나지 말아야 할 사람을 만난 것입니다. 흔히 술, 도박, 여자를 밝히는 남자를 만나거나 바람기 있고 허영심 많고 사치한 여자를 만나는 것입니다. 이런 만남은 인생을 꼬일 대로 꼬이게 만들고 결국 파멸에 이르게 할 수 있습니다. 그래서 애초 사람을 만날 때 신중해야 하며 결혼을 할 때는 더욱 신중하고 현명해야 합니다.

아무리 사랑의 감정이 흐르더라도 정말 이 사람과 결혼하여 사는 것이 현명한 것인지 스스로 판단해야 합니다. 요즘 같이 돈을 중시하는 자본주의 사회에서 경제력과 능력이 무엇보다 중요한 결혼의 기준이지만 그것이 자칫 불행한 선택이 될 수 있음을 유념해야 합니다. 돈도 돈이지만 그 사람의 인간성과 생활 습관을 고려하지 않으면 자칫 불행한 결혼이 됩니다. 분명 사랑이란 이름으로 불행을 몰고 올 사람임에도 욕정에 사로잡혀 사랑에 빠진 나머지 결혼을 한다면 남은 삶이 얼마든지 비극이 될 수 있습니다. 진정 자신의 미래를 생각한다면 그러한 사람을 과감히 떠나갈 수 있어야 합니다.

지나치게 탐욕스러운 사람이나, 허영심이 많은 사람, 짠 사람, 약속을 잘 지키지 않거나 정직하지 못한 사람, 거만하고 무례한 사람, 선의지가 없거나 폭력적인 사람, 게으르고 불성실한 사람, 음흉하며 교활한 사람과는 처음부터 사귀지 않는 것이 상책이라고 생각합니다. 불행을 몰고 올 사람을 멀리하는 것은 삶의 지혜 중 참으로 소중한 것입니다. 주변을 보면 그런 사람 때문에 상처받거나 파탄이 나는 경우를 우리는 흔히 볼 수 있습니다. 그래서 화려한 겉모습에 반해 이런 사람과 결혼한다면 그야말로 스스로 무덤을 파는 것입니다. 그래서 그라시안은 바보를 알아보지 못하는 바보가 되지 말라고 역설적으로 다음과 같이 말합니다.

어리석은 자 때문에 괴로움을 겪지 말아야 한다. 바보를 알아보지 못하는 사람은 스스로 바보가 된다. 바보인 줄 알면서도 멀리하지 못한다면 더욱 더 큰 바보가 된다. 어리석은 자들은 피상적인 관계에서는 위험하며 신뢰 있는 관계에서는 치명적이다.

더욱이 훌륭한 부부가 되기 위해서는 이성적이어야 합니다. 사랑은 감성에서 출발하지만 그 감성은 이성의 통제를 받아야 합니다. 그래서 남들에게도 그렇듯 이기적인 자기중심적 사고에서 벗어나 자신을 낮출 줄 아는 겸손함부터 배워야 합니다. 자신이 잘났다고 상대를 노리개로 생각하거나 하인 취급해서는 곤란하다는 이야기입니다. 자신이 잘났다고 생각하고 큰소리치는 것은 상대를 질식시키는 자살행위입니다.

부부는 세상의 고난과 외로움을 함께할 평생의 동반자입니다. 힘들 때 의지할 사람은 바로 부부입니다. 그러니 누구보다도 소중한 존재입니다. 항상 가까이 있다고 무관심할 것이 아니라 오히려 없어서는 안 될 소중한 존재로 생각하고 더욱 애지중지해야 합니다. 그래서 에리히 프롬도 자기중심적인 사고에서 벗어난 객관적이고 이성적인 태도야말로 진정한 '사랑의 기술'임을 다음과 같이 말하고 있습니다.

사랑의 기술을 배우려고 한다면 나는 모든 상황에 있어서 객관성을 위해 노력하고자 하고 내가 객관성을 잃고 있는 상황에 대해 민감해야 한다.

사랑은 욕정이라는 감성에서 출발하지만 사랑이 완성이 되려면 이성적이어야 합니다. 여러분도 서로가 어울리는 한 쌍이 되기 위해 감성과 이성이 적절한 조화를 이루는 현명한 사람이 되지 않으시겠습니까? 어울림 철학은 감성과 이성의 절묘한 조화를 추구합니다.

못생겨도 맛은 좋아

　자~, 여러분! 인생을 살아가는 데 있어 인간 행복의 기초 중에 가장 소중한 것이 무엇일까요? 바로 원만한 인간관계, 즉 어울릴 줄 아는 것입니다. 집안에서의 화목함과 사회 생활에서서의 원만함은 삶의 활력소 역할을 하지만 집안에서 잦은 다툼과 상사나 직장 동료 사이에 잦은 마찰은 세상살이를 힘들게 하는 가장 큰 원인이 됩니다. 돈이 많아도 인간관계에서 잦은 다툼과 불화는 불행으로 가는 지름길입니다. 그래서 무엇보다도 좋은 인간관계를 맺고 어울려 사는 것이 세상을 살아가는 가장 편안하고 안락한 방법이라고 생각합니다.

　좋고도 원만한 인간관계를 이루기 위해서는 상대방이 잘한 일에 대해서는 박수칠 줄 알아야 하지만, 무엇보다도 상대방의 단점과 실수에 대해 보다 관용적이어야 한다고 생각합니다. 사람은 누구나 단점이 있기 마련입니다. 위대한 사람이라고 예외는 아닙니다. 지금 20세기 성인이라 불리는 간디조차 어린 소녀와 관계를 맺었다는 추악한 일을 자행했다는 사실이 폭로되고 있습니다. 그래서 공자도 사람이 사람인 이상 잘못을 저지르지 않기란 어렵다고 하며, 가장 큰 잘못은 "잘못을 저지르고도 고치지 않으려고 하는 것이 잘못이다."라고 하였습니다. 중국의 근대 문학의 선구자 루쉰이 "나는 내 자신이 완벽한 사람이 되길 원치 않는다."라고 말한 것도 그가 사람은 완벽할 수 없다는 것을 이미 깨달았기 때문이라고 생각합니다. 그리고 동전의 양면처럼 좋은 측면을 뒤집으면 나쁜 측면으로 나타나곤 합니다. 상황에 따라 느긋한 것은 긍정적이지만 똥 싸고 문대는 것은 부정적입니다. 그러니 아무리 인간이 갈고 닦아도 좋지 않은 측면이 있을 수밖에 없는 것입니다.

문제는 우리 스스로가 자신의 치부를 숨기거나 미화하면서도 남의 단점을 잘 들추려는 못된 습성이 있다는 것입니다. 경쟁적 사회에서 인간이 내면 깊숙이 자리잡고 있는 '이기려는 속성'이 있기 때문에 상대를 깎아내려야 자신이 산다고 생각하기 때문입니다. 그래서 남의 눈의 티는 잘 보면서도 자신의 대들보는 잘 보지 못하는 내로남불 현상이 끊이지 않고 있습니다. 특히 정치가들이 완전한 내로남불인 것은 이기면 모든 것을 얻지만 떨어지는 순간 나락으로 떨어지는 정치 세계에 굳건히 자리잡고 있는 승자 독식주의 문화 때문입니다. 그래서 정치 세계는 참으로 냉정하며 때로는 보기에도 역겹고 혐오스럽습니다.

특히 가족이나 친구와 같이 가까운 사이일수록 더욱 단점과 실수를 보듬어 주어야 합니다. 가깝다고 함부로 하면 상처주기가 쉽고 원수가 되기 쉽습니다. 어떤 사람은 남들 앞에서 자랑스럽다는 듯이 자신의 남편이나 아내의 흉허물을 늘어놓는 몰상식한 사람들도 있습니다. 그것은 누워서 자신의 얼굴에 침 뱉는 격인데도 그것도 모르고 만인에게 떠들고 다니는 것입니다.

허나 자기 기준에 맞춰 서로 다름과 결점을 인정하지 못하는 것은 일종의 자만이요, 자기 집착이라고 생각합니다. 자만하거나 자기 집착이 강한 사람일수록 상대방의 조금의 작은 실수도 용납하지 못하고 분란을 일으키는 경우가 많습니다. 그러면서도 자기 잘못은 절대 인정하지 않으려고 하고 잘못이 드러나도 끝까지 인정하지 않으려 합니다.

허나 아무리 가까운 부부 간이라도 실수했다고 혹은 자신의 기대에 못 미쳤다고 싫은 소리를 좋아할 사람은 누구도 없습니다. 관계를 맺고 살려면 상대의 실수마저 '그러려니' 하면서 유머스럽게 넘기는 재치가 필요하다고 생각합니다. 사사건건 트집을 잡아 나무라는 것은 상대를 무시하는 잔인한 일입니다. 사소한 갈등이 잦아지면 부부 간의 애정과 친구 사이의 우정마저도 점차 금이 가기 마련입니다. 그래서 볼테르는 "우리 모두의 어리석음을 용서하자."라고 말하고, 홍자성도 "남의 작은 과실을 꾸짖지 말고 남의 사사로운 비밀을 드러내지 말고 남의 과거의 잘못을 염두에 두지 말라. 이 세 가지는 덕을 기르게 하고 해를 멀리하게 한다."고 하였습니다. 그라시안도 다른 사람의 결점에 익숙해지는 것이 진정한 삶의 지혜라고 말하고 있습니다.

친분 있는 사람들의 결점에 익숙해지라. 그들과 가까워야 할 때에는 어쩔 수 없는 것이다. 결코 함께할 수 없는 끔찍한 성격을 가졌지만 그들 없이는 살 수 없는 사람들이 있다. 그렇다면 추한 얼굴에 점차 익숙해지듯 그들의 성격에 적응하는 것이 현명하다. 그래야 아주 무서운 일에 닥쳐서도 분별력을 유지할 수 있다. 그런 결함에 처음에는 경악하지만 점차 혐오스러움은 사라질 것이다.

현명한 사람은 상대방의 결점에 화를 내기 보다는 익숙해지는 사람이라고 생각합니다. 때론 못 생겨도 맛이 좋습니다. 그러니 인간의 불완전성을 받아들이고 그러한 결점에 익숙해지고 보듬어준다면 부부 사이뿐만 아니라 다른 사람과의 만남에서도 많은 문제가 해결될 수 있을 것이라 생각합니다.

우리가 진정 어울리고자 한다면, 남의 잘못을 보기 전에 남이 잘하는 것을 먼저 보려고 노력해야 하고 남의 허물을 보기 전에 자신의 허물도 볼 줄 알아야 합니다. 남을 조롱하거나 비웃기보다 남을 칭찬하며 서로가 웃으며 어울릴 때 우리는 진정으로 행복할 수 있다고 생각합니다. 행복은 어울림에 달려 있습니다. 그래서 마르쿠스 아우렐리우스는 우리의 마음을 즐겁게 만드는 방법은 '함께 사는 사람들의 장점을 떠올리는 것'이고, '운명으로 엮어진 사람들을 사랑'하는 것이라고 말하였습니다.

상사와의 마찰
어떻게 할 것인가

인간은 사회적 동물이어서 인생은 무수한 만남의 연속이고 관계의 연속이라도 해도 틀린 말이 아닐 것입니다. 사회생활을 하다보면, 인간관계가 얼마나 중요한가를 새삼 깨닫게 됩니다. 특히 직장 생활을 하면서 직장인의 80% 정도가 상사와의 갈등 때문에 직장을 그만두고 싶고, 대기업 취업자 중 30% 가까이가 1년 만에 실제로 그만둔다고 합니다. 상사와의 성격 차이와 상사의 권위적이고 고압적인 태도, 상사의 무능력과 업무상의 마찰 때문에 이런 일이 발생하는 것입니다. 대다수 직장인들이 상사와의 마찰, 즉 불미스런 인간관계 때문에 직장생활이 그만큼 고달프고 힘들다는 이야기입니다.

이러한 직장문화는 한국사회 전반에 퍼져 있는 것이라 어느 조직을 가든 정도의 차이는 있을지언정 잔존하고 있습니다. 일이 중심이 될 수밖에 없는 직장에서 거의 모든 일은 윗사람의 지시에 의해 이루어지기 때문에 상사와의 마찰은 불가피한 측면이 있습니다. 지시한 일이 제대로 처리되면 모르겠지만 일이란 것이 문제없이 매끄럽게 처리되지 않은 경우도 다반사로 일어날 것으로 생각합니다. 그러다 보면 회사의 이익과 직결되는 미흡한 일처리에 대한 질타는 거의 피할 수 없습니다.

인간 세상에는 선한 사람도 많지만 악질적인 사람도 많습니다. 상사 역시 마찬가지입니다. 아랫사람을 다독이며 성장할 수 있도록 돕는 인간미 넘치는 상사도 있겠지만, 세상에는 그렇지 않은 막돼먹은 상사도 의외로 많습니다. 일에 대한 설명도 제대로 해주지도 않고 일마다 트집을 잡아 부하직원을 괴롭히는 아주 유별난 상사도 있습니다. 아무 종도 모르는 사회 초년병이 이런 사람 밑에 있기란 정말 힘들고 고달픕니다. 업무에 최선을 다해도 돌아오는 것이 자존심을 짓밟는 고함 소리라면 하루에도 빨리 직장을 그만 두고 싶을 것입니다. 하지만 목구멍이 포도청인 상태에서 직장을 그만두기도 어렵습니다. 지금과 같이 어려운 시기에 대안도 없이 직장을 그만두는 것은 거의 자살행위나 다름이 없다고 생각합니다.

원인이야 어찌되었든 직장에서의 인간관계가 원만하지 못했기 때문에 이런 문제가 발생한 것입니다. 인간관계가 틀어지는 상당수 이유는 끓어오르는 화를 참지 못하고 발산한다는 경우가 많다는 것입니다. "분노보다 더 신속한 광기는 없다."는 스토아 철학자 세네카의 말처럼, '욱하는 마음에 순간적으로 화를 내는 버럭 상사나 그에 맞대응하여 사표를 던지는 것은 여러모로 자신에게 득이 될 것이 없다고 생각합니다.

화는 대부분 '자기가 옳다'는 자기중심적인 사고에서 발생하는 경우가 많습니다. 보통 사람들은 상대방이나 세상이 자기 생각대로 움직이지 않는다고 생각할 때 화를 내곤 합니다. 상사 역시 버럭 화를 내는 것도 부하직원이 맥없이 밉거나 자기 생각대로 일을 처리하지 않았다는 생각에서 비롯될 수 있습니다.

그러나 이것은 참으로 어리석은 생각입니다. 세상이 어떻게 자기 생각대로 움직이겠습니까? 그것부터가 오만방자한 생각이죠. 갑자기 천둥이 치고 비가 오고 죽음의 사자가 난데없이 찾아왔다고 하여 하늘에게 화를 내면 죽음을 면할 수 있겠습니까? 또 자신은 다른 사람의 말을 잘 듣지 않으면서 다른 사람이 자신의 심정을 잘 몰라준다고 하여 성질을 낸다면 내로남불이 아니고 무엇이겠습니까? 마찬가지로 아무리 부하직원이지만 사회 초년병이 어떻게 상사가 원하는 대로 매끄럽게 일을 할 수 있겠습니까? 그래서 플라톤은 "젊은이들은 아직 배워가고 있는 중이므로 젊은이들에게 너무 가혹하게 대하지 말라."고 했습니다.

세상은 결코 자신의 생각대로 돌아가지 않는 경우가 많습니다. 이순신은 나라를 위해서 싸우고도 왕명을 어겼다 하여 옥고를 치르는 치욕을 당했습니다. 이것은 너무도 참담한 일이지만 피할 수 없는 엄연한 현실이기도 합니다. 선조가 아무리 무능력해도 상사는 상사였던 것입니다. 이처럼 설령 상사의 명령이 때로는 너무나 터무니없는 것처럼 보인다 해도, 조직을 떠나고 싶지 않다면 따라가야 하는 것이 어쩔 수 없는 조직 문화의 특성입니다. 특히 조직이 방대할수록 이런 경향은 강합니다. 그리고 상사가 올바르지 않다고 해서 조직을 떠나는 것은 일시적인 도피가 될 뿐 근본적인 해결책이 아니라고 봅니다. 지금 당장은 괴롭겠지만 부조리한 현실을 직시하고 그것을 받아들이고 해결하려고 하는 것이 사회생활의 출발점인 것입니다.

인류의 역사는 변증법적 발전을 하기 때문에 '현실적인 것이 이성적'이라는 헤겔의 말은 현실에 대한 완전한 곡해라고 생각합니다. 인간은 결코 이성적이지 않고 결코 합리적이지도 않습니다. 지극히 이기적이고 감정적일 때가 의외로 많아 악순환에 빠지는 경우가 많습니다. 상사 역시 감정적일 때가 많은 그런 사람일 수 있습니다. 이런 사실을 간과하고 세상이 불합리하다고 생각하여 세상에 대한 불만과 원망만을 표출하면 어디에 가도 적응하기 힘듭니다. 세상 돌아가는 것이 불합리하지만 인정할 것은 인정하고 그것을 해결해 가도록 노력하는 것이 세상에 대한 출발점이자 인생에 대한 깨달음입니다.

게다가 세상은 자기 자신에 대해 그리 호의적이지 않다는 것을 냉정하게 생각해야 합니다. 일단은 세상의 절반이 내 편이 아니라고 생각해야 합니다. 그만큼 세상에는 적이 널려 있는 것이죠. 사회생활에서는 동료조차 조심하지 않으면 큰 코 다치는 법입니다. 사람들 중에는 출세를 위해 무슨 짓이든 할 사람이 있기 때문입니다. 한비자가 동문수학한 진나라 재상 이사에 의해 죽게 되는 사건을 보아도 우리 주변에는 무서운 사람들이 도사리고 있습니다.

그런데 젊었을 때는 이런 사실을 깨닫지 못하고 세상이 자신의 편일 것이라고 쉽게 생각하는 경향이 있습니다. 경험이 부족한 젊음의 문제점이죠. 허나 살다 보면 운명은 자신의 편이 아닌 경우가 많다는 것을 명심하지 않으면 안 됩니다. 때로는 총알받이로 전쟁에 나가는 러시아 병사들처럼 운명이 가혹할 수 있습니다. 그래서 살면서 방심은 금물입니다. 인생이 자신의 생각과 다른 방향으로 흘러간다고 화를 내는 것은 그리 현명한 처사가 아닙니다.

때로는 가혹한 시련 앞에 화를 내지 않고 인내를 가지고 끈기 있게 버티면서 조용히 때를 기다려야 합니다. 특히 폭풍우가 몰아칠 때는 납작 엎드려 있어야 합니다. 얼마나 기다려야 할지는 아무도 모릅니다. 인내는 인생에 가장 소중한 자산으로 인내할 때 우리에게 필요한 것은 바로 체념입니다. 상사가 버럭 하면, '인간, 또 시작이구나! 아, 그 사람 원래 그런 사람이야. 참 불쌍해!'라고 체념하듯 웃고 넘기는 것입니다. 그리고 체념을 통해 불합리한 상사에 점점 익숙해지는 것입니다. 체념은 불편한 현실을 올바로 직시하며 '표정을 편안하게 하고, 목소리를 부드럽게 하고, 발걸음을 침착하게 하는 것'으로 마음의 평화를 가져 옵니다. 체념은 단념이나 포기가 아니라 인내와 함께 도약을 위한 때를 기다리는 지혜입니다.

언제까지나 싫은 사람을 피해 도망칠 수는 없습니다. 어디 가나 싫은 사람은 있게 마련이고, 주는 것이 없이 내 자신이 싫어하는 사람도 있듯이 나 자신을 아무런 이유 없이 싫어하는 사람도 세상에는 널려 있습니다. 그래서 인간관계는 어디 가나 항상 따라다니는 문제이기도 합니다. 그러니 첫 직장에서 인간관계가 꼬이면 십중팔구 다음 직장에서도 꼬일 수밖에 없어 인간관계로 직장을 그만두는 것은 근본적인 해결방법이 되지 못한다고 생각합니다.

인간관계의 문제는 쌍방의 일이기 때문에 마음을 차분히 가라앉히고 먼저 관계의 불화가 일어난 원인이 무엇인지를 곰곰이 따져 보아야 합니다. 예를 들어, 자신이 무슨 실수를 하진 안 했는지, 상사가 미워서 꼬투리를 잡으려 하지 않았는지, 상사의 권위에 도전했다든지, 상사가 권위적이어서 부하 직원을 고압적으로 대했는지. 자신이 튀는 행동은 하지 않았는지, 상사를 뒤에서 욕을 하지 않았는지 등등, 반드시 상사와의 마찰에는 누구의 책임이든 분명 원인이 있을 것이라고 생각합니다. 불화의 원인이 자신에게 있는지 상대방에게 있는지, 아니면 또 다른 제3의 원인이 있어 그런 건지를 반드시 찾아보아야 합니다. 그러고 나서 그 해결책을 강구해야 합니다.

그런 과정에서 반드시 명심해야 할 것은 상사를 이기려 해선 안 된다는 것입니다. 아부는 못할 망정 항상 상사를 깍듯이 대하려고 노력하는 것이 선행되어야 한다는 것입니다. 어떤 상사도 자신을 인정하는 직원을 좋아하지만 자신을 무시하는 듯한 부하직원을 가만히 두려고 하지 않기 때문입니다. 부하직원이 잘났다고 생각하면 상사는 그 부하직원을 좋게 생각하지 않습니다. 언제든 자신을 치고 올라올 수 있다고 생각해 손을 보려고 합니다. 특히 똑똑한 부하직원은 조조가 똑똑한 양수를 제거한 것처럼 경계 대상 1호입니다. 그러니 자신이 잘났다고 생각해도 상사 앞에서 절대 튀는 행동을 하는 것은 곤란합니다.

인간은 불합리하여 비난보다는 아부를 더 좋아한다는 사실도 반드시 기억해야 합니다. 좋은 말을 하여 상사의 자존심을 세워주는 것입니다. 영국의 황금기를 연 빅토리아 여왕조차 당시의 재상 디즈레일리의 겉이 번드르르한 아첨을 좋아했다고 합니다. 그래서 아부는 지나치지만 않다면 살아가는 데 훌륭한 처세가 될 수 있습니다. 반면 상사에게 상사가 틀렸다고 직언을 하는 것은 그리 현명하지 않습니다. 자칫 상사의 역린을 건드려 직장생활이 위태로워질 수 있습니다.

그러나 원인을 알고 상대방을 이해한다고 해서 사람의 관계가 그리 쉽게 회복되는 것은 아닙니다. 상처를 보듬고 관용과 용서라는 군자의 덕을 행하는 것은 결코 쉬운 일이 아닙니다. 하지만 쉽지 않다고 해서 난관을 피하는 것도 결코 우리가 가야할 길이 아닙니다. 상사와의 마찰 때문에 섣불리 회사를 그만 두기보다는 반성을 통해 상사와의 관계를 개선하려고 노력하는 것이 우선입니다. 자신이 아주 특별한 재주가 없는 한 자신을 싫어하는 상사의 비위를 맞출 줄 알아야 합니다. 이것은 단순한 아부가 아닙니다. 일단 상사와 어울리기 위한 전주곡이고 부조리한 세상에서 살아가기 위한 몸부림입니다.

이런 노력이 먼저 선행되고 만반의 준비가 되었을 때 직장을 떠난다 해도 결코 늦지 않다고 봅니다. 봉황은 가시덤불에 오래 머물지 않는다고 합니다. 그렇지만 떠나기 전에, 공자의 수제자인 증자가 매일 세 가지 반성을 하며 자신을 다져나갔다는 것을 새겨보는 것도 문제를 해결하는 실마리를 찾는데 훌륭한 귀감이 될 것이라 생각합니다.

증자가 말했다.
"나는 매일 세 가지 일을 반성하나니,
남을 돕는데 충심을 다 했는가? 친구를 사귐에 있어 신의가 없지는
않았는가? 스승님께서 가르쳐주신 학문을 충분히 복습했는가?"

홍자성은 한 발 더 나아가 반성은 약이 되나 남을 탓하거나 원망하는 것은 창과 칼이 된다고 다음과 같이 말하고 있습니다.

자신을 반성하는 사람은 접촉하는 일마다 모두 약이 되지만, 남을
원망하는 사람은 생각하는 것마다 모두 창과 칼이 된다. 하나는 선의

길을 열어 주고, 다른 하나는 모든 악의 근원을 이루는 것이니, 서로의 차이는 하늘과 땅만큼 큰 것이다.

자, 여러분도 상사와의 마찰 때문에 어려움에 처했을 때 당장 그만두려고 하지 말고 반성하여 좋은 길을 찾았으면 합니다. 어울림은 반성과 인내의 산물입니다.

부지런함을 이기는 무기는 없다

부지런한 사람은 그리 많지 않다고 생각합니다. 우리는 본능적으로 힘 안 들이고 편안하게 무언가를 하고 싶어하기 때문입니다. 특히 사람들은 잘 나갈 때는 긴장감을 늦추고 편안함에 안주하려 합니다. 허나 경쟁이 치열한 사회에서 이런 마음은 분명 욕심입니다. 처음이건 끝이건 흐트러지지 않고 매사에 부지런하지 않으면 자신이 하고자 하는 바를 이룰 수 없을 뿐 아니라 좀처럼 가난에서 벗어나기 어렵습니다. 갈수록 경쟁이 치열한 상태에서 나태함은 금물입니다. 왜 당태종이 '정관의 치'를 이룩할 수 있었습니까? 황제가 되었어도 본능과도 같은 편안함에 빠져들지 않고 초지일관 초심을 잃지 않고 살았기 때문입니다.

이처럼 부지런한 것은 사람을 최고로 만드는 장점 중에 가장 훌륭한 장점이라고 생각합니다. 아무리 재능이 있어도 부지런하지 않는 사람은 최고의 경지에 도달할 수 없지만, 재능이 그다지 뛰어나지 않지만 부지런하여 뛰어난 재능의 소유자를 앞지르는 경우를 흔히 볼 수 있습니다. 우리 주변에서 어렸을 때 아인슈타인을 능가하는 '신동'이라고 추앙 받은 대다수 사람들이 나이 들어 그저 평범한 사람들이 되었다는 사실이 이를 증명하는 것입니다.

자신이 뜻한 바를 이루기 위해서는 자신의 재능만 믿어서는 결코 안 된다는 말입니다. 오히려 자신이 재능을 꽃피우기 위해서는 강인한 의지로 자신이 하고자 하는 일에 부지런히 파고들어야 합니다. 근면하지 않으면 재능도 녹스는 법입니다. 에디슨이 발명왕이 될 수 있었던 것도 무수한 실패에 좌절하지 않고 눕고 싶을 때 눕고 앉고 싶을 때 앉아서 쉬면서도 일을 손에서 끝까지 놓지 않았기 때문입니다. 최고의 위치에 있을 때 쫓겨나게 되는 것도 대개의 경우 강한 의지가 사라지고 안일함과 편안함에 빠져 허송세월을 보내기 때문입니다. 최고의 경지에 도달하기 위해서는 재능도 재능이지만 반드시 강인한 의지와 함께 부지런함이 동반되어야 합니다. 그래서 벤자민 프랭클린은 "나태함은 모든 일을 어렵게 만들지만, 부지런함은 모든 일을 쉽게 만든다. 늦게 일어나는 사람은 하루 종일 바쁘고, 밤에도 일을 해야 한다. 게으름은 천천히 퍼지지만, 가난은 빠르게 찾아온다."고 하였습니다. 권력에의 의지를 강조하며 나태함과 게으름을 죄악시 여긴 니체도 "재능에 대해 이야기 하지 마라. 타고난 재능이라고! 모든 분야에서 그다지 재능이 타고나지 않았으면서도 훌륭한 업적을 남긴 사람들이 얼마든지 있다. 그들은 부족한 자질을 일궈내면서 스스로 위대함을 획득하여 '천재'가 되었다. 그들 모두는 장인의 근면함과 치열함을 갖추고 있어서 감히 훌륭한 완성품을 내놓기 전에 각 부분들을 정확하게 구축하려 노력한다."고 하였습니다.

　이처럼 부지런한 사람의 특징 중 하나는 오늘 할 수 있는 일을 결코 내일로 미루지 않는다는 것입니다. 반면 게으르고 태만한 자는 할 일을 앞에 두고도 차일피일 미루는 속성이 강합니다. 그리고 작심삼일입니다. 게으른지 게으르지 않은지는 그 사람의 방을 보면 금방 알 수 있습니다. 항상 방이 정리되지 않고 쓰레기투성이라면 그 사람은 부지런한 사람은 결코 아닙니다. 부지런한 사람은 항상 주위에 쓰레기가 없습니다. 보는 족족 치우니까요. 반면 게으른 사람은 주워서 쓰레기통에 넣기만 해도 되는데 손 하나 까딱하기 싫어서 그대로 방치합니다.

　허나 미루는 것은 인생의 치명적 약점입니다. 자신이 해야 할 일도 제대로 하지 않아 인생의 먹구름을 몰고 오기 때문입니다. 니체는 할 일을 앞에 놓고도 태만한 것을 '악'으로 보고 있습니다. 태만한 사람은 남에게 손을 벌려 먹고 살아가려 하는 천덕꾸러기이기 때문입니다. 이런 사람들 때문에 주변 사람들이 피해가 많아집니다. 놀음을 좋아하면 처자식까지 팔아넘긴다는 것은 어제 오늘의 이야기가 아닙니다. 그래서 니체는 나약함과 게으름을 사회악으로 규정합니다. 그리고 그는 "무릇 악덕보다 더 해로운 것은 무엇인가? 못난 자와 약자에게 동정하는 감정이다."이라 말하면서 나약하고 게으른 자를 동정하지도 사랑하지도 말라고 하고 있습니다. 게으르고 나태한 자를 사랑하는 것은 무능하고 무지한 자를 사랑하여 세상을 불행의 구렁텅이로 빠트린다는 것입니다. 그만큼 게으름의 피해가 크다는 것이죠.

　동정하고 사랑하지 말라는 니체의 말이 지나치긴 해도 전혀 일리가 없는 말은 아니라고 생각합니다. 열심히 살려고 노력하지만 지금은 살기 힘든 사람을 도와주어야지 노력도 하지 않는 게으른 사람을 도와주는 것은 거지를 더욱 거지로 만들어 버리기 때문입니다. 그래서 그는 "약한 자와 못난 자는 멸망할지어다."라고 강하게 말하면서 게으르고 나태한 자들은 노예처럼 살거나 도태되어야 한다는 것을 강조하고 있습니다. 니체가 볼 때 '사랑'이라는 도덕성은 열심히 살아도 힘든 세상에서 사치이자 낭비인 것입니다.

분명 내일로 일을 미루는 것은 의지가 박약하고 게으르고, 우유부단한 자들의 특징이라고 생각합니다. 한편으론 천성이 게을러서 힘든 현실을 도피하고자 나타나는 현상입니다. 이들은 손 하나 꼼짝하지 않고 무엇을 얻으려고 하나 세상에는 공짜가 없습니다. 결국 이들은 나태함으로 인해 원하는 것을 얻는 데 실패하고 맙니다. 그래서 백 마디 말보다는 단 한 번의 빠른 결단과 행동이 더 중요하고 거기에다가 부지런하다면 곱절의 성과를 얻어낼 수 있습니다.

그렇다고 사회적 성공을 위해서만 부지런하면 안 된다고 생각합니다. 돈을 버는 데에만 집중하는 것은 그리 현명하지 못하다고 생각합니다. 돈 때문에 일의 노예가 되지 말아야 한다는 것입니다. 때로는 번 돈을 쓰며 즐길 줄 알아야 합니다. 이게 세상사는 즐거움이죠. 뿐만 아니라 부지런히 인품을 닦아 자신을 멋지고 매혹적인 사람으로 만들어가야 합니다. 그래야 사람이 모이지 않고 다른 사람으로부터 존경받고 사는 것입니다.

죽을 때 존경 받는 사람이 진정으로 성공한 사람입니다. 돈 버는 데는 부지런하면서도 인품을 닦는 데는 신경을 안 쓰는 사람이 있습니다. 한때 직원을 폭행하여 세상을 떠들썩하게 했던 양 회장 같은 갑질을 일삼는 기업인들을 보십시오. 돈은 많지만 얼마나 볼썽사나운 모습입니까? 그러므로 부지런함을 발판으로 재능을 십분 발휘하면서도 덕을 실천하는 데 있어서도 게으르지 않도록 노력해야 합니다. 진정 큰 사람은 돈보다도 덕을 길러 자기를 완성시키는 사람입니다.

세상에는 우연이란 없습니다. 부지런히 노력하고 최선을 다하는 것만이 조금이나마 성공과 행복을 기약할 수 있습니다. 행동이 따르지 않는 꿈은 무지개에 불과합니다. 그래서 우리는 한가하게 성공의 문이 열리기만 기다려서는 안 되고 늘 부지런히 살려고 노력해야 합니다. 그렇지 않으면 척박한 세상에서 고단하게 살 수밖에 없습니다. 더 나아가 인격을 닦는데도 열심히 하여 진정으로 성공한 사람이 되도록 노력해야 합니다. 그래서 그라시안은 "단 하루도 태만하지 마라. 운명은 즐겨 우리에게 장난을 친다."고 충고하고 있습니다. 벤저민 플랭클린도 "게으른 자신에 늘 부끄러워하라."고 말하였습니다.

여러분도 오늘 하루 부지런히 걸어 내일은 남을 따라가기 위해 뛰어야만 하는 불행한 사태가 오지 않기를 바라겠습니다. 어울림의 철학은 부지런히 일도 하면서 인품을 다듬는데도 열심히 노력하여 자기를 완성시키는 것을 강조하는 철학입니다.

인내보다 소중한 자산은 없다

인내, 참 어렵습니다. 참아도, 참아도 끝이 없으니까요. 허나 우리는 참아야 합니다. 세상의 미덕 중 인내만큼 소중한 것은 없기 때문입니다. 사회적 성공뿐만 아니라 덕스럽고 행복한 삶을 살기 위해서도 반드시 인내가 필요합니다.

왜 인내만큼 소중한 것이 없을까요? 우리는 하고 싶은 것은 많지만 세상이 그리 호락호락하지 않기 때문입니다. 아무리 재능이 있고 지극한 정성으로 노력해도 세상은 자신의 뜻대로 돌아가지 않을뿐더러 때로는 전혀 생각지도 않는 벼랑으로 몰릴 때도 있습니다. 이런 어려움을 극복하고 자신의 운명을 새롭게 만들고자 한다면 인내는 반드시 필요합니다. 그래서 《불경》에서는 "참는다는 것은 매우 힘든 수행 중 하나이지만 잘 참아내는 사람만이 최후의 승자가 된다."고 하였습니다.

허나 우리는 무엇이든 욕심과 안이함 때문에 빨리 하고 빨리 이루려고 합니다. '빨리 빨리'라는 말이 일상화되고 '빨리' 문화가 정착될 정도입니다. 그만큼 우리는 조급하게 사는 겁니다. 허나 그것은 우리들의 희망사항일 뿐, 세상은 하루아침에 이루어지는 것이 결코 아닙니다. 도처에 장애물이 널려 있습니다. 장애물이 언제 어느 때 밀어닥칠지 아무도 모릅니다. 그러니 세상을 얻으려면 조심스럽게 계획하고 시간을 두고 꾸준히 노력해야 합니다. 빨리 성공하기를 바라는 것은 요행을 바라는 것과 같습니다.

　일은 지루한 시간 싸움입니다. 시간을 두고 일에 전력투구하지 않고 일을 가볍게 보는 것은 세상을 업신여기는 것이나 다름없습니다. 경쟁이 하루가 다르게 치열한 사회에서 세상을 업신여기며 자신이 하고자 하는 일을 이룰 수 있겠습니까? 세상에는 나보다 뛰어난 사람이 많을 뿐더러, 옥을 만들 때 자르고 썰고 쪼고 하는 것처럼 일이란 것은 절차와 과정이 있습니다. 그래서 자신의 뜻한 바를 이루기 위해서는 처음에 용기를 갖고 시작하는 것도 중요하지만 절차와 과정을 잘 지키면서 인내심을 갖고 지속적으로 일을 행해야만 합니다. 그렇지 않으면 그 무엇도 이루기 어렵습니다. 그래서 《대학》에서는 "세상의 모든 일에는 처음과 끝이 있다. 그러니 앞뒤를 안다면 반드시 목표에 도달할 수 있다."고 하였습니다.

　용기를 가지고 출발하는 시작이 반이라고 하지만 시작만 가지고는 그 무엇도 성취할 수 없습니다. 작심삼일은 아예 하지 않는 것보다 못합니다. 시간만 낭비한 것입니다. 게다가 자신이 이루고자 하는 꿈은 자신의 생각보다 한 박자 늦게 오거나 쓰러지기 일보 직전에 찾아오기도 합니다. 그래서 조급한 사람은 쉽게 자포자기하여 상실감에 빠질 수 있습니다. 허나 중도에 포기하는 것은 그리 현명하지 않습니다. 평균적으로 자기 분야에 기초를 다지는 데만 최하 5년이 걸리고 자기 분야에 전문가가 되기 위해서는 최하 10년 이상이 걸리고, 최고가 되기 위해서는 20년이라는 막대한 시간이 필요한 법입니다. 그 기간 동안 수많은 고통과 역경이 찾아옵니다. 실패와 좌절로 중간에 포기하고 싶은 생각이 수도 없이 일어납니다. 그것을 인내하며 이겨내야 비로소 자신이 뜻한 바를 이룰 수 있다는 이야기입니다. 그것도 하늘의 도움이 따라야 합니다. 하늘의 도움이 없으면 인내해도 자신이 뜻한 바를 이룰 수 없는 경우도 있습니다. 운명의 장난이 얼마든지 있을 수 있습니다.

그래도 우리는 운명을 탓하기보단 또 다시 참아야 합니다. 사람은 아이러니컬하게도 인내하면 할수록 더 강해집니다. 인내하며 산전수전 다 겪다 보면 불굴의 의지가 생기고 그 불굴의 의지로 온갖 고난과 역경을 이겨내며 자신이 하고자 하는 일을 언젠가는 성취할 수 있는 것입니다. 공자의 제자 안회가 '현자'라는 소리를 듣게 된 것도 누추한 골목길에 살면서 밥 한 공기, 물 한 모금 먹으면서도 그것에 굴하지 않고 학문에 정진하며 열심히 수신하였기 때문입니다. 그래서 홍자성은 "실의에 가득 찼어도 그만 두지 않는다. 이래야만 비로소 훌륭한 인물이라 할 수 있다."고 하였습니다.

반면, 곤경에 처하지 않고 평탄하게 자란 사람은 처음에 두각을 빨리 나타내더라도 나중에는 안일한 생활에 젖어 무능한 인간으로 탈바꿈하기 쉽습니다. 어린 시절부터 거친 음식을 먹으며 인내력을 키운 사람이 나중에 크게 된다는 것이죠. 반면 부모덕에 호의호식한 사람들은 처음에는 잘 나갈지 모르지만 곧 안일함에 빠져 어려워지면 인내할 수 없어 큰 인물이 될 수 없다는 이야기입니다. 그래서 송나라 정이는 "소년 시절에 과거 급제하고, 부모 형제의 권세가 대단하고, 재능과 문장이 뛰어난 것, 이것이 세 가지 불행이다."라고 역설적으로 말하고 있습니다.

역사학자 토인비는 인간 문명도 결국은 인내의 산물이라고 말하고 있습니다. 인간이 자연적 도전에 굴하지 않고 인내하면서 그것을 이겨냈기 때문입니다. 인간에게 이런 불굴의 인내력이 없었다면 인간 문명도 태동조차 하지 않았다고 말하고 있습니다. 그래서 토인비는 인내야말로 살아가는데 가장 소중한 자산이라고 말합니다. 맹자도 "큰일을 할 때는 하늘이 반드시 마음을 괴롭게 하고, 근육을 아프게 하고, 배를 굶주리게 하여 더 이상 물러서지 못하게 한다."고 하였습니다. 그 누구도 고통과 아픔을 인내하지 않고는 크게 성장할 수 없다는 이야기입니다.

뿐만 아니라 조급증에 남이 빨리 알아주지 않는다고 상심하지 않는 것이 좋습니다. 인정받는 데도 많은 시간이 걸리는 법입니다. 사람들이 남을 알아주는데 인색할 뿐만 아니라 제대로 평가할 수 없는 일반 대중들은 유명세에 의존하여 역량을 평가하기 때문에 더욱 그렇습니다. 불우한 천재가 많은 것도 세상이 천재들을 쉽게 알아보는 경우가 많지 않다는 것을 반증하는 것입니다. 게다가 운명의 여신이 장난하면 큰 업적을 쌓았음에도 불행하게도 살아생전에 전혀 인정을 받지 못할 수도 있습니다. 무슨 일을 했다고 하여 바로 성과가 나타나는 것이 아니고, 성과가 나타나기 위해서는 많은 시간을 필요로 하기 때문입니다. 그것이 시대를 뛰어넘는 창조적일 때 더욱 그러합니다. 불후의 명작들 중에는 사람들에게 인정받기 위해서 몇 세대를 기다려야 했습니다. 지금은 수천 억을 호가하는 반 고흐의 작품은 살아생전에 단 하나의 작품만 팔렸을 뿐입니다. 그래서 고흐는 생전에 장가도 가지 못하고 온갖 정신병에 시달리다 스스로 목숨을 끊는 비운의 화가가 되었습니다.

이처럼 사람들의 호기심을 자극하여 존경을 받기가 그리 쉽지 않는 것입니다. 중국의 '위대한 스승'으로 추앙받는 공자조차 남이 자신을 알아주지 않는다고 통탄한 적이 있습니다. 그러면서도 공자는 자신을 알아주지 않는다고 슬퍼할 것이 아니라 남을 알아주지 못한 것을 슬퍼하라는 역설적인 말을 합니다. 그만큼 사람들이 알아주려고 노력하지도 않을 뿐 아니라 대다수 사람들이 판별력이 없어 알아줄 능력도 별로 없다는 것입니다. 그래서 대중들은 유명세에 의존하여 판단하지만 그것은 큰 착각입니다. 소문난 잔치에 먹을 것이 별로 없는 것입니다. 특히 요즘과 같은 전문가 시대에는 더욱 그렇습니다. 그래서 대중들이 알아주지 않는다고 비통할 것이 아니라 인내하며 꾸준히 정진하는 것이 무엇보다 중요하다고 할 수 있습니다.

그라시안은 "절반만 완성된 일을 보이지 마라."고 하였습니다. 조급한 마음에 미완의 작품을 보이는 것은 칭찬은커녕 오히려 작품의 이미지만 실추시키고 만다는 것입니다. 무엇이든 완성되지 않으면 어설퍼 보이는 법입니다. 그리고 한번 실추된 이미지는 만회하기도 상당히 어렵습니다. 그러므로 남에게 인정받고 싶거든 성급하게 미완성의 작품을 보여주려고 하지 말고 완성될 때까지 인내하며 기다리는 차분함이 있어야 합니다. 그래서 그라시안은 "기다릴 줄 알라. 길고 긴 시간을 기다릴 줄 알 때 사물의 중심의 된다."고 하였습니다.

정말 인내는 쓰디씁니다. 그러나 그 열매는 답니다. 우리는 단 열매를 먹기 위해 쓰디쓴 인내를 감내해야만 합니다. 이것은 산다는 것이 결코 쉽지 않다는 것을 말하는 것이지만, 우리는 이것을 운명처럼 받아들여야만 합니다. 우리는 그럴 때 인생의 단 열매를 맛볼 수 있습니다.

천천히 서둘러라

'천천히 서둘러라'라는 이 말은 로마의 황제 아우구스투스의 말입니다. 그는 "천천히 서둘러라. 그래야 내일은 큰 파도를 타리라!"라는 말을 좌우명으로 삼고 양아버지 카이사르가 개척한 로마 제국을 반석 위에 올려놓았습니다. 로마제국은 아우구스투스의 이런 신념과 철학이 있었기 때문에 천 년의 역사를 쓸 수 있었다고 생각합니다.

그의 신념은 언뜻 모순처럼 보이지만, 너무 느슨해서도 안 되고 그렇다고 너무 서둘러서도 안 된다는 역설적이고 중용적인 말이라고 생각합니다. 아우구스투스의 이 말은 서로 다른 둘, 즉 '천천히'와 '서두름'을 동시에 포용하는 어울림의 실천 철학으로 보입니다. 세상은 모순처럼 보이지만 서로를 포용할 때 멋진 삶을 살 수 있다는 것입니다. 항상 긴장감을 풀지 않고 남보다 빨리 하려고 노력해야 성취할 수 있지만 그렇다고 여유를 갖지 않고 너무 서두르다 보면 자신의 꿈을 성취할 수 없다는 역설적인 말입니다.

허나 대다수 우리는 어떻습니까? 우리는 당장 무언가를 얻고자 무엇이든 빨리하려고만 하는 경향이 있습니다. 경쟁 사회에서 서두르지 않으면 남에게 빼앗기기 쉬울 뿐 아니라 먼저 선점하여 기득권을 형성하면 평생을 먹고 사는데 큰 어려움이 없기 때문입니다. 반대로 뒤처지는 순간 곱절로 노력해도 따라잡기가 쉽지 않습니다. 이미 형성된 유명세를 따라잡기 위해 뒤따라간 사람이 아무리 노력해도 뒤집기란 정말 어렵습니다. 그래서 남이 크게 앞서 간 일에 뛰어드는 것은 참으로 무모하고 어리석은 일일 수도 있습니다. 그래서 무슨 일을 할 때는 누구도 가보지 않을 길을 누구보다도 빨리 선점하는 것이 중요합니다.

그래서 그런지 경쟁이 치열한 우리나라만큼 '빨리' '빨리' 문화가 정착한 나라도 없을 것입니다. 그만큼 삶이 치열하다는 증거입니다. 땅은 좁고 사람이 많다보니 치열하게 살 수밖에 없습니다. 허나 조급함은 파멸로 가는 지름길이 될 수 있습니다. 인생은 100미터 달리기가 결코 아닙니다. 일종의 긴 마라톤입니다. 그러니 당장의 승부를 낼 요량으로 달려가지 말고 긴 안목을 보고 서서히 달려가야 하는 것입니다. 마라톤에서 먼저 달렸다고 반드시 일등하지 않는 것처럼 자칫 서두르다가 지친 나머지 중도에 포기하는 경우가 얼마든지 생길 수 있습니다. 특히 누구도 가보지 않은 일에 도전을 할 때는 실패할 확률이 아주 높습니다. 처음 하는 일이라 일의 다양한 변수와 일을 하는 방법을 잘 모르기 때문입니다. 그래서 콜럼버스가 인도 발견에 실패한 것처럼 처음 하는 일은 수많은 시행착오 때문에 십중팔구 실패하기 마련입니다. 유태인들이 처음 도전하기 보다는 처음 시도하다가 망한 기업을 헐값에 인수하는 것을 선호하는 것도 적은 돈으로 시행착오를 최소화하고 성공의 확률을 높이기 위한 냉철하고 신중한 판단에서입니다.

일은 빨리만 한다고 되는 것이 결코 아닙니다. 빨리 하고자 서두르다 보면 오히려 일이 꼬여 일을 그르치는 경우가 다반사입니다. 왜 안전 불감증 사고가 많이 일어날까요? 일의 다양한 변수를 고려하지 않을 뿐 아니라 순서와 절차를 생략한 채 조급하게 일을 서둘러 하기 때문이라고 생각합니다. 그래서 일에 임할 때는 절대로 조급하지 말아야 하고 다양한 변수를 충분히 고려하고 순서와 절차에 따라 차근차근 해 나가야 합니다. 설령 촌각을 다투는 일이 있어도 서두르지 않고 여유를 가져야 큰 낭패를 면할 수 있습니다. 일이 막혔을 때 밀어붙인다거나 다그친다고 되는 것이 아니고 왜 그런지 여유를 갖고 생각해야 막힌 일을 제대로 풀 수 있다는 것입니다. 그래서 홍자성은 "일은 급히 한다고 확실하게 되는 것이 아니라 너그럽게 늦추면 밝혀지니, 조급하게 서둘러 남을 화나게 하지 말아야 한다."고 했습니다.

한비자도 "높은 제방도 개미나 땅강아지의 작은 구멍으로 무너진다."고 하였습니다. 그만큼 일을 할 때는 너무 서두르지 말고 신중해야 한다는 것입니다. 신중하려면 먼저 작은 불씨부터 조심해야 합니다. 한 마디 무심코 던진 말로 원수를 살 수 있듯이, 한 번의 사소한 부주의가 큰 재앙을 가져올 수 있습니다. 그런데 우리는 작은 불길한 징조를 대수롭지 않게 그냥 흘러 넘기려는 경향이 있습니다. 편안하고 쉽게 살고자 하기 때문입니다.

최근에 일어난 미국의 아파트와 중국의 큰 호텔, 광주에서의 아파트 공사 중 붕괴는 무엇을 의미할까요? 건물이 설계도에 따라 정확하게 지어지지 않았을 뿐만 아니라 무너질 전조가 일어나도 그것을 무시했기 때문이라고 생각합니다. 적어도 긴 안목을 가진 사람은 짓고자 하는 건물의 설계도를 미리 작성하고 그 설계도에 따라 지을 뿐만 아니라 어떤 작은 것이라도 그냥 흘러 넘기지 않습니다. 항상 긴장감을 풀지 않고 작은 불씨라도 생기지 않도록 세심하게 일을 한다는 것입니다. 작은 일이지만 좋지 않은 일이 계속해서 일어나면 반드시 그 불씨를 찾아내야 합니다. 그래야 거대한 건물이 한 순간에 폭삭 주저앉는 것을 방지할 수 있습니다. 그래서 노자는 "천하의 어려운 일은 반드시 쉬운 것에서 시작하고, 천하의 큰일은 반드시 아주 작은 것에서 시작한다."고 하였습니다.

세상은 언제나 자신의 뜻대로 움직이지 않는다고 생각해야 합니다. 운명의 짓궂은 장난은 될 것 같은 일도 불발로 끝나게 만드는 경우가 많습니다. 우리의 상상력은 반드시 성공할 것이라는 자신감에 안 될 것이라는 배수진을 치지 않고 모든 것을 걸고 큰 모험을 나서지만 세상은 완전히 패가망신을 시켜 재기 불능의 상태를 가져 오기도 하는 것입니다.

1997년에 우리나라를 강타한 환란은 누구도 예기하지 못한 거대 폭풍이었습니다. 수많은 사람이 거리로 내몰렸고 자살한 사람도 부지기수였습니다. 그 때 많은 사람들이 호황에 힘입어 장밋빛 환상에 젖어 빚을 내서라도 사업을 확장했기 때문입니다. 2020년에 아파트 투기 붐이 일어나 아파트 값이 천정부지로 올랐지만 지금은 추풍의 낙엽처럼 아파트 값이 추락하고 있어 무리하게 투자한 사람들이 망연자실하고 있습니다. 그래서 어떤 일을 할 때는 항상 좋게만 생각하고 앞만 보고 달릴 것이 아니라 실패했을 때를 대비해 놓아야 하는 신중함도 있어야 합니다.

　무너졌을 때 감당할 수 없는 빚을 지면서까지 사업을 벌이는 것은 무모한 짓이며 스스로 무덤을 파는 것이나 마찬가지라고 생각합니다. 영끌족처럼 안 될 때를 생각하지 않고 모든 능력과 힘을 한 곳에 소모하는 것은 결코 현명한 처사가 아닙니다. 토끼가 맹수의 습격을 받을 때를 대비하여 굴 세 개를 파 놓은 것처럼, 우리 역시 항상 좋지 않은 결과를 대비해 모든 일에서 조금의 여분이라도 남겨두는 것이 설령 실패했을 때라도 추락을 막고 재기할 수 있는 발판을 만들어 준다고 생각합니다. 도 아니면 모란 식으로 한 곳에 몽땅 투자하는 것은 무모하고 어리석은 짓입니다. 그래서 그라시안은 "모든 능력과 일을 한꺼번에 소진하지 마라. 나쁜 결과에 빠질 위험에 있을 때 빠져 나갈 수 있는 여분을 남겨두라."라고 하였습니다.

　자, 여러분도 어떤 일을 할 때 로마의 황제 아우구스투스의 "천천히 서둘러라."는 말을 되새겨 빨리만 하려고 하지 말고 빨리하면서도 신중하게 일을 하여 자신이 하고자 꿈을 성취하는 현명한 사람이 되셨으면 합니다.

이미지 시대
어떻게 살 것인가

요즘은 이미지 시대, 우리는 이미지 시대에 살고 있습니다. 그래서 그런지 광고나 포장이 화려하고 아름답습니다. 포장이나 광고의 이미지가 좋아야 제품도 좋을 것이라는 인상을 심어주기 때문입니다. 우리 역시 첫인상이 좋으면 사람이 좋은 것 같고 첫인상이 나쁘면 사람도 나쁜 것 같다는 생각을 하고 삽니다. 우리의 첫사랑조차도 첫인상에 반해 사랑에 푹 빠지는 경우가 많습니다. 자신도 모르게 연상의 오류에 빠지는 것입니다. 첫인상이 좋으니 인간도 좋을 것이라고 속단하는 것이죠.

그런데 첫사랑은 불행하게도 거의 실패로 끝납니다. 왜 그럴까요? 철부지 때 사랑인 만큼 기대가 커 실망도 크기 때문이 아닐까 합니다. 세상을 살다 보면 첫인상은 가면일 때가 많다는 것을 깨닫게 됩니다.

첫인상이 좋다고 사람이 좋거나 능력이 있다고 생각할 수 없다는 것이죠. 보통 영화에서는 잘생긴 미남 배우나 미녀 배우가 착하게 나오긴 하지만 현실은 그렇지 않을 때가 많습니다. 얼굴이 예쁘면 얼굴값을 한다는 소리는 비단 어제 오늘의 일이 아닙니다. 그래서 루소는 "예쁜 여자하고 결혼하기 보다는 보기 싫지 않을 정도의 보통의 여자와 결혼해야 안정된 결혼생활을 할 수 있다."고 일찍이 말한 바 있습니다.

그런데 문제는 많은 남자들은 이런 충고에 아랑곳하지 않고 '보기 좋은 떡이 맛도 있다'는 속설을 빌려 속이 좋은 여자보다 겉모습이 예쁜 여자를 훨씬 더 선호하는 경향이 있습니다. 그래서 예쁜 여자와 결혼하지만 미모에 속은 결혼은 그리 순탄치 않아 이혼하는 경우를 흔히 볼 수 있습니다. 물론 얼굴이 예쁘다고 마음이 다 나쁜 것은 아닙니다. 얼굴이 예쁠수록 구애자가 많아 콧대가 높은 여자가 되기 쉽다는 이야기입니다. 그래서 몽테뉴는 "나는 오히려 미모와 정욕에 끌려서 하는 것보다도 더 빨리 실패하여 혼란을 일으키는 결혼을 보지 못했다."고 말하고 있습니다. 이런 충고를 조금만 귀담아 들었어도 가슴 아픈 상처를 받지 않았을 것입니다. 《삼국지》에 등장하는 방통처럼 추하고 못생겼어도 능력이 출중한 사람이 있으며 리쳐드 라미레즈나 강호순처럼 잘 생겼어도 성폭행하고 죽이는 잔인한 살인마가 얼마든지 있습니다. 그러니 첫 인상에 반하는 것은 위험한 불꽃놀이가 될 수도 있습니다.

특히 요즘처럼 성형으로 완전히 자신의 이미지를 아름답게 꾸미는 상황에서는 더욱 조심해야 한다고 생각합니다. 이혼을 전문적으로 변론한 한 변호사는 '성형 미인'들은 성형에 중독되어 엄청난 수술비로

감당할 수 없을 뿐 아니라, 성형 미모를 내세워 바람을 피우는 경우가 대부분이어서 가정 파탄의 주범이 되니 남성들은 '성형 미인'과는 절대로 결혼해서는 안 된다고 강력하게 주장하고 있습니다. 가공된 이미지에 속지 말라는 것입니다. 그래서 그라시안은 '첫 인상에 속지 말라'고 다음과 같이 말하고 있습니다.

> 첫인상에 속지 말라. 어떤 사람들은 대개의 경우 귀에 들리는 첫 소식만 믿고 그 다음 소식들은 소홀히 대한다. 그러나 거짓은 늘 앞서 오고 진실은 뒤따르는 법이다. 그래서 사람들은 진실을 주목하지 못한다. 첫 인상으로 우리의 의지와 분별력을 잃어서는 안 된다. 이것은 정신의 비천함을 말하는 것으로 그 비천함이 알려지면 찾아오는 것은 오로지 파멸뿐이다. 악의를 품은 자가 그 기회를 결코 놓치지 않기 때문이다. 나쁜 의도를 지닌 자는 쉽게 믿는 자들을 재빨리 속여 자기 사람으로 만든다. 그러니 항상 두 번째 세 번째의 소식을 들을 준비를 하라. 첫인상을 쉽게 받아들이는 것은 하찮은 재능과 비천한 열정에서 비롯된다.

그런데 우리는 인간의 만남만 첫인상에 좌우되는 것이 아닙니다. 사람을 볼 때는 물론이고 사물을 보거나 세상을 볼 때도 겉모습에 좌지우지 되는 경우가 많습니다. 우리는 뱀의 형상만 보고 '징그럽다'는 말을 하지만 과연 뱀 자체가 징그럽고 사악한 동물이라 단언할 수 있을까요? 잘 들여다보면 오히려 뱀은 우리에게 피해를 주는 쥐를 잡아먹어 우리에게 득을 주는 동물이기도 합니다. 그런데도 우리는 뱀의 외관만 보고 판단하는 아주 잘못된 버릇이 있습니다. 성경에서조차 인간을 꼬드겨 악을 행하게 하였다 하여 뱀을 사악한 존재로 낙인찍고 있습니다. 뱀은 성경에서 말하는 것처럼 결코 사악한 존재가 아닙니다. 전체적으로 볼 때 뱀은 인간의 선악을 떠나서 자연 속에서 생태계의 평형을 유지하기 위해 열심히 살고 있을 뿐입니다.

우리는 첫인상만 보고 그러는 것이 아닙니다. 남을 판단할 때도 속을 보고 판단하는 것이 아니라 그 사람의 이미지나 겉만 보고 속단하는 경우를 흔히 볼 수 있습니다. 어떤 사람들은 사람을 보지도 않고 성씨가 '○'씨라면 모두가 고집이 세다고 말하는 경우를 종종 볼 수 있습니다. 그들은 '○'씨 성을 가진 사람들을 면밀히 살펴보지도 않고 그저 '성'씨만 듣고 '○'씨는 무조건 고집이 세다고 말하는 것입니다. 어찌 '○'씨라고 하여 모두가 똑같겠습니까? 같은 가족끼리라도 천차만별입니다. 혈액형도 마찬가지입니다. 어떤 혈액형은 어떻다고 말하는 것은 그리 현명한 판단이 아닙니다. 혈액형이 같은 가족끼리라도 성격은 너무나 판이합니다. 성씨와 혈액형은 조금만 주의해서 관찰해도 성격이나 인품과는 아무런 관계가 없다는 것을 금방 알 수 있습니다. 이런 잘못된 지식은 속을 면밀히 들여다보지 않고 그저 겉만 보고 판단하는 우리들의 부주의한 잘못된 습성 때문에 생긴 성급한 오류들이라고 생각합니다. 논리적으로 따지면 '성급한 일반화의 오류'를 범하는 것이죠.

플라톤은 이런 우리들에게 "겉모습은 단지 속임수에 불과하다. 현실 너머에 있는 진리를 바라보아야 한다."고 충고하면서 겉모습만 보고 속단하지 말고 냉정하고 신중하게 속 모습을 보라고 충고하고 있습니다. 쉽게 말해 사물이나 사람을 볼 때 눈으로 드러난 겉모습 즉 현상만 보지 말고, 마음 즉 이성으로 본 모습 즉 이데아를 꿰뚫어 보라는 것입니다.

그는 겉만 보고 판단하는 우리들을 동굴에 묶여 갇힌 채 횃불에 비친 그림자를 보고 사물을 보는 죄수에 비유하기도 합니다. 꽁꽁 묶여 다른 것을 볼 수 없는 그 죄수들은 벽에 비친 그림자를 참된 것으로 생각하는 것입니다. 한갓 이미지에 불과한 것을 현실로 착각하는 것입니다. 플라톤은 그런 상황을 다음과 같이 말하고 있습니다.

> 죄수들은 단지 그 동굴의 맞은편에 있는 담에서 불빛에 비친 그의 그림자를 보고 있을 뿐이다. 우리라고 다른가. 우리도 매한가지야.

요즘은 완전 이미지 시대라고 해도 과언이 아니라고 생각합니다. 우리는 있는 그대로의 세계보다는 하루가 다르게 영상 속의 비친 세계에 더욱 친숙해지고 있습니다. 그러면서 우리는 이미지를 사실로 착각하는 경우가 많아졌습니다. 이미지 속 소설을 현실로 착각하는 것이죠. 스마트폰 등장은 그것을 더욱 가속화시키고 있습니다. 정치가들은 화려한 외모와 언변술로 이미지를 창출하고 언론조차 진실을 보도하기 보다는 이미지 만드는데 주력하고 있습니다. 그러므로 우리는 겉모습뿐만 아니라 그 이면의 속 모습까지 들여다보는 지혜를 얻으려고 노력해야 하지, 그림자만 보고 사는 죄수처럼 겉모습만 보고 살아서는 결코 안 된다고 생각합니다. 그래서 공자는 "좋은 말로 꾸미고, 얼굴빛을 좋게 하고, 지나칠 정도로 공손한 태도를 보이는 사람을 경계하라."

고 하였습니다. 벤저민 프랭클린도 "악은 흉하기에 가면을 쓰고 나타난다."고 하였습니다.

  인간이 아름다울 때가 언제이겠습니까? 바로 겉과 속이 같을 때라고 생각합니다. 겉과 속이 다른 사람만큼 음흉하고 위험한 사람이 없습니다. 그들과 친해지는 순간 삶이 위태로워집니다. 그래서 우리는 첫 인상에 속지 말고 겉과 속이 어울리는 사람을 친구를 삼아 인생을 아름답게 가꾸려고 노력해야 한다고 생각합니다.

이준석 리스크
무엇을 의미하는가

2022년 대선 정국에서 '이준석 리스크'란 말이 자주 거론되었습니다. 엘리트 출신의 젊은 당대표가 당을 총괄하는 관리자 입장에서 자신의 말을 줄이고 다른 대선주자들의 말을 들으려고 해야 하는데, 오히려 정반대로 자신의 말만 하고 생각이 다르다고 다른 대선주자들과 말싸움하면서 이기려한다는 것입니다. 이런 이준석 대표를 향해 원희룡 그 당시 대선 주자는 대놓고 이준석 대표를 향해 "듣지 않으려 하고, 자꾸 말로 이기려 한다."고 평하였습니다. 저는 여기서 이준석 전 대표가 정말 그런 인물인지는 굳이 평하고 싶지 않습니다. 사실을 떠나서 이런 평을 듣는 젊은 이준석 대표의 처신이 지혜롭고 현명한지를 한 번 생각해보고자 합니다.

정말 지도자라면 어떻게 해야 할까요? 진정 세상을 얻고자 한다면 때론 침묵하고 듣기를 즐겨야 합니다. 당 대표이니 자기 말을 앞세우기

보다는 당원들의 말을 먼저 들으려고 노력해야 합니다. 그래서 그걸 참조하여 당론을 결정해야 합니다. 이게 바로 어울림의 미학입니다. 하지만 많은 사람들은 이런 미학의 멋을 모르고 이준석 대표처럼 자기 말을 앞세워 논쟁에서 이기려 하는 것입니다. 젊고 재기발랄할수록 이런 경향이 강하다고 생각합니다. 젊어서는 말로 이기면 정말로 이기는 것으로 착각하기 때문입니다. 허나 이것은 결단코 현명한 처사가 아닙니다. 그것은 헛똑똑에 지나지 않습니다. 왜겠습니까?

삶의 지혜는 스스로 구하려고 노력해야 하지만 그러기에는 인생은 짧고 지혜의 바다는 너무나 넓고 변화무쌍합니다. 경험이 미천한 젊은 이가 그 오묘한 지혜를 얻기란 결코 쉽지 않은 일입니다. 그래서 정말 지혜로운 사람은, 파스칼이 "아는 만큼 모른다."고 고백한 것처럼, 자신의 지적 한계를 알고 있는 사람입니다. 산전수전 겪어야 조금 인생을 알 수 있을 뿐입니다. 그래서 지혜로운 사람은 지혜를 쌓기를 게을리하지 않으며, 안다고 하더라도 거만하지 않으며, 벗을 통해 지혜를 얻는 것을 부끄러워하지 않습니다.

칭기즈칸이 왜 천하를 군림하게 되었습니까? 그는 "나는 내 이름도 쓸 줄 몰랐으나 남의 말에 귀를 기울이면서 현명해지는 법을 배웠다."고 했습니다. 그런데 요즘 정치는 어떻습니까? 이준석 대표처럼 모두가 꿈꾸는 일류 대학 나왔으니 자신이 똑똑한 줄 알고 크게 떠드는 정치인들이 많습니다. 특히 정책에 대해서는 말 한마디 못하면서 투사견이 되어 다른 사람 욕하는 데 앞장서는 정치가를 보면 정말 꼴불견이라는 생각이 들 정도입니다.

허나 정말 지혜로운 사람은 어떤 사람일까요? 자신의 한계를 어느 정도 알고 자신의 견해를 지나치게 내세우지 않으면서 남의 말에 귀를 기울일 줄 아는 사람입니다. 세상에는 절대적 진리가 없기 때문에 많은 사람들이 반대한다고 하여 자신의 견해를 무작정 꺾어서도 안 되겠지만, 그렇다고 자신의 말만 옳다는 듯 남의 말에 아랑곳하지 않고 자신의 주장만 앞세워서도 안 된다고 생각합니다. 인간 모두는 어느 정도 자기만의 편견이나 생각을 가지고 있습니다. 그러니 서로 간의 입장차를 좁히는 대화와 타협은 진리 접근에 중요한 통로가 됩니다. 그렇지 않고 고집을 부리다 보면 스스로 자기 생각에 갇혀 진리에 접근하기 어렵습니다. 오히려 자신의 생각을 지나치게 내세우게 되면 상대를 무시하는 꼴이 되고, 그것이 결국 다른 사람의 반감을 사게 되어 좌절과 실패를 맛보기 쉽습니다.

분명 서로 다른 사람이 만나면 다른 생각을 하게 마련입니다. 그만큼 서 있는 위치에 따라 입장차가 크다는 것입니다. 정치에서 진보와 보수로 나뉘는 것도 이해관계가 맞물려 그만큼 사람들의 입장차가 크다는 것을 증명하는 것입니다. 그래서 우리는 상대와 대화할 때 서로 생각이 같을 것이라는 생각부터 지워야 합니다. 항상 입장이 다를 수밖에 없다는 것을 인정하고, 서로 입장이 다를 때는 반론을 제기하기에 앞서 상대방이 내세우는 근거가 사실과 부합하는지 아닌지를 곰곰이 따져볼 필요가 있습니다. 상대방의 얘기가 전혀 허무맹랑한 주장이 아니라면 조금씩 양보하면서 인정할 것은 인정해 주어 타협점을 찾으려고 노력해야 합니다. 이게 다원 사회에 사는 우리들의 지혜입니다. 탈무드에서는 우리가 입은 하나고 귀는 두 개인 이유는 자기 말을 줄이고 그만큼 남을 말을 잘 들으라는 하늘의 메시지로 해석하고 있습니다.

진정 큰 사람이 되고자 한다면 상대방의 입장을 고려하는 열린 마음을 가져야 합니다. 열린 마음은 민주주의 파수꾼이며 개인적으로는 도량도 넓히지만 다른 사람의 지혜를 주워 담을 수 있어 그만큼 진리에 접근하기 용이하게 합니다. 반대로 닫힌 마음은 전체주의 파수꾼이며 개인적으로는 자기밖에 담을 수 없어 옹색하고 옹졸할 뿐입니다. 그러므로 지혜롭고 싶다면 말을 아끼고 듣는 것을 즐기도록 노력해야 합니다. 우리가 고전과 책을 즐겨 읽는 것도 성인들과 다른 사람들의 고견을 듣기 위함이 아니겠습니까? 한비자는 성인들을 스승삼아 지혜를 얻으려고 노력하라고 다음과 같이 충고합니다.

> 관중과 같이 사리에 밝은 사람과 습붕과 같이 슬기로운 사람도 자기가 모르는 것이 있을 때는 늙은 말이나 개미를 스승으로 삼았다. 요즘 사람들은 스스로의 어리석음을 알지 못하고 성인들의 지혜를 스승으로 삼을 줄 모르니, 이 또한 허물이 아니겠는가?

상대방과 대화를 할 때도 논쟁이나 말다툼으로 번지지 않도록 주의해야 합니다. 논쟁은 사실상 문제 해결에 크게 도움이 되지 않습니다. 백분토론을 보십시오. 문제가 해결되는가? 그것을 보면, 대다수가 명분을 얻기 위한 말싸움에 지나지 않는다는 것을 알 수 있습니다. 사실 논쟁할 때는 이기기 위해 하기 때문에 상대방의 말이 옳아도 자기의 입장과 다르면 수긍하기는커녕 반박하려 하고, 반박이 또 다른 반박만을 낳아 고성만 오고가다 끝이 납니다. 특히 정치가의 경우 말싸움과 논쟁의 이면에는 이겨야만 하는 강한 '권력에의 의지'가 숨겨져 있습니다. 그래서 순수하게 승복하는 경우는 없습니다. 불리한 증거가 나와도 그것을 어떻게든 정당화하고 합리화하면 그만입니다. 정당화와 합리화는 정치가들의 진실을 숨기기 위한 기만이자 가면입니다. 그 가면을 보는 순간 그 정치가에 대한 환멸감이 옵니다. 그러므로 입장에 따라 다를 수 있는 소모적인 논쟁은 가급적 피해야 합니다.

더 나아가 '지는 것이 이기는 것'이라는 신념을 가지고 한 발 물러서는 것이 진정한 승리자의 모습이 아닐까 합니다. 인간 처세술의 달인, 데일 카네기는 자신이 현명한 사람이 되려면 쓸데없는 사사로운 논쟁에서 이기려고 하는 '헛똑똑이'가 되지 말라고 링컨의 말을 빌려 다음과 같이 당부하고 있습니다.

> 자기 향상을 위해서는 사사로운 논쟁에 시간을 낭비하지 않는 법이다. 논쟁 뒤에는 반드시 기분을 상하게 하거나 자제력을 잃기 마련이라는 생각을 한다면 더욱 논쟁을 할 수 없을 것이다. 이쪽이 반쯤의 타당성밖에 없을 경우에는 아무리 중대한 일이라도 상대방에게 양보하라. 이쪽이 다 옳다고 생각되는 경우에도 작은 일이라면 양보하는 것이 현명하다. 이를테면 개에게 물려서 그 개를 죽인들 물린 상처는 치유될 수 없는 법이다.

특히 국가나 정당을 이끄는 지도자라면 자신이 직접 나설 것이 아니라 탁월한 통찰력을 가진 사람을 옆에 두고 항상 그 사람들에게 귀를 기울이는 신중함이 있어야 한다고 생각합니다. 지혜로운 자를 곁에 두고 자문을 구할 수 있다면 천하를 손에 넣을 수 있지만 남의 충언을 무시하면 결국 패배자가 됩니다. 유방이 천하를 손에 넣을 수 있었던 것도 천리길을 보는 장자방이 곁에 있었기 때문이며, 유비가 황제에 오를 수 있었던 것도 신출귀몰한 제갈공명이 있었기 때문입니다. 반면에 자신의 스승인 범증의 말을 무시한 항우와 전풍의 충언을 듣지 않는 원소는 몰락하고 말았습니다. 그러므로 아무리 자기가 힘이 있어도 자신보다 우월한 능력의 소유자를 곁에 두는 것은 어지러운 세상을 헤쳐 나가는 큰 힘이 됩니다. 이준석 리스크처럼, 지도자가 자신이 잘났다고 생각하여 자신의 말을 앞세우고 남의 말을 무시하는 것은 지도자로서 자질이 부족한 것입니다. 벤저민 프랭클린은 논쟁에 몰두하기 보다는 침착하게 토론하면서 자신의 잘못을 인정할 때 진실이 밝혀질 수 있어 유익하다는 것을 다음과 같이 말하고 있습니다.

> 진실은 열심히 논쟁하는 것보다 침착하게 토론할 때 더욱 쉽게 얻어집니다. 나는 진실이 입증되기를 바라고, 실수는 솔직하게 인정하려 하며, 나의 실수를 알려준 사람에게는 감사한 마음을 갖고 의견을 자유롭게 개진하길 원합니다.

자, 여러분도 자기 말만 하는 헛똑똑이 아니라 남의 말을 잘 들어 그 속에서 지혜를 얻는 현명한 사람이 되어야 한다고 생각합니다. 어울림의 철학은 너와 내가 공존해야 하고, 그러기 위해서는 나의 말보다는 좀 더 남의 말에 귀를 기울이는 현명함이 있어야 함을 강조하고 싶습니다. 그것이 바로 너와 내가 공존하는 길입니다. 남을 말을 듣지 않는 것은 오만이며 독선이고 독재이며 전제주의를 낳는 씨앗입니다.

네거티브 캠페인,
득일까 독일까

선거철만 되면 어김없이 등장하는 네거티브 캠페인. 정치가들은 정책 대결을 펼치기 보다는 '네거티브 캠페인'을 벌이는 경우가 많습니다. 네거티브(부정적인) 선거 전략은 특히 불리한 입장에 처한 정치가들이 많이 쓰는 선거 전략인데, 상대 후보를 따라잡을 요량으로 상대 후보의 잘못이나 무능력 등을 신랄하게 부각시켜 '왜 당선되면 안 되는지'를 설득시키는 선거 전략입니다.

하지만 네거티브 선거 전략은 그다지 큰 효과를 보지 못하고 오히려 역효과가 나는 경우가 대부분입니다. 상대 후보의 문제점을 적극적으로 부각시켜 상대 후보를 따라잡으려고 하지만 오히려 지지율이 내려가는 역효과를 불러오는 경우가 허다합니다. 그래서 대부분 이런 전략이 오히려 독이 됐다는 판단에 따라 네거티브 선거 전략을 전격적으로 수정하는 경우가 많습니다.

왜 이렇게 상대에 대한 네거티브 선거 전략이 통하지 않는 것일까요? 네거티브 전략은 속된 말로 남의 흉을 보자는 것인데 오히려 이런 전략이 사람들의 눈살을 찌푸리게 하고 더 나아가 자신이 잘난 것이 없다는 것을 반증하는 효과를 가져오기 때문입니다. 자신이 잘나면 자신의 소신이나 철학을 말하면 되지만, 이런 것이 없는 사람은 자신보다 잘난 사람의 흠을 잡아 비판하는 길밖에 없습니다. 상대가 하나라도 흠집만 있으면 그걸 잡고 하이에나처럼 물고 늘어지는 것입니다.

허나 이런 방법은 상대의 강한 반발에 부딪히고 맙니다. 상대 역시 자신의 결백을 변론함과 동시에 네거티브만 일삼는 상대의 잘못을 들추어 상대의 추악한 곳을 만인에게 폭로하게 됩니다. 그래서 상대의 약점을 잡아 비난하면 할수록 자신의 못난 점도 자동으로 폭로되게 됩니다. 결국 남을 비방할수록 자신의 못난 점이 더 크게 부각되어 자가당착에 빠지는 것입니다. 게다가 상대를 험담하고 욕하면 할수록 자신의 이미지만 나빠집니다. 누가 입이 침이 마르도록 욕하는 사람을 좋아하겠습니까? 그것은 유권자에게 눈살을 찌푸리게 합니다. 상대를 욕하기보다 서로 간 정책 대결을 펼쳐 정정당당하게 겨루는 모습이 좋아 보이지 않겠습니까?

이것이 바로 남의 허물을 들추지 말아야 하는 이유입니다. 그래서 맹자는 "뒷전에서 남의 단점을 들춰 말하는 것은 군자의 도리가 아니다. 게다가 그런 짓을 하다가는 재앙을 불러오기 마련이며, 심하면 원수지간으로까지 발전한다."고 했습니다.

사람은 완전하지 않아서 누구에게나 허물이 있는 법입니다. 그건 자신도 마찬가지입니다. 실수도 많이 할 뿐만 아니라 때로는 비도덕적일 때도 많지요. 하지만 사람들은 자신의 허물은 숨기기를 좋아하고 남의 허물을 들추기를 좋아하는 이중적인 면을 가지고 있습니다. 다른 사람이 열 번 잘해도 한 번도 제대로 칭찬하지 않으면서 한 번만 잘못해도 험담을 늘어놓기 일쑤입니다. 이것은 상대의 허물을 드러냄으로써 자신의 우월감을 드러내고자 하는 우리들의 이기적 행위입니다. 성찰이 부족하고 인격이 낮을수록 자신의 잘못을 인정하거나 반성하기는커녕 남의 허물만 들추려하고 남을 비방하기를 좋아합니다. 그래서 마키아벨리는 "인간은 비난할 때는 매우 열심이지만 남을 칭찬하는 데는 매우 인색한 동물이다."라고 하였습니다.

대선 판이 어지럽고 때론 추접스러운 것도 바로 검증이라는 미명아래 대선주자들의 모든 치부가 폭로되기 때문입니다. 그러나 서로 물고 늘어져서 유혈이 낭자한 광경이 사람들 눈에는 좋게만 보이겠습니까? 남의 잘못을 폭로하는 것은 자신의 지지자들에게는 속이 다 시원하겠지만 그렇지 않은 사람에게는 정말 얄밉게 보이기 마련입니다. 자신의 장점을 말하지 못하면서 남의 단점만 들추어 신랄하게 비판할수록 자신의 눈에 들어 있는 대들보는 보지 못하면서 남의 눈의 티만 보는 것과 다름이 없는 것처럼 보이기 때문입니다. 지난 대선에서 민주당의 모 후보가 사람들로부터 좋지 않은 감정을 갖게 한 것도 좋은 정책이나 공약보다는 지나치게 같은 당 상대 후보를 비난하는데 치중한 결과라는 생각이 듭니다. 지금도 그 문제 때문에 민주당은 분열의 조짐이 보일 정도입니다. 그래서 그라시안은 "험담꾼이 되지 말라. 그리고 그렇게 간주되지도 말라. 그런 사람은 남의 명예를 더럽히는 자라는 평판을 얻는다."고 하였습니다. 맹자도 "남의 좋지 않은 점을 말하고 다니다가 후환이 닥치면 어떻게 하겠느냐?"고 반문합니다. 데일 카네기도 "사람을 비난하는 것은 위험한 불꽃이다."고 하였습니다.

사람은 누구도 완전하지 못합니다. 쇼펜하우어 말대로 제아무리 아름다운 육체라 해도 그 내부에는 똥과 악취가 내장되어 있습니다. 그러므로 더 없이 고귀한 인격자에게도 한두 개 정도의 나쁜 점은 다 있습니다. 한 번 자기 자신을 보세요. 겉보기에는 착한 체하지만 얼마나 이기적일 때가 많습니까? 알고 보면 남에게 돌 던질만한 자격을 갖춘 사람은 없을 것입니다. 그래서 남을 험담하는 것을 될 수 있으면 삼가야 하는 것입니다. 남을 험담하면서 자신은 군자인 체하는 것은 위선자로 낙인찍히기 좋습니다. 그래서 남을 헐뜯으면 뜯을수록 남들로부터 더 많은 험담을 들을 각오를 해야 하는 것입니다. 직장에서 뒷담화를 경계하는 것도 그 사람으로 인해 세상이 어지러워지기 때문입니다. 그래서 데일 카네기는 "비판하는 습관이야말로 인간관계에서 가장 치명적인 결함이다." 라고 말하고 있습니다.

특히 상대를 도덕성만 내세워 비판하는 것은 그리 현명하지 못하다고 생각합니다. 도덕적으로 완전한 사람이 없을뿐더러 세상을 이끌어 나가는 데는 도덕성보다도 능력이 더 중요한 척도가 될 수 있기 때문입니다. 더군다나 세상은 도덕만으로 이끌어나갈 수 있는 것도 아닙니다. 도덕성은 기본적으로 갖추어야 되지만 그렇다고 성인군자일 필요는 없다고 생각합니다. 때로는 강력한 카리스마도 필요하고, '이에는 이', 그리고 '간교한 술수에는 술수'로 맞받아칠 수 있어야 어지러운 세상을 타개해 나갈 수 있습니다. 단지 도덕성만 강조하는 것은 세상의 다양성과 변화무쌍함을 무시한 어리석은 판단에 기인한 것입니다. 세상은 선의와 악의가 뒤섞여 있기 때문에 도덕적 기준만을 들이대며 지도자를 뽑는 것 자체가 무리인 것입니다.

  비난을 할 때도 생트집 잡거나 남의 잘못에 대해 가혹한 책망을 가급적 피해야 한다고 생각합니다. 남의 잘못에 대해 가벼이 넘겨서도 안 되겠지만, 직접적인 관계가 없는 문제까지 폭로하며 너무 가혹하게 나무라는 것은 거센 반발에 부딪치고 말 것입니다. 상대를 조금이라도 생각한다면 상대방의 잘못에 대해 상대방이 감당할 수 있을 정도로 적당한 선에서 이루어져야 합니다. 그렇지 않고 마지막 남은 자존심마저도 짓밟는 도를 넘는 비난은 자신의 열등감을 폭로하는 것으로 보여 남 보기에도 참으로 역겨운 짓으로 보일 뿐입니다. 결국 상대를 비방하는 것을 낙으로 사람은 '험담꾼'이라는 오명을 쓰게 되는 것입니다. 그러므로 상대에게 네거티브 전략은 자신에게 부메랑이 되어 다시 돌아오므로 상대의 잘못을 드러내놓고 문제 삼는 것은 결코 현명하지 않습니다. 그래서 홍자성은 편안하고 안락한 삶을 살고자 한다면 "남의 과거의 잘못을 드러내지 말라."고 하였습니다.

  자, 여러분도 남의 잘못을 비난하기에 앞서 마음의 여유를 갖고 남을 칭찬하고 출발하는 것이 더 여러분의 인격에 보탬이 되지 않을까요? 어울림의 철학은 어울림을 방해하는 험담을 아주 싫어하는 철학입니다.

제5장

우리를 어떻게 다스릴 것인가

왜 우리는
'개돼지'라는 소리를 듣는가

2022년 대통령 선거가 끝나고 나서 '개돼지'라는 소리가 우리 사회의 화두로 떠오르고 있습니다. 대통령을 뽑을 때 대통령감도 되지 않는 인간을 대통령으로 뽑아 나라의 근간을 흔들고 있다는 것입니다. 정상적인 판단 능력을 가진 사람이라면 분명 뽑지 않아야 하지만 정상적인 사람이 아니기 때문에, 다시 말해 '개돼지'들 때문에 무능력한 사람을 대통령으로 뽑았다는 것입니다.

이런 일은 비단 어제 오늘의 일이 아닙니다. 미국이 트럼프를 대통령으로 뽑았을 때도 이런 말이 돌기 시작했습니다. 오로지 자신의 이익과 미국의 이익만을 생각하는 장사치를 대통령으로 뽑았다는 것입니다. 그리고 바로 이어진 우리나라 대통령 선거가 시작되자 다시 이 말이 회자되기 시작했습니다. 그리고 우크라이나와의 전쟁으로 러시아를 파국으로 이끄는 푸틴을 보고 '아버지 같다'는 러시아인의 대담을 보면 '개돼지'라는 말이 강력한 힘을 가지게 되었습니다.

이런 현상을 보면 우리는 파스칼의 주장처럼 인간을 위대하게 하는 '생각하는 갈대'도 아니고 근대 이성주의자들이 강조한 '이성적 존재'도 결코 아니라고 생각합니다. 오히려 많은 사람들은 깊이 있는 사고를 할 수 있는 능력이 없고 깊이 있게 생각하기를 싫어하는 경향이 있습니다. 한마디로 사람들 중에 많은 사람들이 머리 쓰는 것을 참 싫어하는 것이죠. 아마 사람들이 책을 멀리하는 것도, 그리고 깊이 있게 생각해야 하는 철학이 인기가 없는 것도 바로 생각하기를 싫어하는 인간의 속성 때문이라고 생각합니다.

우리는 자신의 성향에 따라 쉽게 생각하고 쉽게 믿으려 하는 속성이 있다고 생각합니다. 과학이 발달하고 철학적 사고가 진보해도 종교가 성행하는 것도 바로 인간의 이런 속성 때문이라고 생각합니다. 인생에 대해 골치 아프게 생각하고 따져보느니 차라리 일단 믿고 보는 것이 편하기 때문입니다.

문제는 이런 속성 때문에 우리는 오류를 범하기 쉽고 남에게 속기 쉽다는 것입니다. 왜 우리는 쉽게 오류에 빠지는 걸까요? 우리는 일단 우물 안의 개구리처럼 자신이 경험한 것을 근거로 해서 쉽게 생각하려 하기 때문입니다. 자신의 경험 속에는 단지 경험만 있는 것이 아닙니다. 그 속에는 그 사람의 편견도 고스란히 담겨 있습니다. 그런데도 사람들은 자신의 경험을 근거로 하기 때문에 자신의 생각이 옳을 것이라고 착각하는 것입니다. 게다가 몇 개의 자신의 경험을 근거로 모두가 그럴 것이라고 싸잡아 생각하는 성급한 일반화의 오류가 다반사로 일어납니다. "뭐! 어디에 사는 사람은 다 나쁜 놈들이야", "좌파는 다 빨갱이야", "○ 씨는 고집이 세", "여자들은 다 그래" 등등. 무수한 잘못된 생각이 자신의 경험을 토대로 일반화하여 형성되는 것입니다. 그러니 '성찰 없는 지식'은 궤변이 되는 것입니다.

뿐만 아니라 우리는 흑백논리에 빠지기 일쑤입니다. 세상에는 이분법적으로 '적과 동지'만 있는 것이 아닙니다. 얼마든지 적도 아니고 동지도 아닌 사람들이 무수히 많습니다. 그런데도 우리는 '적과 동지'만 있는 것으로 착각하는 것이죠. 특히 정치나 종교 이야기를 하다 보면 바로 이런 흑백 논리에 빠져 서로 격렬하게 싸움하는 것을 볼 수 있습니다. 세상에는 생각이 다 다르기 때문에 얼마든지 적도 아니고 동지도 아닌 제 3의 영역이 가능한데 오로지 자신의 뜻과 맞지 않으면 흑백논리에 빠져 생각이 다른 사람을 '적'으로 간주하기 때문입니다. 이런 문제점 때문에 친한 사람들 사이에는 될수록 정치와 종교 이야기를 하지 말라고 합니다.

허나 세상에는 어디 '좌파', '우파'만 있겠습니까? 정확히 좌파도 아니고 우파도 아닌 경계선상에 있는 사람도 무수히 많습니다. 뿐만 아니라 완전한 좌파도 완전한 우파도 없습니다. 좌파라도 해도 상황에 따라 우파도 될 수 있고 우파라 해도 얼마든지 좌파가 될 수 있습니다. 그 때 그 때 상황에 따라 변할 수 있는 것입니다. 보수이면서 노인 복지를 강조하는 진보적 성향을 얼마든지 가질 수 있고, 진보이면서 사형 제도를 없애는 것에 대해 얼마든지 비판할 수 있습니다.

또한 종교를 믿으라고 강요하는 사람들이 있습니다. 마치 자신이 믿는 종교가 만고의 진리이며 세상을 살아가는 유일한 대안인 것처럼 말입니다. 그리고 믿지 않는 사람들을 이방인처럼 대하기도 합니다. 그래서 몽테스키외는 "타인에게 개종을 권유받으면 동의하지 않으면서 타인에게 개종을 강요하는 것은 과연 올바른가?"라고 물으며 종교인의 이중적 잣대를 비웃기도 합니다. 그러나 어찌 종교만이 세상의 유일한 대안이 되겠습니까? 종교도 진리라고 보기보단 믿음에 근거한 불확실한 세상을 사는 우리들에게 하나의 대안일 뿐입니다. 그러니 우리는 지극히 자신이 믿는 세계가 전부인 것으로 착각하고 다른 사람의 생각을 이방인처럼 적대시하는 흑백사고를 하지 말아야 합니다. 믿음에도 아량과 관용의 정신이 필요한 것이죠. 이념을 절대화한 이데올로기나 믿음을 절대화한 종교가 흑백논리에 빠져 양보나 화해의 미덕이 없으면 세상을 전쟁으로 몰고 가 삶을 불행하게 만든다는 사실을 우리는 늘 기억해야 합니다. 20세기 이데올로기 전쟁과 중세부터 지금까지 전개되는 종교 전쟁은 교조적인 이데올로기나 종교가 얼마나 무서운가를 그대로 보여주고 있습니다. 이데올로기건 종교건 광신만큼 위험한 것이 없으며 이는 인류의 멸망을 재촉하는 무서운 병입니다.

더욱 우리를 불행하게 하는 것은 사리분별력이 약하다는 것도 문제지만 그 이면에 도사리고 있는 감정의 동물이기도 하다는 것입니다. 이 말은 사람들이 생각에 따라 움직이기 보다는 감정에 따라 움직이기가 쉽다는 것입니다. 선거 때 혈연과 지연이 크게 작용하는 것도 바로 인간이 얼마나 감정에 취약한가를 단적으로 보여줍니다.

《플루타르크 영웅전》에는 인간이 얼마나 불합리한 감정적 동물인지를 아리스티데스 추방 투표에서 여실히 보여주고 있습니다. 아리스티데스는 테미스토클레스와 함께 페르시아 전쟁에서 승리를 이끌며 그리스의 전쟁 영웅으로 한 때 대중으로부터 '정의로운 사람'이라고 불리며 존경까지 받았습니다. 그런데 페르시아 전쟁을 같이 했지만 정치적으로는 정적인 테미스토클레스의 '아리스티데스가 왕이 되려 한다'는 악의적 소문 때문에 그를 추방하기 위한 추방 투표가 벌어지고 말았습니다. 그는 투표 결과 테미스토클레스의 악의적 소문 때문에 결국 추방되는 비운의 사나이가 되고 말았는데, 그 내용을 보면 참으로 기가 막힐 정도입니다. 《플루타르크 영웅전》에는 그 당시 모습을 다음과 같이 생생하게 기록하고 있습니다.

> 아리스티데스 추방 투표 당시, 사람들이 조개껍질에 추방할 사람의 이름을 적었는데, 한 문맹자는 아리스티데스에게 조개껍질을 내밀며 그가 아리스티데스인 줄도 모르고 아리스티데스의 이름을 써 달라고 부탁을 했다. 아리스티데스는 짐짓 놀라며, 그가 당신에게 무슨 피해라도 입혔느냐고 물었다. 그러나 그는, "아니오, 나는 그를 전혀 모릅니다. 하지만 곳곳에서 정의로운 사람이라고 떠드는 것이 듣기 싫어 그럽니다."라고 대답했다.

아리스티데스는 그의 말을 듣고도 아무 말 없이 조개껍데기에 자신의 이름을 적어 주었고 결국 추방되고 말았습니다. 나라를 위해 싸우고도 얻은 지위와 명예 때문에 가진 민중들의 반감이 얼마나 사나운가를 보여주는 장면이라고 생각합니다. 더욱이 이런 반감이 사실을 알려고도 하지 않고 테미스토클레스의 악의적 소문에 놀아나서 생겼다는 것이 문제인 것입니다. 지금도 사정은 마찬가지입니다. 이런 여론의 호도는 주로 언론에서 하고 있습니다.

지금의 언론은 정치권과 결탁하여 진실을 말하기 보다는 언론과 맞지 않는 정치가를 비판하고 자신과 맞는 정치가를 비호하는 수단으로 사용되는 경향이 많습니다. 그러다 보니 판단력과 분별력이 약한 사람들은 언론을 곧이곧대로 믿고 따르는 것입니다. 이처럼 인간은 전혀 이성적이지 않을 뿐 아니라 감정의 노예가 될 때가 많습니다. 이것은 정치판이 얼마나 추악하고 진실한 지도자가 되는 길이 얼마나 어려운 일인가를 단적으로 보여준다고 생각합니다.

문제는 독재 본능이 강한 사람일수록 우리들의 이런 얄팍한 사고를 이용하여 자신의 야망을 불태운다는 것입니다. 20세기 최고의 악마로 불리는 히틀러가 대표적입니다. 그는 이런 인간의 얄팍한 심리를 철저히 이용하여 정권을 잡고 세상을 불바다로 만들었습니다. 그는 어떤 이념도 '소수의 지식인'보다는 '다수의 대중'의 도움 없이는 실현할 수 없다고 보고 지식인이 아닌 '대중'만을 보고 철저히 연설을 했습니다. 히틀러는 대중 중에서도 가장 머리가 나쁜 사람의 이해력에 맞추어 연설을 했습니다. 히틀러는 민중이란 단순하여 냉정하게 숙고하기 보다는 간단한 지각만으로 자신의 사고와 행동을 결정한다고 생각했기 때문에 인종주의와 애국심에 감정적으로 호소하는 흑백논리로 "독일 재건을 위해 가장 취약한 민족 유태인을 학살하라!"고 외쳤습니다. 독일 재건을 위해 돈이 많은 유태인을 희생하기 위한 전략처럼 보이지만 결국 히틀러의 대중 지향적인 감정적인 연설은 대성공이었습니다. 대다수의 독일인의 열광적인 지지에 힘입어 히틀러는 정적을 없애고 권력을 휘어잡는데 성공하고 맙니다. 그 당시 독일인 대다수는 히틀러

눈에는 '개돼지'로 보인 것입니다. 결국 히틀러를 지지한 독일 국민 대다수는 인류에게 씻을 수 없는 악행을 저질렀습니다. 그들이 꼭 악해서가 아니라 히틀러의 인종주의와 애국심이라는 감정에 호소하는 이분법적 연설에 놀아나 세계 제2차 대전이라는 끔찍한 일이 벌어진 것입니다. 불교에서 인간의 근원적인 악이라는 어리석음이 얼마나 무서운 것인가를 알려준 인류의 대사건이었습니다.

히틀러와 그의 수족 아이히만을 연구한 정치철학자 한나 아렌트는 이것을 '악의 평범성'이라 말하고 있습니다. 악행이 꼭 악의에서만 오는 것이 아니라 아이히만처럼 불의에 물음표를 제기하지 않고 그저 따르기만 하는 평범함과 맹종에서 온다는 것입니다. 한나 아렌트가 볼 때 나치의 아이히만은 개인적으로는 매우 친절하고 선량한 사람이었지만 나치즘에 물음표를 제기하지 않고 대다수의 평범한 인간이 그렇듯 그저 자신의 출세를 위해 대세에 따라 그 끔찍한 유태인 학살을 자행한 것입니다. 악의가 전혀 없는 평범한 사람도 어리석음 때문에 부당한 권위에도 의문을 제기하지 않고 그 권위에 동조하여 언제든지 악을 저지를 수 있는 잠재성을 지니고 있다는 것입니다. 그 때의 평범한 인간이 바로 우리들이 말하는 '개돼지'들입니다. 이런 개돼지와 같은 인간들은 판단력과 분별력이 없어 좋은 것을 알아볼 줄 모르고 더 나쁜 것을 선호하는 특징을 가진다는 것입니다. 비록 언론을 철저히 통제하는 독재 권력이지만 자신의 권력을 위해 선거철만 되면 피비린내 나는 전쟁을 일으키는 푸틴과 그의 강한 모습에 도취되어 그 때마다 그를 더 열렬히 지지하는 많은 러시아인을 보면, 우리들 마음속에 '이기려는 힘'이 얼마나 잔인할 정도로 강하며 이런 잔인한 권력에의 의지에 끌려 다니는 개돼지들이 또한 많다는 것을 가늠할 수 있는 척도라고 생각합니다. 지금까지는 푸틴이 전쟁에 승리하여 몰랐겠지만 어리석은 개돼지들은 전쟁은 가장 가혹한 시련이며 최악의 선택이라는 것을 모르고 있는 것입니다. 아마 러시아가 전쟁에서 패할 때 비로소 푸틴과 그를 지지한 러시아인들이 스스로 개돼지였다는 사실을 깨닫게 될 것입니다.

20세기 초 절대 강국이었던 영국의 식민 통치를 받던 간디도 전제 정치와 같은 '야만적인 확실성'에 맹종하는 것이 얼마나 위험한가를 깨닫고 "인간은 지켜야 할 이성을 누구에게도 넘겨주어서는 안 된다. 맹종하는 것은 폭군에게 매를 맞고 굴종하는 것보다 훨씬 해롭다."고 말하였습니다. 평범함으로 인해 맹종하는 것은 자신의 목숨과 영혼까지 '야만적인 확실성'에 맡겨 나 자신뿐만 아니라 내 이웃까지도 파멸시키는 어리석은 일이기 때문입니다. 그래서 간디는 "나는 군중의 숭배가 메스껍다."라고 하면서 멋모르고 맹종하는 '개돼지'와 같은 군중 심리를 비난하였습니다.

민주주의가 발달한 지금에도 이런 현상이 끊이지 않고 있습니다. 그것은 대중 속에는 그만큼 생각을 거부하고 순종하기를 좋아하는 개돼지들이 많다는 것입니다. 루드비히 마르쿠제는 "역사 속에 만나는 지도자는 대부분 선동가이다. 그들은 인간을 기만하였다."고 하였습니다. 그만큼 많은 정치가들의 화려한 미사여구 속에는 자신의 권력욕을 위해 거짓으로 꽉 차 있다는 이야기입니다. 그러므로 우리는 정치가들의 말을 곧이곧대로 믿어서는 안 됩니다. 그들이 말하는 것을 분석하여 말하는 진심을 일단 파악해야 합니다.

그런데 아직도 해결되지 않은 문제가 있습니다. 왜 정치가들의 의도에 문제가 있다는 것을 아는데도 불구하고 지지를 쉽게 철회하지 않고 지속적으로 지지를 보내는 것일까요? 단순히 무식해서만 그런다고 생각할 수 없습니다. 언뜻 보기에는 그런 것처럼 보이지만 단순히 무식해서 만이 아니라고 생각합니다. 그것은 피할 수 없는 경쟁 사회에서 반드시 '이겨야한다'는 강한 권력에의 의지가 작용하기 때문입니다. 니체는 "살아 있는 자를 발견하는 곳, 그곳에서 나는 권력에의 의지를 발견했다. 그리고 시중드는 자의 의지에서도 주인이 되려는 의지를 발견했다."고 말하고 있습니다. 그러므로 인간이라면 누구에게도 권력에의 의지가 있는 것입니다. 정도 차이가 있을 뿐입니다. 승부욕이 강한 사람도 있지만 약자라고 해도 권력에의 의지가 없는 것이 아닙니다. 니체 말대로 강한 자건 약한 자건 상대를 이기려는 강한 의지가 숨어 있는 것입니다.

사회심리학자 에리히 프롬은 인간이 자유에 따른 고독과 무거운 책임 때문에 자유로부터 도피하며 맹종한다고 했지만 맹종은 '자유로부터의 도피'라는 단순한 회피가 아닙니다. 그것은 오히려 힘 있는 자에 맹종하여 스스로를 보호하고 자기보다 나약한 자를 지배하고 이기려는 강한 본능이 들어 있는 것입니다. 사회적 약자일수록 이런 경향이 강하게 일어납니다. 비록 자신도 약자지만 강자에게 맹종하여 나약한 자신을 보호하고 능력이 없어 스스로는 할 수 없는 자신보다 낮은 또 다른 약자를 지배하는 것이 자신의 삶의 존재 이유가 되기 때문입니다. 강자를 어찌 보면 자신을 보호하는 우산 역할을 하는 것으로 생각하는 것입니다. 그래서 절대 강자를 구심점으로 하여 세력화하고 집단 지성을 만들어 지지자들이 맹종하도록 하는 것이 정치술 중의 하나입니다. 유태인 학살을 자행했던 나치즘을 열렬히 지지한 그룹도 주로 하층민과 중산층이었다는 것은 이를 증명하는 것입니다.

문제는 이 니체의 권력에의 의지는 더 높이 날라는 욕구를 일으켜 우리를 일취월장하게 하는 동인이 되기도 하지만 세상을 아름답게 하는 어울림을 거부하는 부정적 측면이 있습니다. 상대를 이기고 제압하려는 권력에의 의지는 너무나 강하면 악을 행해서라도 어떻게든 이기려고 합니다. 겉으로는 공정과 상식을 말하면서도 실제로는 권력을 이용한 권모술수가 성행하고, 정치하는 인간들이 때로는 잔인무도한 것은 이겨야만 살아남을 수 있다는 절박함 때문입니다. 오늘날 싸움만 일삼는 정치가들을 우리가 혐오하는 와중에도 그들이 계속 싸움질만 하는 것도 권력에의 의지가 합리성을 뛰어넘기 때문입니다. 오늘날 우리나라의 정치를 보아도 협치는 말뿐이고 상대를 이기려는 권력 투쟁만 하고 있습니다. 그래서 타키투스는 "권력에 대한 욕망이야말로 가장 흉악한 야망이다." 라고 하였습니다.

문제는 이런 정치가들의 혐오스런 싸움질을 보면서도 대중들은 열렬히 지지한다는 것입니다. 먹고 사는 문제와 직결되기 때문에 정치적일 수밖에 없는 대중들은 스스로가 권력에의 의지를 가질 수 없으니 권력자들을 통해 대리만족을 하는 것입니다. 명망 있는 정치가들 중에서 자신을 대신할 영웅을 찾는 것이죠. 그래서 평범한 사람은 자신을 대신할 강력한 영웅을 찾고 그 영웅을 통해 대리만족하는 것입니다. 이런 현상은 스포츠에서도 작동하고 있습니다. 스포츠가 인기가 있고 스포츠 영웅들이 대접 받는 것도 바로 인간의 이겨야 한다는 권력에의 의지를 대리만족시켜 주기 때문입니다. 그래서 사람들은 정치판에서도 자신을 대변할 정치적 영웅을 찾기 마련이고 비록 자신을 대변할 영웅이 문제가 있어도 쉽게 철회하지 않고 지지하는 이유입니다.

가난하고 무식할수록 자신을 억압할 강력한 독재자를 더 열렬히 지지하는 것도 다름 아닌 자신의 영웅을 통해 대리만족을 하기 위한 것입니다. 개가 인간에게 순종하듯 평범하고 무식할수록 독재자에게 맹종하는 습성이 있습니다. 권력에의 의지는 강한데 무지한데다 나약하고 자아능력까지 없어 스스로 할 수 있는 일이 아무 것도 없기 때문입니다. 그래서 그들은 권력자를 옳고 그른 것을 떠나 무조건 추종합니다. 독재자는 대중들의 이런 특성을 이용하여 권력을 잡으려고 온갖 거짓말과 술수로 대중들을 현혹하고 대중들이 권력에의 의지가 강하고 어리석을수록 그 꼬임에 넘어가 사서 고생하는 것입니다. 그러므로 대중의 평범함은 독재자들의 양식이며 무식은 독재자의 주식입니다. 지금 러시아의 푸틴이 거짓으로 일관하고 있어도 러시아 국민들이 아직도 그를 상당히 지지하는 것은 대중들이 때론 얼마나 어리석은가를 알 수 있습니다. 물론 독재자들은 대중이 항거할 수 없는 시스템을 만들어 그들에게 복종하도록 간계를 부리기 때문에 쉽사리 항거할 수 없는 측면도 있습니다. 그렇지만 대중이 깨어있다면 권력의 성역은 언제든 깰 수 있는 것입니다. 성역이어서 무조건 순종하고 복종하는 것이 문제입니다.

러셀은 핵무기화에 반대하는 운동을 하면서 인간에게 있어서 남을 이기려는 욕망, 즉 니체가 말하는 권력에의 의지가 얼마나 강하고 무서운 것인지를 다음과 같이 경고하고 있습니다.

처음에 나는 사람들에게 핵이 가져올 재난의 위험을 깨우쳐 주는 것이 별로 어렵지 않은 일일 것이라고 생각했었다…… 나는 단지 그 위험을 사람들에게 알리기만 하면, 그들이 그것을 알게 되었을 때 모든 종류의 사람들이 그들의 안전을 위해 뭉칠 것이라고 생각했었다. 나는 이것이 잘못된 생각임을 깨달았다. 자기 보존의 동기보다 더 강한 동기가 있다. 그것은 다름 아닌 자신이 다른 사람들을 이기려는 욕망이다.

우리는 경쟁 사회에서 살아남기 위해 '이기려는 욕망'이 무엇보다 강하다고 볼 수 있습니다. 그렇기 때문에 쉽게 비합리성을 벗어날 수 없고 자신이 추종하는 권력자에게 맹종하는 습성이 있습니다. 권력자의 말이 합리적이냐 아니냐는 그리 중요하지 않습니다. 일단 어떻게든 이기고 보자는 심보가 우리들 마음 한 구석에 있는 것입니다. 아무리 대통령 후보가 문제가 많아도 이기려는 마음이 강하면 그를 열렬히 지지하는 사람들이 있는 것입니다. 그래서 버나쇼는 "민주주의란 부패한 소수를 무능한 다수가 선출하여 임명하는 것이다."라고 혹평하였습니다.
자, 여러분도 '개돼지'라는 소리를 듣지 않으려면 지나치게 승부에 집착해서는 안 된다고 생각합니다. 대통령을 잘못 뽑으면 그 피해는 고스란히 자신에게 부메랑이 되어 돌아온다고 생각하여 항상 심사숙고해야 합니다. 꾸준히 지혜의 날을 세우고 이기려는 '권력에의 의지'를 절제하며 남과 더불어 살려고 할 때 비로소 '개돼지'라는 굴레에서 벗어날 수 있다고 생각합니다. 지혜로운 사람은 어울릴 줄 알지만 어리석은 사람은 극단적인 이분법에 사로잡혀 어울림을 방해합니다.

324 잘 쓰고 가는 게 인생이다

나관중은
《삼국지연의》에서
무엇을 말하려 했는가

나관중은 자신의 저서 《삼국지연의》에서 무엇을 말하려고 했는지를 여러분 중에 그 의도를 아는 사람이 그리 많지 않을 것으로 생각합니다. 대다수는 나관중이 삼국지에 등장하는 인물들을 통해서 인생살이에 필요한 교훈을 주려고 쓰지 않았나 생각하실 겁니다. 그러나 이것은 우리들의 생각일 뿐 나관중은 전혀 다른 의도로 삼국지를 썼다고 생각합니다. 그리고 그것을 아는 순간 상당히 충격을 받을 것으로 생각합니다.

그럼 지금부터 시작하겠습니다. 우리는 《삼국지》를 즐길뿐더러 그 속에서 '세상을 살아가는 지혜'까지 얻으려고 합니다. 제가 《삼국지》 유튜브 강의를 한 것도 철학적 분석을 통해 '세상사는 지혜'를 말해주기 위해서였습니다. 이런 점 때문에 사람들은 너 나 할 것 없이 《삼국지》를 읽으며 그 속에 들어 있는 영웅들을 나름대로 칭송하고 사당까지 차려놓고 숭배하기까지 하고 있습니다. 더러는 그들의 행동을 분석하여 그들의 리더십을 흉내까지 내려고 하고 있습니다.

그런데 충격적이게도 작가인 나관중은 시작부터 우리의 의도와는 전혀 다른 방향으로 가고 있습니다. 삼국지에 등장하는 첫 문장 "장강이 도도히 흐르고 있다. 동녘으로 가는 물 위에 거품처럼 일어났다 사라지는 영웅의 모습들, 이름이 있고 없든 간에 모두가 허황되기 짝이 없었다."부터 의미심장합니다. 이것은 한마디로 단순히 '인생무상'을 넘어 우리들이 칭송하는 영웅들의 삶이 모두 '헛되다'는 뜻이 담겨있다고 생각합니다. 게다가 전국을 통일한 한나라가 황건적으로 난으로 다시 분열을 시작한다는 의미로 "합쳐진 지 오래되면 반드시 또 분열이 된다. 세상은 분열된 지 오래면 반드시 합쳐진다."는 문구는 더욱 의미심장합니다. 그리고 마지막에도 사마 가족이 촉과 동오를 멸한 뒤 "이로써 삼국이 진제 사마염에게 돌아가 하나로 통일되었다. 이른바 '합쳐진 지 오래면 반드시 또 분열이 되고, 세상은 분열된 지 오래면 반드시 합쳐진다'는 대로이다."라고 적혀 있습니다.

시작과 끝에 나오는 '합쳐진 지 오래면 반드시 또 분열이 되고, 세상은 분열된 지 오래면 반드시 합쳐진다'는 이 말을 보면, 영웅들이 아무리 날고 기어도 역사의 수레바퀴는 벗어날 수 없다는 말처럼 보입니다. 동탁과 여포, 원소와 원술, 손견과 같은 수많은 영웅호걸들, 그리고 조조와 유비, 그리고 손권, 공명과 사마의가 날뛰었지만 도도히 흐르는 역사의 수레바퀴를 누구도 벗어날 수는 없었다는 것입니다. 나관중의 역사관은 완전히 순환론적 역사관이라는 것을 볼 수 있습니다. 그런데도 이 영웅들은 자기 세상을 만들기 위해 전쟁까지 불사하며 피비린내 나는 삶을 살았습니다. 이런 덕에 얼마나 많은 사람들이 죽어나갔습니까? 한마디로 그 당시 사람의 목숨은 파리 목숨이었습니다.

그 영웅들 중의 조조는 다른 사람에 비해 재주가 남다른 점이 있었습니다. 지모가 뛰어난 조조는 일찍이 명문가 출신 원소를 물리치고 천하 장수 여포를 제거하며 승상으로 권력을 틀어잡아 뛰어난 인물들을 수하에 거느리고 천자를 떨게 하고 제후들을 호령하며 용맹한 군사를 거느리고 일찍이 중원을 장악했습니다. 하지만 결론은 어떻게 되었습니까? 권력욕에 너무나 많은 사람을 죽인 것 때문에 죽음 앞에서 악몽에 시달리다가 회한의 눈물을 흘리며 세상과 하직하지 않았습니까?

덕스럽다는 유비는 어떻습니까? 본래 황족의 종친으로서 관우 장비와 의형제 맺고 한실을 부흥하고자 동분서주 하였으나 집 없음을 한탄했고 장수가 적고 군사가 미약하여 정처 없이 떠도는 처량한 신세였습니다. 허나 남양의 삼고초려로 제갈량을 얻고 나서 형주를 차지하고 뒤에 서천을 점령하니 패업과 왕도가 그 곳에 있는 것처럼 보였습니다. 하지만 먼저 간 관우의 복수심에 불탄 나머지 복수하려다 참패하여 장비와 함께 3년 만에 이 세상을 떠나고 말았습니다. 공명과 강유가 유비의 뜻을 받들어 무리하게 출사표를 던지며 중원을 도모하고자 했지만 헛수고만 하고 말았습니다.

사마소가 종회와 등애를 시켜 촉을 치고 난 후에 나중에 사마염이 흔들리는 동오를 치니 마침내 한실의 강산이 결국에는 사마씨로 넘어가고 말았습니다. 위 촉 오라는 천하삼분이 서진으로 다시 합쳐지고

만 것입니다. 그런데 삼국지 마지막에는 어떻게 적혀 있습니까? "어지러운 세상사는 끝이 없으며 하늘의 뜻은 넓고 넓어 피할 길이 없도다. 삼국의 분할도 이미 꿈이 되어 버렸거늘 후세 사람들이 애도한다며 공연히 시끄럽게 떠드네."라고 적혀 있습니다.

 이 말은 《삼국지》에 등장하는 영웅들의 한 짓들이 참으로 부질없는 짓이라고 질책하고 있음이 분명합니다. 뭔가 새로운 나라를 건설하려고 꿈을 꾸었지만 전혀 그 꿈을 실현하지 못하고 이젠 이름만 남았습니다. 이름이 남았다 한들 얼마나 의미가 있겠습니까? 20세기 성자로 추앙받는 간디가 "위대해지려면 항상 당신을 다스려야 한다."라고 말했지만, 그들은 한결같이 자신을 제대로 다스리지 못하고 자신들의 권력을 위해 피로 얼룩진 삶을 살았습니다. 조조는 술수의 달인답게 온갖 현란한 술수를 써가며 자신의 반대자를 가차 없이 죽였으며 유비는 겉으로는 덕스러운 듯했지만 때론 우유부단하고 무능하여 자신을 따랐던 많은 사람들이 죽어나갔습니다. 특히 관우의 복수심에 불타 동오를 친 것은 유비가 덕장이 아니고 얼마나 어리석고 무능한 인간인가를 적나라하게 보여준 사건이라 생각합니다. 사람들이 가장 떠받는 관우조차 조폭 같은 의협심 때문에 스스로 죽음을 자초하고 말았습니다. 관우는 유비의 명령에 따라 적벽대전에서 승리를 이끈 동오에게 조금만 양보했어도 될 일을 한 치도 양보하지 않고 동오의 손권을 모욕하다가 결국 손권에게 패하여 저승으로 가는 치욕을 당하고 말았습니다. 공명과 강유도 예외일 수 없습니다. 모든 사람의 만류를 뿌리친 그들의 출사표는 누구를 위한 전쟁이었습니까? 전쟁을 하면 죄 없는 백성들만 죽어나갑니다. 그러니 이들은 모두 자신의 왕국을 세우려다 세상에 못된 짓만 한 것이나 다름이 없습니다. 겉으로는 위대한 삶을 산 것 같이 보이지만 알고 보면 참으로 어리석은 삶을 산 것입니다. 이름이라도 아름답게 가꾸어 후세를 위해 의미 있는 삶을 살아야 하지만 이들의 삶은 결국 그렇지 못했다고 생각하는 것입니다. 역사의 수레바퀴 속에서 권력을 위해 세상에서 제일 추한 전쟁만 하다가 세상을 떠난 것입니다.

그런데도 사람들은 그들을 재미삼아 칭송하고 있습니다. 나관중은 바로 이들을 칭송하는 대중들이 잘못된 것이라고 말하기 위해 '후세 사람들이 애도한다며 공연히 떠들고 있다'고 핀잔하고 있습니다. 대중들이 어리석어 이들을 칭송하기 때문에 세상은 달라질 수가 없는 것이죠. 피로 얼룩진 전쟁의 굴레를 벗어날 수 없었습니다. 그리고 그와 같은 인간들에게 다시 이용만 당하는 것입니다. 결국 삼국지에 등장하는 영웅들을 칭송하는 것은 푸틴처럼 대놓고 국민을 기만하는 사람을 지지하는 어리석은 대중들과 흡사한 것이죠. 한마디로 그들을 칭송하는 대다수 대중들의 어리석음을 질타하고 있다고 생각합니다. 그래서 나관중은 자신의 작품에서 영웅들의 모험담을 악의적으로 과장했을 것으로 짐작합니다. 조조는 더욱 간사한 인간으로, 유비는 덕스럽지만 정말 무능한 인간으로 편집했다는 생각이 듭니다. 그래야 사람들이 그들을 칭송하지 않을 것이기 때문입니다.

이것은 한편으론 사마천이 《사기》를 쓴 이유와 같다고 생각합니다. 사마천은 《사기》를 쓰면서 500여 차례의 전쟁과 나라 간의 회담이 있었던 춘추전국시대에 주목한 것도 바로 인간의 어리석음과 잔악상을 고발하기 위한 것이라고 해도 과언이 아닙니다. 춘추전국시대에 등장하는 제후들 290명 중 120명 이상이 제명에 살지 못하고 비극적인 최후를 맞이하였습니다. 이런 현상은 세상에 진정으로 쓸모 있는 인물이 세상에 받아들여지지 않을 뿐더러 사람들이 눈앞에 이익에 눈이 멀어 정도를 가지 못해서 빚어진 인간사의 비극에서 비롯된 것입니다. 그래서 니체는 권력에의 의지를 가진 마음의 실체는 '미움과 시기, 탐욕과 지배욕이라는 감정들이 삶의 지배적인 감정'이라고 말하고 있습니다. 그런데도 사마천은 이런 부조리한 인간사의 분노 때문에 그런 일이 반복되지 않도록 교훈을 주기 위해 역사서를 집필하였습니다.

허나 나관중은 사마천과는 달리 인간은 역사를 공부한다고 근본적으로 바꾸어질 수 있다는 것에 회의감을 갖고 있었다는 생각이 듭니다. 인간은 만물의 영장도 아닐 뿐더러 아주 부조리하고 파렴치할 때가 많은 간악한 존재이기 때문입니다. 《삼국지》는 피 냄새가 진동하는 역사를 그리고 있습니다. 인간의 가장 보기 흉한 치부를 그대로 보여주는 것입니다. 나관중은 이런 사실을 폭로하고자 《삼국지》를 쓴 것입니다. 《삼국지》에 등장하는 영웅들을 칭송할 것이 아니라 좀 더 냉정하게 그 속에 등장하는 영웅들의 일그러진 모습을 보라는 것입니다. 한마디로 대놓고 영웅숭배하지 말고 그들을 따라하지 말라는 것입니다. 그래야 비로소 인간이 전쟁의 굴레에서 벗어날 수 있다는 것입니다. 그런데 불행하게도 인간은 피비린내 나는 역사를 즐기기 때문에 그런 굴레를 벗어날 수 없다는 것입니다.

문제는 우리 인간들이 우리 영웅들의 일그러진 모습을 보고도 스스로 반성할 줄 모른다는 데 있습니다. 역사 속에서 우리들의 일그러진 얼굴을 보면서도 자신은 그런 사람이 아닌 것처럼 착각하는 어리석음과 오만함에 빠진다는 것입니다. 《삼국지》에 등장하는 못된 영웅들을 신격화하여 추종까지 하는 것도 우리들 자신이 그들처럼 어리석고 일그러져 있기 때문입니다. 그러니 나관중이 볼 때 결국에는 세상은 돌고 도는 것입니다. 겉보기에 세상은 발전해도 인간사는 전혀 변화가 없다는 것입니다. 어찌 보면 나관중은 삼국지 이후에 벌어지는 중국 왕조의 흥망성쇠를 보면서 인간 세상은 이런 사슬에서 결코 벗어날 수 없다는 한탄스런 결론을 낸 것으로 보입니다.

나관중의 이런 역사관은 '과거에도 그렇게 존재했고 현재에도 그렇게 존재하는 방식대로' 영원히 존재할 것이라는 니체의 영원 회귀 사상과 일맥상통한다고 할 수 있습니다. 권력에의 의지가 인간을 지배하는 한 인류의 역사는 피로 얼룩질 수밖에 없다는 것입니다. 또한 '인간은 역사를 통해 아무 것도 배울 수 없다'는 헤겔의 말과도 상통하기도 합니다. 헤겔 역시 인류의 역사는 변증법의 굴레를 벗어날 수 없다고 생각했기 때문입니다. 궁극적으로 인간이 변해야 세상이 변하는데 거시적인 역사를 보면 그럴 가능성이 희박하다는 결론을 낸 것이죠. 특히 《삼국지》에 등장하는 영웅들을 숭배하면 할수록 더욱 그렇다는 것입니다. 나관중이 볼 때 역사의 틀을 깨려면 영웅들의 세계를 보면서 반성을 해야 하지만 오히려 영웅숭배하면서 더욱 세상을 시끄럽게 만들었다는 것입니다. 참으로 인간이 악랄하면서도 어리석을 뿐 아니라 그 어리석음도 모른 채 자신이 최고라는 오만함을 버리지 못한다는 것이죠.

나관중도 이런 사실을 깨닫고 《삼국지》에서 탐욕과 권력욕에 사로잡혀 되지도 않는 일에 집착하여 광기를 부리는 영웅들을 그리면서 "참으로 악랄하고 어리석으며 오만한 자여! 그대 이름은 인간이다."라고 외치고 있는 것처럼 보입니다. 이것을 볼 때, '고귀한 것은 참으로 드물다'는 스피노자의 말이 진실처럼 다가옵니다. 어울림의 철학은 영웅숭배와 맹종은 악의 근원임을 나관중의 《삼국지연의》를 통해 다시 한 번 강조하고 싶습니다.

탐욕, 아니꼬우면 이직하라고

2022년 중반부터 지금까지 부동산은 끝없이 추락하고 있습니다. 그러나 그 전에는 문재인 정부가 아무리 투기를 억제하려고 해도 부동산 값이 하늘 높은 줄 모르고 올라갔습니다. 백약이 무효였고 투기 열기는 좀처럼 가시지 않았습니다. 그 때 마침 LH공사 직원들까지 부동산 투기에 가담했다는 것이 폭로되어 그 당시 정부에 대한 원성과 원망이 대단했습니다. 그런 와중에 "아니꼬우면 LH로 와라."는 LH 직원으로 보이는 이의 댓글이 공표되면서 엄청난 파문을 일으켰습니다. 국민의 녹을 먹는 사람이 반성은커녕 직을 이용하여 자신의 사리사욕을 채우는 것이 당연하다는 듯이 말하니 얼마나 국민들은 분개했겠습니까? 그 당시 대다수의 국민들은 그 말을 한 뻔뻔한 사람이 밝혀지기를 간절히 바랐지만 결국 밝혀지지 않았습니다.

이렇게 말도 안 되는 일이 벌어졌지만 이런 일은 이미 예견된 것이나 다름이 없다고 생각합니다. 그 당시 지어도지어도 끝없이 치솟는 아파트 값, 결국 대한민국은 투기꾼의 나라, 탐욕이 활개를 치고 있었던 셈입니다. 정부의 무능을 탓하기 이전에 교묘하게 법망을 피해가며 투기하는 세력들, 이들이 활보했던 대한민국이야말로 '탐욕으로 넘쳐나는 나라'라 해도 결코 빈말이 아니라고 생각합니다. 지금의 부동산 추락으로 그들은 톡톡히 그 죗값을 톡톡히 치루고 있다고 생각합니다. 더욱 추락하여 탐욕이 재앙이라는 것을 깨닫게 해 주어야 한다고 생각합니다.

우리는 이런 사건을 보면서 화폐를 발행하여 투기를 조장하는 미국의 금융자본주의에 의해 우리들이 사육되는 동물 같다는 생각을 지울 수 없습니다. 지금의 금융자본주의는 신용을 담보로 돈을 대출해 줍니다. 그리고 자산을 늘리려면 빚을 쓰고 행복한 생활을 하고 싶으면 소비를 열심히 하라고 권장하고 있습니다. 투자와 소비를 먹고 사는 자본주의는 이것을 늘리기 위해 이자까지 낮추어 줍니다. 이런 금융 정책에 장단을 맞추듯 사람들은 빚 무서운 줄 모르고 너 나 할 것 없이 돈을 빌렸습니다. 그러니 자동 돈이 넘쳐나게 되고 돈이 넘쳐나다 보니 갈 곳 없는 돈들은 '부동산 투자다', '주식 투자다', '가상 화폐'까지 만들어 투자에 열을 올렸습니다. 고비 풀린 인간 탐욕은 돈을 최대한 빌려 자신의 욕망을 극대화하려고 했습니다. 마르크스는 '인간의 본질은 노동'이라고 했는데 금융자본주의는 결국 '노동 없는 부'를 추구하는 셈이죠. 한마디로 돈 놓고 돈 먹는 치킨 게임을 즐긴 것입니다.

그 당시엔 노동하기를 거부하고 부동산 투기와 주식투자를 본업으로 삼는 사람들이 꽤나 있었던 것으로 생각합니다. 젊은 사람들이 직장까지 그만두고 주식에 올인하는 개미들도 있었습니다. 미국 월가의 대자본이 개미들의 소자본을 집어삼키고 있는데도 항상 당해 온 개미들은 빚을 얻어가며 투자에 올인하여 노동 없는 부를 꿈꾸었습니다. 허나 이런 장밋빛 꿈은 미국이 인플레이션을 조장하는 과열된 경기를 조종하기 위해 이자를 크게 높여 풀었던 돈을 회수하면서 허망하게 끝이 나고 맙니다. 주식과 부동산이 폭락하면서 그 동안 모래성을 쌓았던 탐욕이 벼랑으로 몰린 것입니다. 그래서 벤저민 프랭클린은 '돈을 빌리는 것은 자신의 자유를 남에게 넘겨주는 것'이므로 빚지는 일은 첫 번째 악이라고 말하였습니다.

  지금의 금융자본주의 하에서는 아담 스미스가 사회 발전의 동력으로 보는 인간의 건전한 욕망이 탐욕으로 변질된 것입니다. 그러다 보니 사회적 동물로서 가져야 할 최소한의 사회적 책임이나 의무는 그 어디에도 찾아볼 수 없습니다. 사람들은 돈 앞에서 그저 뻔뻔하고 의식 탁탁할 뿐입니다. 인간으로 갖추어야 할 최소한의 윤리 도덕성도 없는 것입니다. 다른 사람이 어떻게 되고 나라가 어떻게 되든 그저 돈만 벌면 된다는 식이었습니다. 아무리 정부에서 투기 억제책을 내놓아도 소용이 없었습니다. 정부가 부동산 투기를 억제하고자 할 때마다 오히려 탐욕이 과열되어 부동산 값은 천정부지로 올라갔습니다. 그래서 언어철학자 노암 촘스키는 "자본주의가 운영되는 방식은 난폭운 전문화와 비슷합니다. 이 체제는 탐욕으로부터 추진력을 얻는 구조입니다. 아무도 다른 사람에 대해 신경 쓰지 않고 아무도 공동선에 대해 걱정을 하지 않는 그런 구조입니다."라고 하고 있습니다. 촘스키도 공동선보다도 개인의 자유를 앞세우는 미국식 자본주의 구조가 탐욕을 양산한다고 하는 것입니다. 한마디로 자본주의는 니부어의 말대로 탐욕을 권장하는 '비도덕인 사회'인 것입니다.

허나 2022년부터 세상이 어떻게 달라졌습니까? 경기 하락과 이자 부담으로 주식은 이미 폭락해 상승기류로 올라갈 기미가 보이지 않고 부동산 값은 아직도 끝없이 추락하고 있습니다. 2023년이 된 지금 부동산은 2022년에 떨어진 것은 아무 것도 아니고 지금부터 본격적으로 시작한다고 할 정도이고 일본의 잃어버린 30년이 시작될 것이라는 전망까지 나오고 있습니다.

왜 이런 현상이 나왔을까요? 미국이 코로나 시절에 경기 부양이라는 명분으로 마구잡이로 풀었던 돈을 거두어들이기 위해 이자를 급격히 올리자 빚 무서운 줄 모르고 투기를 한 세력들에게 날벼락이 떨어졌던 것입니다. 거기에다가 코로나로 인한 경기 부진, 미중 무역 전쟁과 러시아와 우크라이나 전쟁 때문에 경기조차 아주 좋지 않습니다. 그러니 지금의 경기는 최악이며 어두운 긴 터널이 우리를 기다리고 있다는 생각이 듭니다.

지금과 같은 좋지 않는 상황이 나타난 것은 지금의 미국이 주도하는 금융 자본주의의 '보이지 않는 손'은 '이성'이 아니라 바로 '탐욕'이기 때문입니다. 미국식 자본주의는 세계의 기축 통화인 달러를 풀어 움츠린 경기를 부양하거나 돈을 회수하여 과열된 경기를 식히며 세계 경기를 쥐락펴락하고 하고 있습니다. 이런 거래는 주로 신용으로 이루어집니다. 신용만 있으면 많은 돈을 빌릴 수 있고 마음껏 투자할 수 있습니다. 그래서 신용을 담보로 한 금융거래는 자본주의의 기초가 되는 욕망을 점차 탐욕으로 탈바꿈시키는 것입니다. 그러니 자동 거품이

끼는 것은 당연한 것입니다. 주식과 부동산 시장은 금융자본주의 신용을 먹고 자란 황금알을 낳는 공룡들이 된 지 오래입니다. 그것도 모자라 가상화폐까지 등장하여 거품은 더욱 꺼졌습니다. 현재 나타나는 자본주의의 현상을 보고 있으면 자본주의는 '청교도라는 금욕주의'에서 나왔다는 베버의 이야기는 새빨간 거짓말이라는 생각이 듭니다. 베버는 공산주와 대치하는 자본주의를 정당화하기 위해 청교도를 내세워 탐욕스런 자본주의를 그럴듯하게 포장한 것이라고 생각합니다.

원래 자본주의는 탄생부터 탐욕스러웠습니다. 자본주의를 탄생시킨 청교도인들은 황금을 찾아 아메리카에 도착하여 힘들어 하고 있을 때 정착하도록 도와 준 인디언들을 어떻게 했습니까? 인류학자 레비 스토로스는 《슬픈 열대》에서 황금을 찾아 아메리카를 점령한 서양인들의 탐욕과 야만성을 다음과 같이 통렬히 비판하고 있습니다.

> 인디언 말씀입니까? 아아 선생, 이미 오래 전에 다들 사라졌어요. 우리 조국에 있어 정말 슬프고 부끄러운 역사의 한 페이지입니다. 16세기 포르투갈의 식민지 통치자들은 탐욕스럽고도 난폭한 친구들이었죠. 하지만 그 때 누가 그들의 거친 소행을 막을 수 있었겠습니다? 그들은 인디언들을 붙잡아다가 포구에 결박해 놓고 산 채로 폭탄을 쏴버리곤 했답니다. 최후의 한 사람까지도 그런 식으로 없애버렸던 거지요.

그래서 서구의 제국주의적 시절에 살았던 니체는 이런 광경을 목격하고 인간의 본질은 권력에의 의지 혹은 힘에의 의지이므로 '삶은 본질적으로 착복하는 것이고, 침해하는 것이고, 이질적인 것과 더 약한 것에 대한 압박이며, 동화시키는 것이며, 좀 부드럽게 표현하다고 해도 착취'라고 하였습니다. 게다가 탐욕스런 자본주의는 카드까지 만들어 사람들이 소비에 열을 올리도록 하여 끝없는 탐욕을 채우려 합니다. 사람들 마음 한 구석에 자리잡고 있는 탐욕과 허영심을 일깨워 돈을 벌려는 것입니다. 알고 보면 베버가 자본주의 정신으로 생각한 금욕은 성장과 발전을 앞세우는 자본주의 적입니다. 근검절약을 강조했던 옛날의 미덕은 그저 환상일 뿐입니다.

이제 소비는 자기 만족을 벗어나 자기 과시의 수단으로까지 발전했습니다. 너도 나도 허영심이 극대화되는 것이죠. 더 큰 집, 더 좋은 자동차, 더 많은 물건을 소비하는 것이 행복인양 길들여진 우리에게 인간의 도덕적, 인격적 가치라는 것은 한갓 무용지물일 뿐입니다. 사회 심리학자 에리히 프롬은 자본주의의 덫에 걸린 현대인의 행복에 대해 "행복이란 더 좋은 상품을 많이 소비하고 음악, 영화, 코미디, 성적 만족, 술, 담배 등을 무조건 받아들이는 것과 같은 의미가 되었다."고 말하고 있습니다. 그래서 기업은 무엇보다도 광고에 더 열을 올립니다. 광고와 마케팅으로 소비자를 더욱 유혹하는 것이죠. 촘스키는 대중을 유혹시키는 기업의 음모를 다음과 같이 말하고 있습니다.

홍보와 광고, 그래픽 아트, 영화, 텔레비전 등을 운영하는 거대 기업의 주된 목표가 무엇이겠습니까? …… "대중을 삶의 표피적인 것, 즉 소비에 몰두하게 만들어야 한다!"라고 생각합니다. 인공의 벽을 세우고 대중을 그 벽 안에 가둬 격리시키려 합니다.

더욱이 화폐가 발달하여 재산 축적이 무한히 가능해지자, 인간의 탐욕은 돈을 단순히 쓰기 위한 수단이 아니라 축적하기 위한 목적으로 변질되었습니다. 개인의 소유를 정당화하는 자본주의와 통제를 거부하는 자유주의 이념의 만남은 인간 탐욕을 정당화하여 더욱 날뛰도록 만들었습니다. 다른 사람의 피와 땀을 훔치고도 뻔뻔스럽게 사는 사람들의 존재를 부러워하고 존경할 만큼 우리의 세상은 썩을 대로 썩어가고 있습니다.

지금까지 인간들은 많은 것을 가지고 있어도 탐욕에 젖어 전쟁까지 불사하는 불행한 삶을 살아왔다고 해도 과언이 아니라고 생각합니다. 어떤 때는 세상에 탐욕스런 인간보다 악질이 없다는 생각이 듭니다. 이런 인간의 만행을 규탄하듯 코로나 바이러스가 활보하며 '인간들이여! 욕심 좀 그만 부려!'라는 듯 탐욕스런 우리에게 경고장을 날리고 있습니다. 그렇지만 코로나의 경고를 비웃듯 미중을 중심으로 세계는 경제 전쟁에 몰입하고 있습니다. 《정의란 무엇인가》의 저자 마이클 샌델은 에드워드 케네디의 말을 인용하여 "물질적 빈곤을 없애려고 아무리 노력한들, 더 어려운 일은 따로 있습니다. 우리 모두를 괴롭히는 (……) 만족의 결핍에 맞서는 일입니다. 미국인들은 단순한 물질 축적에 탐닉해 있습니다."라고 말하고 있습니다. 통제보다는 자유를 강조하는 미국식 자본주의 원동력이 탐욕이라는 것입니다. 마이클 샌델은 이런 탐욕이 지배하는 한 정의는 있을 수 없다는 것입니다.

이제 탐욕에 빠져 난폭운전과 같은 자본주의의 운영 방식에 대해 우리는 심각하게 돌아봐야 할 때라고 생각합니다. 우리는 더 이상 탐욕스런 금융자본주의를 수수방관해서는 안 된다고 생각합니다. 금융

자본주의 기반인 신용창조는 거대한 거품이자 종양이라고 생각합니다. 지금 세상은 온통 빚으로 살고 있으니까요. 언제든 붕괴될 위험이 도사리고 있고 지금 그 시작을 알리고 있다고 생각합니다. 그래서 반드시 탐욕을 자극하는 금융을 통제하지 않으면 안 된다고 생각합니다. 뿐만 아니라 탐욕에 대한 책임을 묻고 무거운 처벌을 통해 "꼬우면 이직하라"는 말이 나오지 않도록 해야 한다고 생각합니다.

자본주의는 자유를 극대화를 위해 통제를 최소화해야 한다고 주장하지만 인간은 통제되지 않으면 탐욕스럽게 된다는 사실을 우리는 직시해야 합니다. 인간은 결코 이성적이지 않습니다. 통제하지 않으면 탐욕이 활보합니다. 탐욕이 통제되지 않으면 세상은 승자독식주의로 발전하여 자유와 평등을 추구하는 정의로운 사회는 환상으로 변질됩니다. 그러므로 탐욕스러운 자본주의에 대한 규제와 사람에게 자유를 주는 대신 그 자유에 따르는 책임을 강하게 물을 수 있는 시스템 구축이 무엇보다 중요하다고 생각합니다. 그렇지 않으면 언젠가는 인간들의 날뛰는 탐욕으로 인해 '지구가 심판하는 인간 최후의 날'이 올 것이라는 예감이 듭니다.

몽테스키외는 "민주 정치 아래에서의 법의 의무는 빈부격차를 감소시키고 불평등을 해소하는 것이다." 라고 하였습니다. 그러므로 자유와 탐욕이 적절히 통제되어 서로가 어울릴 수 있는 사회가 우리가 가야할 사회이지 지금처럼 자유가 앞서 이기적인 탐욕이 활보하는 사회는 아니라고 봅니다. 자유를 억제하지 않으면 탐욕이 고개를 들기 마련입니다. 그러니 사회적 시스템이라는 통제를 통해서 탐욕과 투기는 근본적으로 막아야 합니다. 어울림 철학은 개인적으로는 자유에 따른 책임뿐만 아니라 사회적으로는 자유와 통제의 조화를 통해 공동선으로 나아가는 것을 지향합니다. 탐욕스런 자본주의는 승자 독식주의를 낳는 괴물이고 민주주의의 적일 뿐입니다.

누가
자살하려는 사람에게
돌을 던질 수 있는가

경제협력개발기구(OECD) 국가 중 우리나라가 '자살률 1위'인 것은 어제 오늘의 일이 아닙니다. 통계청이 발표한 2020년 사망원인 통계 결과에 따르면 우리나라 자살 사망자 수는 모두 13,195명으로 OECD 국가 간 연령표준화 자살률을 비교하면 OECD 국가들의 평균은 10만 명 당 10.8명인데 비해 우리나라의 자살률은 23.5명으로 다른 국가에 비해 2배 이상 높게 나타났다고 말하고 있습니다.

살기 위해 태어난 인간이 스스로 죽음을 선택하는 것은 결코 쉬운 일이 아니라고 생각합니다. 얼마나 사는 것이 힘들었으면 살려고 태어난 인간이 스스로 목숨을 버리겠습니까. 허나 우리나라에서는 아이들이 성적 비관과 따돌림으로 자살하고, 젊은이들이 불투명한 미래가 두려워 자살하고, 중년이 되면 사업 실패로 생계가 어려워 일가족이 동반자살하고, 노인들은 가난한데다 병들고 외로워서 자살하고 있습니다. 세계 8위의 경제대국임을 자랑하면서도 OECD 가맹국 중 자살률은 최고이며 행복지수는 최하위권에 있음을 우리는 수수방관하고 있습니다. 비록 눈부신 경제성장을 이루어냈지만, 이러한 지표들은 우리나라에서의 삶이 결코 녹록하지 않다는 것을 말해주고 있는 것입니다. 출생률이 최하위권이라는 것 또한 우리들의 삶이 얼마나 척박한지를 단적으로 보여주는 것이라고 생각합니다. 얼마나 세상이 어려우면 자식에게 대물림하지 않으려고 결혼하지 않고 혼자 살기를 원하겠습니까? '헬조선'은 어제 오늘이 아닙니다.

왜 이런 현상이 일어나고 있을까요? 땅은 비좁은데다 인구가 많다 보니 자동 경쟁이 치열해질 수밖에 없습니다. 그리고 근대화가 빠르게 진행되면서 황금만능주의에 빠져 돈만 있으면 행복할 것이라는 착각에 빠졌지만 실은 그렇지 못했습니다. 오히려 돈 때문에 많은 사람들은 더 불행의 구렁텅이로 빠져들게 된 것이죠. 게다가 금융자본주의에 편승하여 탐욕이 기승을 부리면서 한 때 거세게 투기 열풍이 일어났습니다. 이 투기 열풍으로 인해 없는 사람은 갈 곳이 없어졌습니다. 이처럼 우리 사회의 지나친 경쟁력과 탐욕은 남을 죽여서라도 돈을 벌어야 한다는 강박관념 속에 살게 하고, 그러다 보니 사람들은 모래알처럼 남남이 되고 말았습니다. 행복의 기초가 되는 어울림이 사라지고 남남이 되어 각자도생이라는 약육강식의 길만 가게 된 것이죠. 그리고 미국식 자본주의가 들어오게 되고 승자 독식주의 문화가 뿌리를 단단히 내리면서 자연 도태라는 밀림의 법칙이 우리 사회에 뿌리를 내린 것입니다. 그래서 결국 갈 곳 없는 이들은 자살을 선택하여 현실의 고통을 끊고 말았습니다.

이런 상황에서 자살하는 사람에게 누가 돌을 던질 수 있겠습니까? 흔히들 자살할 용기가 있으면 그 용기를 갖고 열심히 살라고 충고하기는 쉽지만, 과연 그 충고가 백 100% 올바른 것일까요? 반은 맞지만 반은 틀리다고 생각합니다. 어디든 자살이 없는 사회도 없겠지만 자살을 단순히 개인적인 문제로 치부할 수만은 없습니다. 자유만을 강조하는 무한 경쟁의 사회에서 사회적 약자는 존재하고 또 존재할 수밖에 없습니다. 누구나 똑똑할 수는 없는 법입니다. 1%의 성공을 좇아 살라고 말하는 이 사회에서 99%의 성공하지 못한 사람과 중위소득의 50% 이하의 소득만으로 살아가는 15%의 빈곤층에게 자신의 무능을 탓하라고만 말할 수는 없습니다. 능력도 일정 부분 타고나고 노력만으로 성공하기 어렵기 때문입니다. 부모 덕도 어느 정도 있어야 하고 운도 따라야 합니다. 개천에서 용 난다는 말은 잊은 지 오랩니다. 우리의 탐욕스런 자본주의는 '나만 빈곤하지 않으면 돼. 나는 그래도 중산층이야' 라고 믿고 있지만, 나의 경쟁력은 나이가 들면서 언제든 벼랑 끝으로 몰릴 수 있어 빈곤층으로 추락할 수 있는 것입니다. 이러한 사실을 《자살론》을 쓴 에밀 뒤르켕은 다음과 같이 말하고 있다.

> 경제적 위기의 경우에는, 어떤 사람들은 전보다 낮은 지위로 갑자기 떨어지기도 한다. 그렇게 되면 그들은 필요한 것과 욕구를 줄이고 제한해야 하고 더욱 자제를 배우지 않으면 안 된다. 그들은 사회에서 주는 이점을 상실했으며 그들의 도덕적 교육은 다시 시작되어야 하지만,

사회는 그들을 새로운 상황에 곧바로 적응할 수 있도록 더 많이 가르칠 수가 없다. 따라서 그들은 그들에게 강요된 조건에 적응하지 못하게 되며 그와 같은 결과를 예상하는 것만도 감당하기 어렵다. 그리하여 그들은 마치 노력을 해보기도 전에 자신의 위축된 생존을 버리는 고통을 당하는 것이다.

뒤르켕은 자살을 개인적인 정신병이 아닌 사회적 차원에서 살펴야 한다고 말합니다. 개인과 사회는 불가분 관계이고 사회는 개인의 삶의 터전이기 때문입니다. 개인적인 신념에 의한 자살에 대해서는 사회를 비난하기 어렵겠지만, 빈곤과 사회적 배제와 같은 사회적 문제로 인한 자살은 분명 사회에게도 일정 부분 책임이 있는 것입니다. 토인비는 자연이나 사회의 도전이 너무나 강력하면 누구도 생존하기 어렵다고 했습니다. 도전도 감당할 수 있을 때 생존할 수 있는 것입니다.

우리가 왜 자살을 감행합니까? 경쟁에 밀려 스스로 세상을 감당할 수 없다는 절망감과 무기력한 우울증에 빠져 자살한다고 생각합니다. 자살은 반드시 무기력증과 우울증을 동반하는데, 지금 승자 독식주의로 가는 우리 사회의 전반에 이런 감정이 퍼져 있습니다. 무기력증과 우울증은 세상에 대한 절망감에서 옵니다. 아무리 희망을 가지려고 해도 승자 독식주의라는 사회 벽에 막혀 희망의 불씨는 전혀 보이지 않고 사면초가에 몰려 기나긴 어두운 터널만이 보이지만 누구도 손을 잡아주지 않고 혼자라는 생각에 세상에서 오는 고통과 두려움, 그리고 고독감을 끊기 위해 자살을 감행하는 것입니다. 개인적으로는 죽고 싶지 않은데 사회적으로 죽을 수밖에 없는 것입니다. 사회 자체가 사람들이 우울증과 무기력증에 빠져 자살을 하도록 만드는 것입니다. 그래서 뒤르켕은 이런 사회 구조적 자살을 '사회적 타살'로 본 것입니다. 자살한 사람에게 누구도 함부로 돌을 던질 수 없다는 것이며 자살에도 분명히 일정 부분 사회적 책임이 있다는 것입니다. 빈곤과 같은 경우에도 지나친 경쟁과 승자 독식주의 문화를 만들어 어울림을 방해하는 빈곤을 만들어 낸 주체, 즉 국가에게 일정 부분 책임이 있는 것입니다.

미약하게나마 국가가 자살 예방을 위한 센터와 캠페인을 벌이기도 하지만 그것은 진정한 의미에서 자살을 방지하는 것이 아닙니다. 자살은 삶을 지속해야 하는 이유가 없기 때문이며, 한편으로는 도움의 손길을 간절히 바라고 있는 소망이 좌절되었기 때문에 일어난다고 생각해야 합니다. 이러한 사실을 죽음의 철학자 알폰스 데켄은 《죽음을 어떻게 맞이할 것인가》에서 다음과 같이 말하고 있습니다.

> 자살을 생각하고 있는 사람 대부분은 결코 마음 깊은 곳에서부터 죽고 싶다고 바라는 것은 아닙니다. '죽고 싶다'고 생각하는 다른 한편으로 '더 살고 싶다', '어떻게 좀 도와 달라'고 바라는 것입니다. 감당하기 힘든 현실을 자기 혼자 어떻게 할 수가 없고 그곳으로부터 도망치기 위해 자살하는 수밖에 없다고 골똘히 생각하는 것은 대체로 깊은 고독감과 절망감이 그 근처에 자리잡고 있기 때문입니다. 자살이라는 과격한 행동으로 사람들의 주의를 끌고 동정 받으려는 바람이 무의식 중에 숨겨져 있습니다. 고독의 한가운데서 인간다운 애정과 따뜻한 공감을 필사적으로 갈구하는 절규가 무시당할 때, 당사자는 이젠 자기

생명을 끝내는 수밖에 없다고 굳게 생각하게 됩니다. 따라서 절실한 메시지를 마음으로 공감하면서 들어주는 일이 자살을 막는 길임과 동시에, 자살이 가족이나 주위 사람들에게 야기하는 커다란 충격과 비탄을 미연에 막는 최선의 예방책이라고 여겨집니다.

자살이 일종의 사회적 타살이라면 삶을 견디지 못하고 죽어간 사람들을 나약한 인간이라고 비난할 자격은 우리에게 없다고 생각합니다. 군중 속에 묻혀 자신은 책임이 없다고 말하면서 자살한 사람들에게 돌을 던지는 것은 간음한 여인에게 돌을 던지는 바리세인들과 조금도 다를 것이 없다고 생각합니다. 세상이 살맛나는 세상이라면 누가 굳이 죽음을 택하겠습니까? 오히려 우리들의 무관심과 차가움, 매정함이 자살을 양산하고 있는 것입니다. '죽고 싶다'고 말하는 사람에게 조금만 관심을 가져 준다면 절대로 그 사람은 죽으려고 하지 않을 것이지만, 지금 우리 사회는 너무나 약자에게 냉정하고 가혹하리만큼 냉혹합니다. 사회적으로 한 번 실패한 사람은 피하기 일쑤고 영원한 인생 패배자로 보고 있습니다. 사회적 약자에 대한 관심과 배려는 참으로 찾아보기 힘듭니다. 지금 우리 사회가 외로움과 우울증으로 시달리는 것도 각자도생이라는 삭막한 세상에 살고 있기 때문입니다. 그러니 자살이 끊이지 않는 것입니다.

자살을 방지하려면 지나친 경쟁을 유발하는 승자 독식주의와 같은 지금의 경쟁 체제부터 수정해야 합니다. 그리고 자살의 문제는 개인의 도덕성 회복만으로는 해결할 수 있는 문제가 아니고 사회의 안전망 문제이기 때문에 국가는 최소한의 생존권과 생활권을 보장하는 복지 시스템이 정착하도록 해야 합니다. 더 나아가 우리가 사회적 약자를 조금이라도 배려하는 마음을 갖는다면 주위에서 자살하는 사람이 많이 줄어들 것입니다. 자살은 우리 모두가 만들어 낸 우리 사회의 검은 얼굴이며 비극이기도 한 것입니다. 따라서 자살한 사람에게 무조건 돌을 던질 것이 아니라 자살하기 전에 우리 사회가 건전한 사회인지 따져 보고 그리고 그 사람에게 손을 내밀 수 있는 따뜻한 마음이 자신에게 있는지 자신을 되돌아보아야 한다고 생각합니다. 어울릴 수 있는 따뜻한 사회만이 자살을 미연에 방지할 수 있습니다.

허영심, 누구를 위한 것인가

한때, 무 개념 벤츠의 이중 주차 및 보복 주차, 그리고 벤틀리의 이중 갑질 주차 등으로 세상이 시끄러웠습니다. 제법 값나가는 외제차를 소유한 사람들이 하는 짓이 고작 이 정도이자 국민의 공분을 사고 말았던 것입니다. 남보다 비싼 차를 타면 매너도 그만큼 좋아야 하지만 겉모습은 화려한데 속마음은 아주 더럽고 치졸하다는 것입니다. 더욱 요즘 문제가 되는 것은 회전할 때 아예 깜박이도 안 켜는 무 개념 운전자들이 너무나 많다는 점입니다. 그래서 더욱 화가 납니다. 서로의 안전을 위해 반드시 지켜야 할 기본 교통 규칙조차 제대로 지키지 않으니 이 나라가 대체 어디로 갈지 앞이 안 보입니다. 정말 우리가 사는 사회는 매너가 빵점인 '막가는 사회'로 가고 있다는 생각이 듭니다.

왜 이런 무 개념 현상이 자꾸만 일어나는 것일까요? 물질로만 향하는 정신의 빈곤 현상이라고 생각합니다. 물질에 눈이 가려 정신이 썩어들어 가고 있는 것입니다. 특히 카푸어족이 많다는 것은 그만큼 사람들이 사치와 허영심에 병들어 있다는 징후라고 생각합니다. 원래 나이 들수록 옛 것이 편안하지만 물질문화에 길들여진 지금의 젊은 세대는 새롭고 화려한 것을 좋아하는 경향이 있습니다. 그러다 보니 갈수록 카푸어족이 늘어나고 있습니다. 카푸어족이란 과시적 소비성향 중 하나로 자신의 경제력을 고려하지 않고 고가의 외제차를 구매함으로써 빈곤하게 생활하는 사람을 일컫는 말입니다. 특히 20대, 30대 젊은 층에서 이런 현상이 보이고 있습니다. 아직 벌이는 시원치 않아 월세집에 살고 겨우 입에 풀칠하고 살면서도 차만큼은 고급 외제차를 타고 다니며 남에게는 그럴듯하게 보이게 하려는 족속들입니다. 화려한 물질문화는 결국 허영심이 키워 카푸어족을 양산하고 있다고 생각합니다. 칼 힐티는 "사람 간 상호간의 교제에 있어서 가장 해로운 것은 허영심이다."라고 하였습니다. 그리고 벤저민 프랭클린은 "가난한 사람이 부자를 흉내내는 것은 개구리가 소처럼 되려고 부풀리는 것만큼이나 어리석은 짓이다."라고 꼬집었습니다.

그런데 왜 이런 허영심이 자꾸만 생겨나는 것일까요? 사회적 동물이기 때문에 사람들은 한편으론 존경받고 싶어서 자신을 드러내고 싶고 한편으론 기죽기 싫어서 남에게 자기를 과시하려고 하는 성향이 나타납니다. 비단 과시하려는 것은 인간에게만 나타나는 특징이 아닙니다. 동물들 중에도 공작처럼 경쟁에서 살아남기 위해서 자신의 화려함을 과시하려는 특성이 있습니다. 문제는 인간의 과시욕은 동물과는 달리

허상에 기초하고 있다는 점입니다. 인간의 과시욕은 자기 능력 이상으로 자신을 드러내고자 하는 것입니다. 동물은 기껏해야 자기 몸을 부풀리는 정도지만 인간은 비싼 대가를 치르며 문명의 악사세리로 몸을 치장합니다. 인간 문명이 과시하고자 하는 욕구를 허영심으로 바꾼 것입니다. 그래서 인간의 과시욕은 자칫 자기 파멸의 지름길입니다. 빚쟁이로 전락하여 조만간 수치를 당할 것이 뻔하기 때문입니다.

허영심은 사람들이 모여 사는 도심일수록 더 확연하게 드러난다는 점입니다. 사람들이 많아지면 그만큼 경쟁이 치열해지고 경쟁이 치열해지면 그만큼 사람들은 지지 않으려고 과시하고픈 욕구, 혹은 '남보다 뛰어나려고 하는 충동'이 강해지기 때문입니다.

왜 우리나라에서 유독 값비싼 명품이 잘 팔리겠습니까? 인구 밀도가 높아 보는 눈이 많기 때문입니다. 또한 우리나라는 주거 형태가 아파트로 변화하다 보니 더욱 인간 밀집도가 높아져 허영심이 그만큼 많아집니다. 그렇잖아도 인구밀도가 높은 나라지만 온 도심을 아파트화 하다 보니 더욱 사치와 허영심이 기승을 부리는 것이라고 생각합니다. 그래서 볼테르는 "사람은 한 곳에 밀집해서 살면 살수록 더 많은 사치와 허영심, 욕망에 자극받게 된다."고 하였습니다. 우리나라가 잘 살면서도 행복지수가 낮은 것도 인구가 밀집되다 보니 바로 옆에 아파트와 자꾸만 비교하기 때문입니다. 그래서 아파트가 많아지고 밀집되면 될수록 허영심은 올라가고 행복지수는 낮아질 것이라고 생각합니다.

인간은 비교하면 할수록 배 아파하는 사람이 많아져 불행지수가 올라갑니다. 반면에 고립되어 비교할 수 없으면 행복지수가 올라갑니다. 번잡한 도시 사람보다 한가한 농촌 사람의 행복지수가 높은 이유가 여기에 있다고 생각합니다. 그들의 웃음은 해맑지만 도시 사람들의 웃음은 어느 한 구석에는 그늘이 있습니다. 한때 부탄이 행복지수가 가장 높아서 화제가 되었지만 지금은 행복지수가 낮은 나라로 전락하고 말았다는 슬픈 소식이 전해져 안타까움을 자아내고 있습니다. 에베레스트 산맥에 자리잡은 부탄은 세상과 어느 정도 단절되어 그들만의 행복한 세상이 펼쳐졌습니다. 그러나 세상이 정보화되면서 SNS 등을 통해 다른 나라와 비교하게 되면서 부탄 사람들이 갑자기 불행해졌다는 것입니다. 자신들이 얼마나 가난하게 사는가를 깨달은 것입니다. 그 전에는 자신들이 가난한지를 모르고 서로 어울리며 오순도순 살았지만, 이젠 세상 돌아가는 것을 알게 되면서 스스로 불행하다고 느낀 겁니다. 그래서 옛날부터 자신의 행복을 위해서도 남들과 비교하지 말라고 하였습니다. 비교하면 비교할수록 자신의 처지가 딱해지니 자기 자신의 운명에 만족하고 순응할 줄 알아야 한다는 것입니다.

　비쌀수록 잘 팔리는 것도 남에게 보이기 위한 허영심 때문입니다. 한마디로 허영심이 강하면 강할수록 자신을 위해 사는 것이 아니라 남의 시선을 위해 사는 것이죠. 지금 우리를 병들게 하는 것은 쇼펜하우어 말대로 '다른 사람의 불필요한 눈'입니다. 만일 나 자신을 제외한 모든 사람이 장님이라면, 화려한 옷도 고급스러운 가구나 차, 그리고 고층 아파트도 반드시 필요하지는 않을 것이라고 생각합니다. 그 놈의 다른 사람 눈 때문에 사치스런 허영심이 자꾸만 생겨 자신을 멍들게 하는 것입니다. 그래서 쇼펜하우어는 다음과 같이 충고합니다.

우리가 경험하는 모든 고뇌의 절반 이상은 사실상 이런 타인 본위의 심리에서 발생한다. 이러한 심리는 병적인 신경과민과 희박한 자부심을 낳고 모든 허영과 겉치레의 근원이며 사치와 교만을 가져온다. 이런 불필요한 근심 걱정에서 벗어나면 인간의 사치와 호사스러움은 10분의 1로 줄어들 것이다.

그러므로 조금이라도 현명한 사람이라면 다른 사람의 눈을 의식하며 분수에 넘치는 물건을 사지 않을 것입니다. 왜 우리는 자신에게 해를 끼치면서까지 남을 의식하고 살아야 합니까? 우리는 남을 사랑하기 전에 자신을 먼저 사랑해야 합니다. 그래서 아무리 물건이 싸더라도 당장 필요한 물건이 아니면 사지 않는 것이 진정 자신을 위한 길이라고 생각합니다. 남의 눈을 의식하여 분에 넘치는 물건을 산다거나 값이 싸다고 당장 필요하지 않은 것을 사는 것은 분명 사치이자 낭비입니다. 그래서 프랭클린은 "아무리 싼 물건이라도 생각한 후에 사라."고 충고하였습니다. 싸더라도 필요하지 않으면 굳이 사지 말라는 것입니다.

지금 어느 집에 가나 쓰지도 않는 물건들로 넘쳐나고 있습니다. 그만큼 우리들은 불필요한 많은 것을 가지고 있는 것입니다. 정직하게 일하여 얻은 것을 꼭 필요한 데에만 쓰는 사람이 분에 넘치도록 사는 사람보다 훨씬 더 현명하다고 생각합니다. 자신을 위해 불필요한 낭비는 가급적 줄이는 것이 좋다고 생각합니다. 그래서 프랭클린은 "옷을 뽐내기를 좋아하는 것은 분명 저주다. 환상을 좇기 전에 지갑부터 살펴라."고 하였습니다. 여러분도 무엇을 살 때면 반드시 자신에게 필요한 것인지, 그리고 과분한 것은 아닌지를 물어본 다음, 구매해 보는 것을 권장하고 싶습니다.

  어울림에는 진정성이 있어야 합니다. 허영심과 허세는 자만심에 근거한 것으로 진정성이 없습니다. 소비를 강조하는 자본주의 사회에서 허세야말로 자신을 망가뜨리는 첩경이라는 사실을 잊지 않았으면 합니다. 진정한 행복은 자기 자신을 추스르는 데서 시작합니다.

조삼모사 (朝三暮四),
진정한 바보는 누구인가

'조삼모사'는 아침에 세 개 저녁에 네 개라는 말로서, 첫째 당장 눈앞에 나타나는 이익만을 알고 그 결과가 같음을 모르는 어리석음을 비유한 뜻으로 사용되기도 하고, 둘째 간사한 꾀를 써서 남을 속인다는 뜻으로 사용되기도 합니다. 이 말은 장자가 처음 사용했지만 풍류주의자인 열자(列子)의 황제편(黃帝篇)에도 다음과 같이 실려 있습니다.

송(宋)나라 때 저공(猪公)이라는 사람이 있었는데, 원숭이를 사랑하여 원숭이를 길러 여러 마리가 되었다. 그러기 때문에 저공이 능히 원숭이의 뜻을 알고 원숭이도 또한 저공의 마음을 알았다. 저공이 집안 식구들의 먹을 것을 줄여서 원숭이의 배를 채워 주더니 마침 먹을 것이 떨어졌다. 앞으로 그 먹이를 줄이고자 하나 여러 원숭이가 앞으로 말을 잘 듣지 않을 것을 두려워하여, 먼저 이를 속이어 말했다. "너희들에게 먹이를 주되 아침에 세 개를 주고 저녁에 네 개를 주겠으니 좋으냐?"라고 말했다. 그러자 여러 원숭이가 모두 다 일어나서 화를 냈다. 저공이 다시 말하기를 "너희들에게 먹이를 아침에 네 개를 주고 저녁에 세 개를 주겠으니 좋으냐?"하니 여러 원숭이가 다 엎드려 절하고 기뻐했다.

대개의 경우, '조삼모사'는 원숭이처럼 당장 이익에 눈 먼 사람들을 지칭할 때 사용합니다. 당장 눈앞에 있는 작은 이익에 눈이 멀어 큰 것을 놓칠 수 있다는 것을 암시하는 것입니다. 하지만 요즘 와서 생각해 보면 우리들의 사는 모습이 어리석은 원숭이의 모습과 별반 다르지 않다는 생각을 떨쳐버릴 수 없는데, 그것은 왜일까요?

심리학자 매슬로우는 먹고 사는 생리적 욕구가 풀리면 좀 더 편안하고 안락하게 살고 싶어하는 간절한 소망을 가지고 있다고 말합니다. 조금이라도 여유를 가지면 좀 더 편안하고 여유롭게 살고 싶어한다는 말이죠. 이런 욕망이 강해서 사람들은 빚을 내서라도 일단 편안하고 안락한 삶을 택하기도 합니다. 미래를 담보로 지금 당장 잘 살기를 바라는 마음에 빚으로 사는 것을 무서워하지 않는 것입니다.

이런 편안하고 안락한 삶을 바란다는 심리를 이용해 빚을 권장하는 것이 오늘날 금융자본주의 덫이라고 생각합니다. 많은 사람들이 신용을 담보로 집을 살 때도 빚, 차를 살 때도 빚, 물건을 살 때도 빚으로 삽니다. 그러니 대다수의 사람들은 빚 때문에 허리가 휘어질 정도입니다. 좀 더 안락하고 편안하게 살기 위해 벌어진 가계 빚 이천조 시대는 우리가 빚이 얼마나 무서운 것인가를 모르는 데서 빚어진 참혹한 결과라고 생각합니다. 갑자기 돈을 회수하기 위해 이자를 올리자 경기는 동맥경화가 난 것처럼 마비되고 여기저기서 부도난다는 소리가 들리기 시작합니다.

빚을 권하는 자본주의는 우리의 미래를 담보 삼아 먹고 사는 공룡입니다. 그래서 빚을 내서라도 자산을 불려 편안하게 살라는 금융자본주의야말로 우리의 인생을 빨아먹는 흡혈귀와 같은 존재인데, 우리는 그것에 운명을 맡기고 있는 셈입니다. 우리는 안락하고 편안한 삶을 위해 평생 동안 빚을 갚아야 하는 슬픈 운명에 빠지는 것입니다.

우리의 자화상이 이러할 진데, 우리가 과연 조삼모사에 박수친 원숭이와 무엇이 다를까요? 오히려 미래를 담보로 하는 우리가 원숭이보다 더 어리석게 살고 있는 것은 아닌지 모르겠습니다. 원숭이는 미래를 생각하기 보다는 당장 많이 먹는 것을 선택했고, 우리 역시 당장의 이익을 얻기 위해 필요한 물건을 구입하고 있습니다. 허나 원숭이와 우리 사이에는 눈에 보이지 않는 엄청난 차이가 있다는 점입니다. 원숭이는 불투명한 미래보다는 당장의 현실을 선택했지만 미래를 담보로 하지 않았습니다. 반면에 우리는 어떤가요? 목숨을 담보로 세상의 모든 영광을 누리려는 파우스트와 같이 지금 당장을 위해 미래를 담보로 잔뜩 빚을 짊어지고 가는 것이 아니겠습니까? 이 얼마나 어리석은 짓일까요? 많은 사람들이 조금 더 편안하게 살려다 우리 스스로를 빚의 올가미에 걸려 고통 속에 몸부림치며 살아가고 있는 것입니다. 수많은 사람들이 카드 돌려막기로 힘겨운 삶을 살아가고 있는 형국입니다. 왜 우리는 "돈을 빌리러 가는 것은 슬픔을 빌리러 가는 것이다."라고 말한 프랭클린의 말의 진정한 의미를 깨닫지 못하고 스스로 불행의 늪 속으로 달려가는 것일까요? 과연 그게 현명한 판단이라고 말할 수 있겠습니까?

진정 행복하고자 한다면 '문화 속의 불쾌'는 피하는 것이 좋습니다. 인간을 편안하고 안락하게 하는 문화는 인간을 항상 행복하게 하는 것이 결코 아닙니다. 문화 속에서 즐거움을 누리려면 격식과 형식을 따라야 할 뿐만 아니라 많은 돈이 필요합니다. 결국 문화생활을 즐기려면 한편으론 돈의 노예가 되어야 한다는 것입니다. 될 수 있으면 좀 불편하지만 자족력을 길러 문화에 대해 적당히 거리를 두고 사는 것이 문화의 불쾌를 피할 수 있고 자연이 주는 선물도 누릴 수 있어 좋습니다. 홍자성은 행복은 많은 것을 소유하는 데서 오는 것이 아니라 오막살이 초가집에서도 온다는 것을 다음과 같이 말하고 있습니다.

멋은 많음에서 오는 것이 아니다. 좁은 연못이나 작은 돌에도 자연의 정취가 깃들어 있다. 훌륭한 경치는 먼 곳에 있는 것이 아니다. 오막살이 초가집에도 한가로이 맑은 바람이 불고 밝은 달이 비추고 있다.

왜 전주 한옥 마을이 인기가 있을까요? 그것은 옛날의 정취가 있기 때문입니다. 그래서 홍자성은 옛날의 소박한 멋을 즐길 줄 알아야 함을 다음과 같이 말하고 있습니다.

가난한 집도 깨끗이 쓸고, 가난한 집 여인이라도 깨끗이 머리를 빗으면 비록 요염한 아름다움은 없을지라도 수려한 기품이 있을 것이다.

홍자성의 말처럼 행복이란 결코 잘 산다고 이루어지는 것이 아니며 인생의 멋 또한 문명의 혜택을 받아 많은 것을 소유하고 집착하는 데서 오는 것은 결코 아니라고 생각합니다. 우리는 적게 소유하고도 얼마든지 해맑게 웃고 살아갈 수 있습니다. 그런데도 우리는 편안하게 잘 살아야 한다는 강박관념에 사로잡혀 뒤를 생각하지 않고 금융자본주의 덫에 걸려 빚을 무서워하지 않는 빚쟁이 신세로 전락하는 불행을 자초하곤 합니다. 세네카는 미래를 담보로 행복을 구하거나 우리의 욕망을 만족시키려 하지 말 것을 다음과 같이 말하고 있습니다.

검약하지 않으면 아무리 많은 재물로도 모자라고, 검약하면 아무리 적은 재물로도 충분히 쓰지 못할 것도 없다…… 음식은 허기를 견딜 만큼 하고, 음료는 갈증을 죽이는 정도로 하며, 욕정은 필요불가결한 한도로 발산하고, 배워야 할 일은 스스로 하고, 또 의식은 유행에 따르지 않고 관습에 따르는 것이다. 나아가서 절제를 굳히고 사치를 억제하며, 명예욕을 삼가고 노기를 누그러뜨리며, 가난을 바라보는데 공정한 눈으로 하고 검소함을 기르며, 설사 많은 사람들이 부끄러워하더라도 그것에 구애받지 않고, 자연의 욕구에는 값싸게 얻을 수 있는 것으로 충당해야 한다. 또 억제할 수 없는 기대나 미래로 치닫는 마음은 사슬로 묶어 멈추게 해놓고, 운명으로부터라기보다는 자기 자신의 노력으로부터 부를 구하도록 하는 것이다.

우리는 지금의 안락한 삶을 위해서 미래를 담보 잡히는 어리석은 인간이 되어서는 안 된다고 생각합니다. 미래를 담보 잡혀 지금의 안일한 삶을 추구하는 것은 원숭이의 조삼모사와 다를 것이 없습니다. 어울림의 철학은 미래를 담보로 한 현실의 이익이나 편의를 거부합니다.

누구든
'프로크루스테스'라는 괴물이 될 수 있다

그리스 로마 신화에 등장하는 '프로크루스테스'라는 괴물이 있습니다. 프로크루스테스는 아테네 교외의 언덕에서 강도질을 하면서 살았습니다. 그는 지나가는 사람을 잡아 자기 집의 쇠침대에 누이고는 침대보다 다리가 짧으면 다리를 잡아 늘이거나 다리가 길면 다리를 잘라 버리고 말았습니다. 그의 침대에는 길이를 마음대로 조절하는 장치가 있었기 때문에 침대에 맞는 사람은 단 한 사람도 없었습니다. 그래서 그에게 잡히는 순간, 잡힌 사람은 살아날 방도가 없었습니다. 이런 프로크루스테스의 악명을 들은 테세우스는 마지막 모험으로 프로크루스테스를 찾아가 잡아서 침대에 그 강도를 누이고는 똑같은 방법으로 머리와 다리를 잘라내어 마침내 프로크루스테스의 만행에 종지부를 찍었습니다.

이 신화는 무엇을 암시하고 있을까요? 신화는 단순히 신화가 아니라고 생각합니다. 그 속에는 잘 보이지 않는 보편적 인간 심리와 인간 세상의 법칙을 그리고 있다고 생각합니다. 그렇다면 이 신화에 등장하는 '프로크루스테스의 침대'는 무엇을 의미할까요? 인간은 극히 자기중심적으로 살아간다는 것을 의미한다고 생각합니다. 그래서 우리에게는 자신이 잘 낫다고 생각하는 '자만심'과 상대방을 깔보는 '오만한' 감정이 동시에 들어 있다는 것을 의미한다고 생각합니다. 보통의 사람들 중에도 잘난 것도 특별히 없으면서도 자신이 잘났다고 생각하여 자신의 잘못을 스스로 인정하고 개선하려고 노력하지 않고 오히려 프로크루스테스처럼 잘못된 잣대로 남을 깔아뭉개버리는 잔인한 속성이 있는 것입니다. 이것이야말로 인간의 고질적인 병입니다. 그래서 몽테뉴는 우쭐대는 '자만심이야말로 인간의 근원적인 병'이라고 꼬집고 있습니다. 톨스토이도 자만이야말로 어울림을 방해하고 인간관계를 악화시키는 근원적인 병이라고 다음과 같이 말하고 있습니다.

> 자신이 제일 잘났다고 생각하는 것이 첫 번째 자만이고, 자신의 일가가 다른 가족보다 우월하다고 주장하는 것이 두 번째 자만이고, 자신의 출신이나 학벌이 누구보다도 뛰어나다고 생각하는 것이 세 번째 자만이다. 네 번째 자만은 우리 국민이 다른 어떤 국민보다 우월하다고 자만하는 것이다. 개인에 관한, 가족에 관한, 학벌이나 소속에 관한, 국민에 관한 자만이나 왜곡처럼 사람과 사람 사이를 이간시키는 것은 없다.

게다가 모든 인간의 마음속에는 니체의 주장처럼 권력에의 의지가 있습니다. 그래서 마음 한 구석에는 약자를 보면 동정하기보다는 짓밟으려는 오만불손한 마음이 있는 것입니다. 이런 마음은 니체말대로 약자일 때는 발톱을 숨겼다가 강자가 되면 약자를 잡아먹으려는 이리의 본성을 드러내게 됩니다. 그리고 권력의 상층부로 갈수록 그 의지는 더 세집니다. 그래서 권력가들은 권력에 취해 프로크루스테스처럼 행동하기 시작하는 것입니다. 독재 본능이 살아나면 그 사람에게는 도덕이란 존재하지 않습니다. 오로지 권력을 위한 권력에의 의지만 있습니다. 잘못을 지적하는 사람들에게 "니가 뭔데, 상관 하냐"고 나무라고, 약자를 보면 지체 없이 짓밟으려 하는 것은 우리 모두의 마음에 프로크루스테스라는 괴물이 들어 있기 때문인 것입니다. 강력한 독재자일수록 그 만큼 그 괴물은 사나운 법입니다. 다른 사람이 조금이라도 모난 행동을 하면 가차 없이 처단합니다.

자기중심적 사고방식이 강해지면 자신의 생각이 무조건 옳다는 전제 아래 남을 철저하게 무시하게 된다는 데 문제가 있습니다. 남의 말에 전혀 귀를 기울이지 않는 불통, 더 나아가 프로크루스테스처럼 자신의 생각에 비추어서 맞추지 않으면 뜯어고치려는 아집과 독선, 남을 눌러서라도 자신의 뜻을 관철시키려는 억압과 횡포까지 마다하지 않습니다. 독재 본능이 살아나는 순간 중국의 문화대혁명처럼 피를 부르며 역사적 대숙청이 감행되기도 합니다. 그러면서도 오만한 인간들은 이런 것들을 교묘히 정당화시켜 왔습니다. 이것이야말로 푸코의 말처럼 완전한 '이성의 간계'고 장난이죠. 권력자들의 이런 이성의 간계는 지금 이 순간에도 끊이지 않고 있습니다.

배운 사람일수록 법망을 피해가며 이런 짓을 교묘하게 합니다. 더욱이 우리를 슬프게 하는 것은 이성을 자기 자신의 잘못을 두둔하고 은폐하며 자기 자신을 정당화하는데 쓰는 재주가 비상한 사람들도 많다는 점입니다. 인류의 역사를 보면 불행하게도 이런 사람들이 권력을 잡는 경우가 많습니다. 나이가 들수록, 그리고 배웠다는 사람들이 간교하기는 더 하고 그 피해도 훨씬 크다는 것입니다. 특히 통치자가 간교하고 사악하면 국민 전체가 고생하게 됩니다. 하지만 통치자의 오만함과 위선이 드러나는 날이면 역으로 국민의 심판을 받게 되는 것입니다. 독재자의 최후를 보면 오만함이 얼마나 위험한 불꽃놀인가를 쉽게 알 수 있습니다.

우리에게 해악을 가져오는 지나친 자만심과 오만함은 알고 보면 참으로 어리석은 짓입니다. 상대방을 존중해야 내 사람이 많은 법인데 자만하고 오만하여 남을 무시할수록 자기 사람은 고사하고 적만 만들어 결국에는 자신을 사지로 모는 것이나 마찬가지입니다. 권력이 있을 때는 아부하는 인간들로 인해 권력을 어느 정도 이어가겠지만 조만간 독재자의 실정과 폭정이 밝혀지면서 국민의 심판을 받게 되는 것입니다.

어떤 인간도 완벽할 수는 없습니다. 누구나 실수를 하고 잘못을 저지를 수밖에 없습니다. 나 자신이라고 예외일 수 없습니다. 그러니 인간은 반대를 통해 배워야 합니다. 때문에 적이 자신에게 큰 깨달음을 줄 수 있다는 것을 자각해야 합니다. 나의 심장을 노리는 적은 자신의 약점과 문제점을 알려주기 때문입니다. 그 문제점은 권력자의 억압을 통해 지금 당장은 숨길 수 있지만 언젠가는 탄로가 나 문제가 되니 반대자의 말을 참고하여 자신의 문제점을 개선하는 것이 결국은 자신을 위한 길입니다. 좀 더 현명하다면 자신의 잘못을 지적해주는 사람에게 감사할 줄 알아야 합니다. 그리고 자신의 지위가 높다고 하더라도 자신이 다른 사람보다 잘났다는 증거가 그리 많지 않습니다. 아무리 하찮게 보이는 사람 중에도 자기 자신보다 잘난 점을 반드시 갖고 있게 마련입니다. 그래서 다른 사람의 도움 없이는 살아갈 수 없습니다. 이것이 남을 존중해야 하는 이유입니다.

그런데도 자만심과 오만함에 빠진 사람들은 자신은 언제나 영원한 전지전능한 존재라고 착각하여 남을 무시하고 일방적이고 독단적으로 행동하려고 합니다. 그러다 결국 테세우스가 프로크루스테스를 심판하는 것처럼 사람들의 눈 밖에 나 몰락의 길을 가게 됩니다. 그래서 장자는 오만한 인간을 달려오는 마차를 보고 대드는 사마귀에 비유하며 "남을 업신여기며 자신의 능력을 과시하려는 것이야말로 위험천만한 일이다."라고 말하였습니다. 그래서 우리는 우리 마음속에 자리잡고 있는 프로크루스테스의 자만심과 오만함을 늘 경계해야 한다고 생각합니다. 그래야 적을 만들지 않아 무서운 세간의 심판을 벗어날 수 있습니다. 거기에다 상대를 치켜세우고 자신을 낮출 줄 아는 겸손함을 갖는다면 남으로부터 존경까지 받아 더욱 멋지고 아름다운 삶을 살 수 있다고 생각합니다. 자신을 낮추며 남을 사랑할 줄 아는 것이 결국 자신을 위한 일임을 우리는 알아야 합니다. 어울림 철학은 자신을 낮추는 겸손과 남에 대한 배려가 서로를 위하는 어울림의 가장 소중한 기초 자산임을 강조하고 싶습니다.

분노의 근원은 무엇인가

분노에 대해 깊게 성찰한 세네카는 "어째서 고함을 지르는가. 어째서 불호령을 내리는가. 어째서 그대는 짧은 인생을 소중히하며 자기 자신과 다른 사람을 위하여 온화한 삶을 살지 않는가."고 말하고 있습니다. 그만큼 분노의 폐해가 크다는 이야기입니다.

실제로 어떤 사람들은 습관적으로 분노를 표출하기도 합니다. 작은 일에도 버럭 화를 내며 상대방을 강하게 질책하여 어안이 벙벙하게 하는 사람이 주변에 있습니다. 그리고 분노를 참지 못해 폭행을 일삼는 사람도 있습니다. 그래서 늘 그 사람 주변을 싸늘하게 만듭니다.

허나 사람이 분노를 즉각적으로 표출하는 것은 십중팔구 어리석은 일이라고 생각합니다. 불교에서도 무명(無明), 즉 어리석음이 분노의 원인으로 보고 있습니다. 분노는 거의 세상의 이치를 모르고 자기 입장에서 자신의 뜻대로 되지 않을 때 표출하는 것으로 마음이 좁고 세상을 이치를 잘 모르는 사람들이 걸핏하면 표출하는 불합리한 태도라는 것입니다. 한번 표출한 분노는 뒤끝이 깨끗할 리 없고 언제나 뒤탈이 나게 마련입니다. 그래서 불교에서는 분노를 악의 근원 중 하나로 보고 있습니다. 지금도 미국에서 가끔씩 총을 마구 쏘아 많은 사람을 죽이는 분노 범죄를 보시면 물불 안 가리는 분노가 얼마나 위험천만한 것인가를 금방 알 수 있습니다.

물론 분노라는 것이 모두 잘못된 것은 아니라고 생각합니다. 세상에는 반드시 음이 있으면 양도 있는 법입니다. 의로움도 일종의 분노의 표출 방식입니다. 의로운 분노가 없는 사람은 한편으론 겁쟁이자 보신주의자들이라고 생각합니다. 그래서 잘못된 것을 보고 화낼 줄 아는 것, 이것을 유학에서는 수오지심(羞惡之心)이라고 하는데 이런 마음이 있어야 우리는 정의를 실현할 수 있습니다. 그래서 세네카는 분노에 대해 무조건 나쁘다고 말하기보다는 "분노는 부정에 대하여 복수하고자 하는 것에의 욕망이다."라고 긍정적으로 말하기도 하였습니다. 이런 의로운 분노가 있어야 사회가 바른 길을 갈 수 있습니다.

문제는 의로움보다는 자기 생각이 빗나갔다고 걸핏하면 화를 내는 것입니다. 한번 생각해 보십시오. 돌부리에 넘어졌다고 하여 홧김에 돌을 발길로 찬다면 어떻게 되겠습니까? 식사가 조금 늦게 나왔다고 하여 밥상머리를 엎어버린다면 어떻게 되겠습니까? 즉각적인 분노는 반작용법칙에 따라 비수가 되어 언제든 자신의 심장에 꽂일 수 있습니다. '분노의 대가' 세네카는 분노의 심각성을 다음과 같이 경고하고 있습니다.

분노 이상으로 증오하는 것이 어디에 있겠는가. 분노는 파멸을 위해서 생겼고, 모두가 떠나가기를 바란다. 분노는 가해하기를 바라고 사랑하는 사람까지도 괴롭힌다. 분노는 모두를 위험 속으로 끌어들인다.

세네카는 "대개의 군주는 분노를 마치 왕의 징표처럼 썼다."고 말하면서 부유하거나 잘 나간다고 생각하는 사람들이 자만심 때문에 화를 버럭 내는 습관이 있다고 합니다. 직장에서의 '버럭 상사'도 크게 다르지 않다고 생각합니다. 지위가 높을수록 우쭐하여 세상이 자기 생각대로 움직여야 한다고 생각합니다. 특히 부하직원들은 말할 것이 없는 것이죠. 그래서 강자는 일이 꼬일 때마다 분노하여 약자를 겁박해 고양이 앞에 쥐 신세로 만들어서 자신의 일그러진 자만심을 풀기도 한다는 것입니다. 잘 나갈 때는 분수를 모르는 '자만심'이 바로 분노의 근원지인 셈입니다. 그래서 잘 나갈 때 가장 위험하다는 말은 이 때문입니다. 잘 나갈 때는 자기가 잘났다고 생각하여 눈에 보이는 것이 아무 것도 없는 것입니다. 허나 폭언을 마다하지 않고 분노에 불을 지를 때마다 자신의 주변 사람들이 자기에게서 멀리 달아난다는 사실을 알아야 합니다. 직원들을 하인 다루듯 고래고래 소리지르는 대한항공 재벌일가들을 보십시오. 정말 역겨운 일입니다. 결국 무분별한 분노는 당하는 사람에게 인간적인 모멸감을 안겨줄 뿐만 아니라 스스로를 외톨이로 만들고 맙니다. 평생 편안한 생활을 하려거든 분노를 일으키는 자만심부터 버려야 한다고 생각합니다.

그런데 자만심은 어디에서 생겨날까요? 바로 인간의 고질적인 병폐인 어리석은 자기중심적 사고에서 비롯된 것이라 생각합니다. 경험론 철학자 베이컨은 분노의 원인을 다음과 같이 나누고 있습니다.

> 분노의 원인과 동기는 대체로 세 가지다. 첫째는, 자신에게 해를 가져왔다는 위해에 대해 너무 지나치게 민감한 것이다. 둘째는, 받은 피해가 그 상황에서는 모욕으로 가득 차 있다는 듯이 주제넘게 생각하는 것이다. 마지막으로 자기의 명성이 훼손되었다는 생각은 분노를 증대시키고 날카롭게 한다.

결국 분노는 어리석어 세상의 이치를 모르고 세상을 자기 위주로만 보는 이기적인 사람에게 주로 발생하는 것이라고 생각합니다. 자기 입맛에 따라 사는 이기적인 사람일수록 분노에 쉽게 노출되는 것입니다. 세상이 자신의 의도나 생각과 맞지 않을 때 자신도 모르게 버럭 화를 내는 것입니다.

특히 세네카는 "가장 빈번한 고함소리가 나는 것은 돈과 얽힌 때이다."라고 하였습니다. 금전적으로 손해를 본다고 생각할 때 사람들은 분노에 사로잡히고 만다는 것입니다. 돈이라는 것은 벌 때도 있지만 손해볼 때도 얼마든지 있습니다. 하지만 사람들은 손해본다는 생각보다 이익을 본다는 생각을 먼저 하기 때문에 손해보는 순간 분노를 강하게 느끼는 것입니다. 그러므로 금전적으로 손해보았다고 하여 고래고래 소리를 지르는 사람은 누구도 상대하기 버거운 탐욕스런 사람이라 생각해도 무방합니다.

결국 화를 다스리는 가장 좋은 방법은 언제나 세상은 자신의 의도를 빗나갈 수 있다는 것을 깨닫는 것이 중요하다고 생각합니다. 돈이라는 것도 벌 때가 있으면 손해 볼 때도 있다는 것과 세상뿐만 아니라 다른 사람도 자신의 의도를 항상 빗나간 행동을 할 수 있다는 것을 깨닫는다면 화를 버럭 내지는 않을 것입니다. 언제든 인생 폭풍우가 들이닥칠 수 있다는 것을 알고 있어야 합니다. 그래야 폭풍우가 와도 화를 내지 않습니다. 방심하고 있다가 느닷없이 닥치면 화부터 내는 겁니다. 그러니 항상 내 주변에서 무슨 일이 일어날 수 있다는 사실을 명심해야 합니다.

결국 분노는 자신만을 생각하는 무지함과 그 무지로 인한 옹졸한 자만심이 불러온 재앙이라고 생각합니다. 그래서 톨스토이는 "분노는 마음의 부를 태운다."고 하였습니다. 마음이 넓어 다양성을 포용하고 세상을 넓게 보는 사람은 크게 화를 내지 않지만 우물 안의 개구리처럼 마음이 옹졸한 사람은 자기 식대로 세상을 보고 걸핏하면 화를 버럭 내는 것입니다. 그러니 분노를 없애려면 세상을 넓게 보고 마음의 옹졸함을 지워버려야 합니다. 로마 황제 마르쿠스 아우렐리우스의 화를 내서는 안 되는 이유를 보면 타인을 배려하지 않는 지나친 자기중심적 생각이 분노의 원인임을 알 수 있습니다.

첫째, 우리는 서로 돕기 위해서 태어났기 때문이다.

둘째, 그 사람이 왜 그런 생각을 하게 되었는지를 먼저 알아보고 그 사람이 옳다면 화를 내서는 안 되기 때문이다.

셋째, 타인과 마찬가지로 자신도 실수를 하기 때문이다.

넷째, 몹시 화를 내는 것은 많은 고통을 줄 뿐만 아니라 생명을 단축시키기 때문이다.

다섯째, 우리를 화나게 한 것은 사실이 아니라 우리들의 자기중심적 생각일 수 있기 때문이다.

여섯째, 친절은 상대에게 가장 큰 힘을 주지만 화는 상대방을 위축시키기 때문이다.

그렇다고 마냥 웃을 수는 없습니다. 분노도 표출할 때는 표출해야 합니다. 그래야 화병을 다스릴 수 있습니다. 상대가 잘못을 저질렀는데도 상대에게 상처줄까 봐 참고 있는 것은 서로에게 좋지 않습니다. 잘못했으면 때론 따끔하게 말을 해야 합니다. 하지만 화가 치민다고 버럭 화를 내서는 안 되며 어쩔 수 없이 분노를 표출할 때는 그 파장이 어디까지 미칠지, 그리고 분노를 표출할 적절한 시기가 언제인지를 항상 판단해야 한다고 생각합니다. 분노가 폭발하면 인간관계에 치명적인 손상을 가할 수 있는 만큼 분노를 즉각적으로 표출하지 말고 항상 한 박자를 늦추고 그 사이 자신의 입장보다는 다른 사람의 입장을 고려해 보는 것입니다. 그러면 분노는 조금 수그러들 것이고, 그 결과 마음이 큰 사람이라는 명성을 얻게 될 것입니다. 세네카는 화가 날 때 분노를 한 박자 늦추라고 다음과 같이 말하고 있습니다.

분노에 대한 가장 좋은 대처법은 늦추는 것이다. 분노에는 처음에 격렬한 돌진이 있다. 기다리는 동안에 멎을 것이다. 분노를 한꺼번에 없애려고 해서는 결코 안 된다. 조금씩 줄여 가다 보면 화 모두를 정복할 수 있다.

분노는 어울림의 가장 무서운 파괴자입니다. 분노로 인해 가정이 파괴되고 사람들이 뿔뿔이 헤어지게 됩니다. 그러므로 여러분도 화가 나더라도 모두를 위한다는 심정으로 한 번쯤 참아 보시는 것이 어떨까 합니다.

시기와 질투,
어떻게 대처할 것인가

　인간은 언제나 자기 잘난 맛에 산다고 해도 틀린 말이 아니라고 생각합니다. 그러니 자기보다 잘난 사람을 보면 속이 쓰리게 되고 결국 그 사람을 시기하고 질투하게 마련입니다. 경쟁이 치열해질수록 더욱 시기와 질투는 기승을 부립니다. 그래서 베이컨은 "질투는 언제나 자신과의 비교에서 비롯되는 것이다."고 하였습니다. 시기와 질투는 상대방과의 비교를 통해 남보다 때로는 우월해지고 최소한 대등해지려는 마음에서 출발하는 것입니다. 인간의 마음속에는 항상 이기려는 권력에의 의지가 있기 때문입니다.
　시기와 질투도 음과 양을 다 가지고 있습니다. 그것은 불평등이 부당하다는 것을 말하는 것으로 공정성의 파수꾼이 되기도 하고 상대방과의 비교를 통해 분발하도록 하여 개인의 발전의 동력으로 작용할 수 있습니다. 하지만 '흉기로 사람을 해치는 것보다도 죄가 큰' 온갖 중상모략의 온상이 되기도 합니다. 특히 자신의 능력이 없을 때 시기와 질투는 나쁜 계략을 써서 상대방을 제거하려는 음모를 꾸미는 역할을 하는 것입니다. 그래서 베이컨은 "질투는 교활하게 작용되며 어둠속에서 행해지는 것이 보통이다."라고 하였습니다. 특히 "사촌이 땅을 사면 배가 아프다."는 말처럼 가까울수록 시기와 질투는 강하게 작용합니다. 모르는 사람보다 이웃이 잘 나가면 그 이웃을 볼 때마다 자신의 모습이 그만큼 초라해지기 때문입니다. 그래서 베이컨은 "가까운 친척이나 직장에서의 동료, 함께 자라난 사람들은 같은 또래의 사람이 출세했을 때 질투심을 가지기 쉽다."고 했습니다. 베이컨은 질투가 얼마나 끈덕지게 우리를 괴롭히는지 대해 다음과 같이 말하고 있습니다.

> 모든 질투심은 다른 모든 감정보다 특히 끈덕지고 계속적인 것이다. 다른 감정은 그 기회가 이따금 주어질 정도이다. 따라서 "질투에는 휴일이 없다." 는 말은 아주 적절한 말이다

질투는 인생살이에서 아주 불편하게 하는 불청객 중에 하나입니다. 이런 인간의 심리도 모르고 사람들은 잘 나갈 때 이웃에게 목에 힘을 주고 자신을 자랑거리로 삼는 경우가 많습니다. 이 얼마나 우둔한 짓일까요? 더욱이 인간성이 타락하면 남이 잘 나가는 것을 괴로워하고 남이 불행해지는 것을 좋아하고 남에게 해코지를 하고자 하는 경향이 있습니다. 그래서 자신을 자랑 삼아 이야기하지 않는 것이 자신을 위해서도 좋습니다. 그리고 자신을 위해서도 잘 나가는 사람과 될 수 있

으면 비교하지 않는 것이 좋습니다. 특히 자신을 잘 나가는 사람과 비교할 때 절망에 빠지기 쉽고 자신만 초라하게 만들 뿐입니다. 그러므로 남들과 비교에서 생기는 시기와 질투는 행복의 적이므로 잘 나가는 사람과는 가급적 비교하지 않는 것이 좋습니다. 남보다 부족하지만 그것에 만족하고 사는 게 무엇보다도 중요하다고 생각합니다. 그래서 세네카는 비교하지 말라고 다음과 같이 말하고 있습니다.

남의 것을 바라보면 누구나 자기 것이 마음에 들지 않게 된다. 그래서 우리는 신들에게도 분노를 한다. 자기보다 앞서 가는 사람이 있다는 것이다.

알고 보면 이웃이 잘 나간다고 하여 특별히 부러워할 필요도 없습니다. 잘 나가는 사람도 자세히 들여다보면 그 사람 나름대로의 고통의 짐을 지고 살아갑니다. 잘 나가면 잘 나가는 만큼 더 많은 고통을 수반하는 것입니다. 특히 지위가 높으면 높을수록 거기에 따르는 막중한 책임감 때문에 지위가 높은 사람은 하루하루를 버겁게 살아갑니다. 최고의 자리에 가면 비가 와도 걱정 안 와도 걱정입니다. 허나 우리 같이 평범한 사람은 특별한 경우가 아니면 걱정을 하지 않습니다. "군주가 하야 할 때는 천 길 낭떠러지에 서 있다는 것과 같다."는 세네카의 말은 결코 틀린 말이 아닙니다. 지위가 하늘을 찌르면 그만큼 홀로 외롭게 외줄타기를 하는 것입니다. 그래서 플라톤은 "타인에게 항상 친절하라. 그대가 만나는 모든 사람은 현재 그들이 삶에서 가장 힘겨운 싸움을 하고 있다."고 역설적으로 말하고 있습니다. 그러므로 잘 나간

다하여 너무 부러워할 필요는 없습니다. 오히려 잘 나가는 사람을 질투하기보다 고생이 많다고 격려할 줄 아는 여유가 있어야 한다는 생각이 듭니다.

질투에서 오는 불행을 방지하기 위해 우리는 어떻게 해야 할까요? 그냥 오늘의 자신에 만족할 줄 아는 넉넉한 마음이 있어야 합니다. 남이 따뜻한 밥을 먹든 말든 비록 차가운 밥 한 공기 먹는다고 서러워하지 말고 그것이라도 먹을 수 있는 것에 만족할 줄 아는 마음의 넉넉함이 있어야 합니다. 돈이 없는 것보다도 마음이 가난한 것이 불행의 가장 큰 원천입니다. 마음이 가난한 자는 항상 남과 비교하여 좋은 음식을 먹고도 만족할 줄 모릅니다. 그래서 벤저민 프랭클린은 "만족과 부는 함께 오는 일이 없다. 부는 당신을 소유한다. 나는 차라리 만족을 택하겠다."고 하였습니다.

굳이 부족하다고 느낀다면 긍정적으로 생각하여 더 분발하고 더 노력하는 것이 무엇보다 중요합니다. 그것이 자신의 처지를 좀 더 한 차원 높은 곳으로 인도하기 때문입니다. 구태여 비교하고 싶다면, 자신보다 잘나가는 사람과 비교하기 보다는 자신보다 못나가는 사람과 비교하여 마음의 위안을 삼는 것이 또 하나의 좋은 방법이기도 합니다. 특히 큰 재앙을 당했을 때는 자기와 비슷한 처지에 있는 사람을 통해 위안 받으며 현실을 달갑게 받아들이는 지혜가 필요합니다. 그러면 자신에게 만족하여 잠시나마 불행의 안개가 걷히고 비로소 심적 안정을 얻을 수 있습니다.

또한 남이 질투하지 않게 하는 유일한 방법은 스스로 잘났다고 자랑하지 않는 것입니다. 자기 자신을 칭찬하는 것은 거꾸로 생각하면 다른 사람을 무시하는 꼴이 됩니다. 자기 자신에 대한 자랑이 상대의 자존심에 깊은 상처를 줄 수 있다는 것입니다. 그러므로 다른 사람에게 굳이 자신을 칭찬하지 말아야 합니다. 자기 자신에 대한 칭찬은 곧 상대의 질투와 분노를 불러옵니다. 그래서 베이컨도 "특히 질투를 가장 받기 쉬운 사람은, 자기의 행운이 위대하다는 것을 무례하고 거만한 태도로 자랑하는 자이다."라고 하였습니다. 스스로 자랑하여 자신이 남보다 잘났다고 하는 것은 사람들 사이의 어울림과 대등관계를 깨려고 하는 것입니다. 대등관계가 깨지는 순간 질투심은 불처럼 피어나는 것입니다. 그래서 톨스토이는 다음과 같이 우리에게 충고합니다.

> 자기를 높이 평가하면 할수록 타인에 대해서 악의나 증오를 품기 쉽다. 이에 반하여 우리가 겸손하면 할수록 그만큼 선량한 기분이 든다.

인간에게는 이기려는 권력에의 의지가 강하게 있습니다. 이 의지는 우리를 분발하게도 하지만 탐욕스럽고 우울증에 빠지게 하고 분노하고 시기하게 하는 부작용을 낳기도 합니다. 이 세상이 제대로 가기 위해서는 이기려는 마음을 어느 정도 억제하고 제어하여 사람들이 어울려 살 수 있도록 해야 합니다. 지금처럼 승자 독식주의에 의해 펼쳐지는 부작용을 방치해서는 안 된다고 봅니다. 인간의 감정은 성찰을 통해 스스로 정화되지 않으면 모두를 불행하게 합니다. 어울림의 철학은 성찰을 통해 나 자신과 이 시대의 아픔을 진단하고 모두가 어울려 더불어 살 수 있는 세상을 지향합니다.

우리 시대의 삶을 진단하고 치료해 주는 이 시대의 힐링 철학
잘 쓰고 가는 게 인생이다 인생의 답은 어울림이다

인쇄 2023년 10월 25일
발행 2023년 11월 10일

지은이 황상규
발행인 서정환
펴낸곳 신아출판사
주소 전북 전주시 완산구 공북 1길 16
전화 063) 275-4000, 252-5633
팩스 (063) 274-3131
이메일 sina321@hanmail.net
출판등록 제300-2013-133호
인쇄·제본 신아출판사

저작권자 ⓒ 2023, 황상규
이 책의 저작권은 저자에게 있습니다.
서면에 의한 저자의 허락없이 내용의 일부를 인용하거나 발췌하는 것을 금합니다.
COPYRIGHT ⓒ 2023, by Hwang Sanggyu
All right reserved including the rights of reproduction in whole or in part in any form.
저자와 협의, 인지는 생략합니다.
잘못된 책은 바꿔 드립니다.

ISBN 979-11-93055-99-1 03100
값 20,000원

Printed in KOREA